权威·前沿·原创

皮书系列为
“十二五”国家重点图书出版规划项目

中国彩票发展报告（2015）

ANNUAL REPORT ON CHINA'S LOTTERY (2015)

编　者／益彩基金

图书在版编目（CIP）数据

中国彩票发展报告．2015/益彩基金编．—北京：社会科学文献出版社，2015．4
（彩票蓝皮书）
ISBN 978－7－5097－7319－2

Ⅰ．①中…　Ⅱ．①益…　Ⅲ．①彩票－研究报告－中国－2015　Ⅳ．①F832．5

中国版本图书馆CIP数据核字（2015）第060532号

彩票蓝皮书
中国彩票发展报告（2015）

编　　者／益彩基金
名誉主编／付欣忱

出 版 人／谢寿光
项目统筹／陈　颖
责任编辑／陈　颖

出　　版／社会科学文献出版社·皮书出版分社（010）59367127
地址：北京市北三环中路甲29号院华龙大厦　邮编：100029
网址：www．ssap．com．cn
发　　行／市场营销中心（010）59367081　59367090
读者服务中心（010）59367028
印　　装／北京季蜂印刷有限公司

规　　格／开 本：787mm×1092mm　1/16
印 张：19．5　字 数：261千字
版　　次／2015年4月第1版　2015年4月第1次印刷
书　　号／ISBN 978－7－5097－7319－2
定　　价／98．00元

皮书序列号／B－2015－433

《中国彩票发展报告（2015）》编委会

编者简介

益彩基金　益彩基金是在中国留学人才发展基金会设立的专项公益基金，业务主管部门为中共中央统战部。益彩基金属于全国公募型基金，是对国内外政府机构、企事业单位、社会团体、其他组织及个人，为社会公益项目及彩票博彩领域公益性发展自愿捐赠的资金和物资，进行筹集和管理的全国非营利性社会组织。

益彩基金奉行“源于社会奉献社会”的公益理念，秉承服务大众、服务行业、服务社会、服务科学的公益原则，致力于推动社会公益项目的全面发展，致力于推动公益彩票、责任博彩领域及关联行业的公益、科学、健康、可持续性发展，致力于推动世界科学发展和社会进步。目前益彩基金是中国唯一一家支持公益彩票及责任博彩领域的全国公募型专项基金。

Introduction of Editor

YICAI FOUNDATION The Yicai Foundation is a public welfare fund established by the China Overseas-Educated Scholars Development Foundation and directed by the United Front Work Department of CPC Central Committee. It is in charge of managing and raising a public welfare fund supporting domestic and overseas governmental organizations, corporations, social groups and individuals. As a nationwide non-governmental organization, the Foundation manages, raises funds for and makes voluntary donations to public welfare development projects connected to the lottery and gaming industries.

At the core of Yicai Foundation is the fundamental principle that a society should benefit from what it puts forward. It thus operates in the service of individuals, businesses and scientific welfare principles. By striving to nurture comprehensive public projects promoting the healthy, scientific and sustainable development of gaming, lottery, gambling and other related industries, the Foundation works in pursuit of general scientific advancement and societal progress. Presently, Yicai Foundation is the only existing nation-wide initiative devoted to upholding responsibility in the domains of gaming.

序

二十一世纪初是世界政治经济发生深刻变革的历史时期，政治区域化新格局的形成、经济全球化的深入使得世界各国都面临巨大的挑战和机遇，中国正以全球瞩目的速度步入大国、强国之林，不但表现在经济方面厚积薄发的稳健崛起，更表现在科研学术、理论人才方面的重视和成就。

中国留学人才发展基金会益彩基金在成立之初，即以致力于推动世界科学发展和社会进步为宗旨。作为怀揣“中国梦”的 NGO，益彩基金不但为中国公益事业尤其是中国公益彩票事业的基础理论研究和科学发展做了诸多贡献，更以大国 NGO 之风范，领先于西方彩票博彩发达国家，着力推动国际责任博彩的科学发展。

为了填补中国公益彩票领域的基础学术空白，中国留学人才发展基金会益彩基金管理委员会经审慎研究，确定设立科研类公益项目“彩票蓝皮书”。于 2014 年度开始，组织专家学者、政府监管部门和行业专业人士对中国彩票的发展情况进行系统梳理，以独立、公正、科学的第三方视角对中国彩票领域进行全面、客观的分析和研究，着力剖析展现中国彩票历史及发展的全景。首度将香港、澳门、台湾地区的彩票博彩发展情况纳入本皮书，开启了大中华彩票区域化共融发展之先河。本皮书以发展和责任的视角，构建多元体制下、涵盖彩票利益各方的责任评估体系，为彩票发展提供了科学实践方法。本皮书每两年出版一部，将对大中华区域彩票情况作横向和纵向持续性的研究和发布。

我谨代表中国留学人才发展基金会益彩基金管理委员会，感谢为新中国公益彩票事业做出贡献的彩票各界人士！感谢政府彩票监管部门领导对于本公益项目的鼎力支持！感谢参与本皮书研究编纂工作的大陆、香港、澳门、台湾的专家学者！“彩票蓝皮书”凝聚了两岸彩票人的共同智慧，它是大中华彩票领域的共同成果，也是中华彩票科研学术共融发展的里程碑！

付欣忱
中国留学人才发展基金会理事
中国留学人才发展基金会益彩基金管理委员会主任
2015 年 3 月

Preface

The beginning of the twenty-first century saw a historical period of profound change in both politics and economy, in which the new pattern of political regionalization and the deep-going development of economic globalization have brought challenges as well as opportunities to the world. China is becoming one of the world's biggest powers at a speed arousing worldwide attention. This can be witnessed not only by the steady rise of its economy, but also by its great attention to academic research and theoretical talents cultivation, and the corresponding achievements.

Since its establishment, the YICAI Foundation Management Committee of the China Overseas - Educated Scholars Development Foundation has been committed to promote world scientific development and social progress. As a NGO cherishing the " China dream ", Yicai Foundation has not only done great contributions to the basic theoretical research and scientific development of China's public welfare causes, especially public welfare lottery undertakings, but also, as an NGO of a great power, assumed a lead in lottery undertakings over the western developed countries, striving to promote the scientific development of international responsible gambling.

In order to fill in the gaps in basic academic research of China's public welfare lottery, the YICAI Foundation Management Committee, after careful investigation, decided to come up with the *Blue Book of China Lottery Development*—a commonweal project on scientific research. The project was started in 2014 and involves related experts, scholars, governmental supervising institutions and other insiders, who conducted objective and comprehensive researches on China lottery with an independent, fair and scientific third-party perspective, trying to give China lottery development a systematic summary and a historical panorama. This book unprecedentedly covers the lottery development in Hong Kong, Macau and Taiwan, marking the harmonious regional development of the Greater China. Viewing from perspectives of development and responsibility, it offers scientific methods for developing lottery undertakings by constructing a pluralistic responsibility assessment system with all stakeholders considered. Published very second year, this blue book will be continuously studying and releasing the lottery development in Greater China.

On behalf of the YICAI Foundation Management Committee of the China Overseas - Educated Scholars Development Foundation, I would like to extend our sincere gratitude to those insiders who made great contributions to the development of China public welfare lottery undertakings after the founding of the People's Republic of China, to the governmental lottery supervision organizations for their big support to these lottery undertakings, and to the experts and scholars in the mainland, Hong Kong, Macao and Taiwan for their participating in researching and compiling of this book. The *Blue Book of China Lottery Development* embodies the common wisdom of the mainland, Hong Kong, Macao and Taiwan. It is a common result in lottery development of Greater China, a milestone of academic research cooperation and harmonious development in lottery undertakings!

Fu Xinchen

Director of China Overseas - Educated Scholars Development Foundation

Director of YICAI Foundation Management Committee

摘　要

《中国彩票发展报告（2015)》（“彩票蓝皮书”）由中国留学人才发展基金会益彩基金管理委员会主持编写。本书是中国彩票发展报告的第一部，由总报告、福彩体彩篇、港澳台篇、社会责任篇、专题研究篇、附录6部分构成，对新中国彩票创设以来的发展过程进行了系统梳理，对其发展过程中所涉及的多方面内容及问题进行了回顾和总结，试图以此奠定彩票发展系列报告的基础。

20世纪80～90年代，在改革开放背景下，新中国（大陆）的彩票业初兴。为了筹集社会福利资金、体育事业发展资金，社会福利彩票、体育彩票先后独立发展起来，并奠定了中国彩票业二元化发展的基本格局。2000年后，通过固定设点、联网发行的电脑彩票逐渐成为彩票市场的主流。彩票在网络化运行的同时，多省（区、市）乃至全国大力推动彩票联销、大奖统开，其中全国联销乐透型彩票逐渐成为全国销售的主力，使得彩票奖金，尤其是头等奖数额攀升，从而推动中国彩票业发展进入一个新的快速发展时期。此后，中国彩票销售年均增速大约在20%，远远超出其他产业的发展速度。2013年，中国彩票的销售总额已经达到3093亿元。中国的彩票销量排名跃居世界前列，发展成为当今世界彩票大国。

彩票业在规模实现扩张的同时，其发行销售方法、运营方式都在发生变革。伴随通信技术的进步、移动互联技术的发展，尤其是伴随着网络、智能手机的逐渐普及并进入人们的日常生活，彩票发行销售方式也出现变革，网络、手机有望成为彩票销售的便捷方式。同时，一些新彩票游戏方式开始出现，例如体育彩票开发出的足球彩票、福利彩票开发出的视频彩票以及福彩和体彩各自推出的快频彩票游戏等。彩票购买的便利化以及彩票游戏玩法的增多等也为彩票销量增长奠定了基础。在彩票业发展过程中，彩票业的政府规制逐渐建立起来，并不断向规范化方向迈进。2009 年《彩票管理条例》的颁布和实施，是我国彩票立法的历史性跨越，标志着中国彩票进入法治化管理时期。2012 年《彩票管理条例实施细则》的颁布则进一步明确了彩票发行、销售及监管部门机构间的职能，使得彩票相关主体间职责更为清晰，相互关系更为协调，从而为彩票业的协调发展提供了法治保障。

当前，中国的经济社会现代化为中国彩票业的发展提供了良好机遇。但是，中国彩票业也面临着世界博彩爆炸、新技术变革带来的挑战，彩票业自身及其运行环境面临新的变革。因此，要综合施策来应对世界范围内的博彩爆炸，以新技术变革传统彩票运营方式，改善彩票业的运营监管体系，推动彩票业树立社会责任理念，应对非理性购买等问题，以推动中国彩票业的持续发展。

Abstract

The compiling of the *Blue Book of China Lottery Development Report Series* is organized by the YICAI Foundation Management Committee of the China Overseas - Educated Scholars Development Foundation. Being the first of the report series, this book consists of six parts: the general report; welfare lottery and sports lottery; lotteries in Hong Kong, Macau and Taiwan; social responsibilities of lottery; thematic research articles; and the appendix. By presenting a systematic analysis on China's lottery development since the founding the P. R. C., the book reviews and summarizes the various related aspects and problems in China's lottery development, which is supposed to lay a foundation for the report series.

With the advancement of the reform and opening-up policy, the New China (mainland) lottery began to make its debut in 1980s and 1990s. In order to raise funds for social welfare and sports development, welfare lottery and sports lottery were developed independently, which laid a basic pattern for the dualistic structure of China lottery industry. Since 2000, lotteries sold through fixed stores and computers have gradually become the mainstream of lottery market. In line with network lottery marketing, interprovincial and national joint purchasing and marketing lotteries have been greatly promoted, in which big prizes are drawn and announced simultaneously. With national Lotto lotteries gradually being the sales force all over the country, the lottery winnings, especially the first prize awards, are keeping increasing. As a result, China's lottery industry has entered a new period of rapid development, with the average annual growth rate of sales nationwide being about 20%—far higher than that of other industries. In 2013, the total amount of lottery sales in China has reached 309. 3 billion Chinese yuan, leading the world in today's lottery sales.

During its scale expansion, lottery industry also saw changes in its issuance and marketing methods, as well as the operation mode. With the advancement of communication and mobile internet technology, especially the growing popularity of intelligent mobile phone—which has already entered into people's daily life, the sales methods of lottery witnessed great changes. Internet and mobile phones are expected to be convenient channels for lottery sales. Meanwhile, some new lottery games began to appear, such as football lottery derived from sports lottery, video lottery from welfare lottery, and the various instant games from both. The increasing game types and growing convenience of purchasing have facilitated the growth of lottery sales. In this process, government regulations on lottery industry were gradually enacted and standardized. The publication and implementation the *Lottery Management Regulations* in 2009 achieved a historic leap in lottery legislation in the country, marking the arrival of legalized management in lottery industry. The publication of *Rules for Implementation of Lottery Management Regulations* in 2012 further clarified the functions of agencies respectively responsible for lottery issuance, marketing and supervision. Thus, a better coordination among relevant agencies was ensured and a legal guarantee for the coordinated development of lottery industry was provided.

At present, China's economic and social modernization is providing a good opportunity for the development of its lottery industry. However, it is also facing the challenges of world gambling explosion and technological innovation, and the industry itself, as well as its running environment, is also expected to undergo new revolution. Therefore, comprehensive policies and measures should be applied to tackle the problem of worldwide gambling explosion, and traditional lottery running system should be innovated by using new technology. Besides, the industry needs to improve its operation regulatory system, foster the concept of social responsibility, and tackle the problem of non-rational purchase, so as to maintain the sustainable development of China's lottery industry.

目 录

𝔹 Ⅰ 总报告

𝔹 Ⅱ 福彩体彩篇

BⅢ 港澳台篇

BⅣ 社会责任篇

BⅤ 专题研究篇

BⅥ　附录

皮书数据库阅读使用指南

CONTENTS

𝔹 I General Report

𝔹 II Welfare Lottery and Sports Lottery

BⅢ Lotteries in Hong Kong, Macau and Taiwan

BⅣ Social Responsibility

BⅤ Thematic Research Aiticles

BVI Appendix

总 报 告

General Report

B.1

中国彩票发展的历程、前瞻及挑战

付欣忱　马福云　荆宇虹　潘梓朝　张林江　王晓飞*

摘　要：近30年来，中国的彩票及彩票业得到快速发展。彩票业在规模扩张的同时，其发行销售方法、运营方式和监管模式都在发生变革。当前，中国彩票业面临着世界博彩爆炸、新技术变革带来的挑战，其自身及其运行环境也面临新的机遇。要综合施策应对世界范围内的博彩爆炸，以新技术变革传统彩票运营方式，改革彩票业运营监管体系中存在的问题，才能推动中国

* 付欣忱，中国留学人才发展基金会理事、中国留学人才发展基金会益彩基金管委会主任；马福云，国家行政学院研究中心副主任、社会和文化教研部副教授；荆宇虹，中国留学人才发展基金会益彩基金秘书长；潘梓朝，中国福利彩票发行管理中心党委副书记；张林江，国家行政学院研究中心副主任兼秘书长、社会和文化教研部副教授；王晓飞，山西广电传媒集团北京公司经理。

彩票业的持续发展。

关键词：彩票　彩票业　彩票运营　彩票监管

当前中国十分流行的福彩、体彩等彩票游戏的前身是20世纪80年代企业、政府等所发行的各种奖券。1987年7月27日，中国社会福利有奖募捐券开始在河北省石家庄市试发行，并逐渐拓展到10个试点省市。这种常年发行的募捐券初步具备了彩票特征，逐渐发展成为社会福利彩票，开启了新中国彩票及彩票业发展的序幕。1993年，体育彩票的发行申请得到国务院批准。体育彩票的加入奠定了中国彩票业发展的基本格局，奠定了中国福彩、体彩二元并行发展的基础。彩票发行首先推动了中国社会福利、体育事业的发展，并为中国社会保障、公益事业的统筹发展做出了巨大贡献。本文在对20多年来中国彩票发展历程进行回顾的基础上，重点分析彩票业发展所面临的挑战和问题，并给出针对性的政策建议。

一　导言

很长时间以来，博彩或赌博大多作为社会性娱乐而存在，即便少数人涉足商业性博彩，也因非法经营而一直处于“地下”状态，远未形成规模，更谈不上什么产业化、规模化。但是，20世纪80年代以来，商业性博彩在欧美等国家快速走向合法化改变了这种局面。为抵御博彩业给本国带来的危害，一些国家开始主动发展博彩业，而各国之间争夺赌徒相互谋利使得世界呈现“全球赌博爆炸”的发展格局。在此背景下，很多国家在对商业性博彩进行管制的同时，开始对其中的部分博彩游戏进行解禁。一般来说，各国大多对彩票游戏实行有限开放的政策；部分国家对竞技性博彩游戏抱着谨慎的态度，在局部地区有管制的开放；只有少数国家或者地区开放娱乐场（casino）、赌场博彩。

彩票，作为一种博彩性的娱乐活动，早在两千多年前的古罗马时代就在贵族及富有阶层中颇为流行，后来逐渐流传到世界各地。彩票是利用人们的好奇与冒险心理，在以小博大的诱惑下，刺激人们购买从而实现公益筹资的一种游戏形式。在各种博彩游戏中，彩票具有进入门槛低、筹资效率高、政府应用及管理便利等特征，从而使其被绝大多数国家所接受，在世界各国得到广泛发展。目前，全世界有150多个国家发行各种形式的彩票。彩票集游戏、竞争和投机于一体，从而带动了各行业的发展。近年来，全球彩票销售额呈现逐年递增趋势，在国家统一管理、垄断经营下，为各国经济社会发展筹集了大量资金。

中国20世纪70年代末开始推行改革开放政策。80年代，具有彩票性质的各种奖券开始发行。1987年7月，为解决中国社会救助的发展资金问题，中国福利有奖募捐券发行，其逐渐演变成今天的社会福利彩票。1994年3月，国家体育运动委员会被批准在全国范围内发行体育彩票，用于为体育场馆建设、大型赛会举办等体育事业发展筹资。从而奠定了民政、体育两个部门在全国范围内分别发行福利彩票和体育彩票的格局。

二　彩票的界定及历史发展

1530年，意大利佛罗伦萨设立世界首家政府主办的彩票发行机构。如果以此作为现代彩票发展开端算起，目前已经有480多年的发展历史。彩票的本质是机会游戏，是对随机原理的人为设计运用。彩票的基本功能就是筹资，即政府批准特许运营，彩民自愿购买彩票，彩票管理机构筹集彩票资金，除返还奖金给彩民、扣除必要的运营费用以外，政府获取资金用于教育、救助、福利、体育等领域，以推动经济社会发展。

1. 彩票的界定

英国《大不列颠百科全书》用描述方式界定了彩票的基本概念。彩票，即抽彩给奖，是通过随机性的抽签摇彩给一定范围的人们分配奖品或者奖金的方法；它是博彩的一种形式，抽彩给奖的开办人将出售彩票所得款项，扣减一切开支（含政府税收）与利润后，分成若干份大小不等的奖金分发给中奖者。中国《辞海》对彩票进行了如下描述：彩票，俗称“白鸽票”，以抽签给奖方式进行筹款或敛财所发行的凭证。

各国政府在彩票立法中大多从彩票属性方面进行界定。例如，瑞士在1923年6月颁布的《彩票与职业博彩联邦法》中写道：彩票是指有计划地用碰运气的摸彩中签、中号或者其他类似方法获得物质好处，其中包括中彩本身所含有的物质好处及从属于它的奖品、权利或者实物。澳大利亚新南威尔士州在其颁布的《彩票与艺术协会法》中对彩票解释为：通过抽签抓阄所进行的诸如货物、制品或商品的转让。2009年5月中国颁发的《彩票管理条例》将彩票界定为：国家为筹集社会公益资金，促进社会公益事业发展而特许发行、依法销售，自然人自愿购买，并按照特定规则获得中奖机会的凭证。

综合上述彩票的界定，我们认为彩票是指由政府特许发行，印有文字、符号、图案等特定标识，由公众自愿购买，按照事先公布的规则取得相应奖项的凭证。

从彩票的这一概念出发进行分析，彩票具有如下涵义与特征。

（1）彩票发行销售的特定性。彩票由政府特许发行，并依据特定规范予以销售，开奖返奖。在世界各国，彩票大多是由政府特许的一家或者少数几家机构垄断发行，同类彩票游戏间的竞争性较低。基于彩票根本属性，彩票不可能无节制地过度发行，而彩票的发行规模及其市场容量等都不可能进行无限扩张，尤其是考虑其对道德伦理的风险及所带来的消极影响等。在中国，国务院特许发行福利彩票和体育彩票。

（2）彩票游戏规则的确定性。彩票游戏的规则事先就已经确定下来，并为彩票发行者、购买者以及公众所熟悉或者知晓。这是彩票游戏得以赢得民众信任的基础。彩票由民众自愿购买，参与到彩票游戏中来。彩票之所以吸引民众参与，在一定程度上是因为购买彩票可以碰运气的摸彩中签、中号或者其他类似方法来获得物质好处。购买彩票与中奖、中大奖的机会是联系在一起的，尽管购买彩票后，是否中奖具有很强的随机性。

（3）彩票合同关系的射幸性。彩票销售后所形成的合同关系，是彩票发行销售机构和彩票购买者之间所形成的一种射幸性合同关系。彩票合同的射幸性基于彩票中奖具有很强的偶然性。彩民购买彩票后，其所取得的是不能确定、也不必然发生的或然性利益，彩民所买到的只是一个中奖机会或者小概率事件的发生。这种不确定性使得此类行为具有“赌博”色彩，彩民既可能是“一本万利”，也可能是一无所得。

彩票与博彩的其他方式，例如竞技类游戏、娱乐场游戏相比较，它还具有如下特征。

（1）彩票参与主体更多元，投入资金较少。任何形式的博彩主体都有主持者与参与者的区分。一般来说，彩票大多由政府自身或者授权特定主体发行，彩票发行主持者更多具有政府或官方色彩，其谋利动机受到控制；而竞技类或者娱乐场游戏难以做到政府专营，大多授权某特定机构或者集团经营，经营主持者的谋利动机较强，政府则课以高额税收；彩票游戏的发行额度和单张费用大多由政府设定，参与者投入成本极小，即便社会底层民众也可以参与。而竞技类、娱乐场游戏因其运营成本较高，对参与者存在一定要求，参与者在游戏中的投入要高得多。

（2）彩票游戏的结果更多导向社会利益。获取有价值财物、金钱等利益是人们参与博彩的基本动机。但是，彩票与竞技类、娱乐场游戏的利益导向存在极大差异。彩票发行者不追求私利，彩票参与者的投入最终成为发展社会公益事业的筹资手段，客观上有助于社会公共利益的实现；竞技类、娱乐场游戏的参与双方不管谁输谁赢都在追求私利，赢家将财物、金钱装进个人口袋，并用于个人消费，而对社会却没有太多贡献。

（3）彩票游戏的合法性及道德评价大多是积极性的。世界上绝大多数国家都认可彩票游戏的合法性，而大部分国家依然对竞技类、娱乐场游戏持禁止态度。在绝大多数国家人们的道德评价中，彩票游戏因其在参与中为社会公益做出贡献，为人们的投机行为找到合理的突破口而得到肯定；但是，竞技类、娱乐场游戏依然被大多数人认为是赌博，是一种丑陋的社会活动而受到道德谴责或法律禁止。

2. 世界彩票业的发展

彩票起源于机会游戏，早在古罗马、古希腊时期就存在彩票游戏。现代意义上的彩票游戏起源于 16 世纪的意大利。随着欧洲工业革命兴起，在迈向现代社会过程中，各国的彩票业也不断发展壮大。尽管很多国家的彩票发展都存在一度中断或废止的现象，但最终都因为各种原因而被认可了其存在的合理性。

（1）彩票的起源。彩票由来已久，早在古罗马、古希腊时期就存在彩票游戏，当时许多贵族和富有阶层参与其中。现代彩票游戏起源于 16 世纪的意大利城邦。当时的意大利热那亚共和国在选取参议员时，采取从 90 位候选人中随机抽取 5 人的方式进行。1515 年，本尼迪特·根第勒（Benedetto Gentile）借鉴这种方式，用数字替换人名，从 90 个数字中随机抽取 5 个设计出了“90 选 5”的数字游戏彩票。这种游戏很快传播到意大利的其他地区，而后传播到欧洲以及世界各国，成为目前诸多彩票游戏的源头。

（2）彩票业的初步发展及中断。16 世纪，欧洲各国开始允许个人或公众机构通过发行销售彩票来筹集资金。以英国为例，1569 年伊丽莎白女王批准英国发行彩票，用来筹资修缮公共设施。在此后的一百多年时间里，各种用于专项公共事业而发行的彩票大量出现，多达 100 多种。1698 年，英国彩票发行作为筹集资金的重要手段而像税收一样被议会所控制。此后，彩票发行被视为国家的收入来源之一，成为政府经常性开支的重要支撑。法国早在 1539 年就由国王弗朗索瓦一世建立了政府彩票机构，以抑制和取代“地下”彩票，保证国家资金的需求。但是受制于法国天主教及社会观念的影响，彩票一直未能被社会公众所广泛接受，其发展也受到影响。美国自 1776 年宣布独立后，为筹集战争所需资金也开始发行彩票。托马斯·杰弗逊认为彩票是人们冒很小风险而可能获取高额奖金回报的一种工具，同时因其出于人们自愿，它比其他直接征税更容易被人们所接受。此后，美国大肆发行彩票，其彩票名目繁多，数不胜数，一度成为公共事业及私人企业发展的主要筹资方式，即便当前十分著名的哈佛、耶鲁等著名高校在建立时也使用了彩票发行所筹集的资金。

随着欧洲工业革命的兴起，在迈向现代社会过程中，各国的彩票业也不断发展壮大。最初的彩票大多数为私有公司、企业发行，其中既有为推销产品的，也有为私人集资服务的。到 18 世纪中期，私人经营彩票业才需要由政府批准，颁发许可证，政府通常还规定开彩日期，并对经营者进行资格审查。接着，一些国家的政府部门也开始发行彩票筹资，用来修建公路、学校和其他公共设施，发展社会公共福利事业等。由于私人发行彩票带来的各种弊端不断暴露出来，彩票也一度被多个国家所废止。例如，英国 18 世纪末以后一直被非法彩票所困扰，非法彩票防不胜防带来许多社会问题，而彩票所诱发的赌博

投机行为也给社会造成了诸多负面影响。虽然，政府采取了一些措施，但成效甚微。从1823年开始英国禁止彩票发行，即便国家彩票也于1826年停止发行。美国的彩票发行到19世纪初期开始问题频发，尤其是1820年以后，随着彩票业的快速发展，彩票发行过程中的徇私舞弊等欺诈行为不断高发，有的彩票发行机构返还给购买者的资金很少，甚至卷款潜逃的违法犯罪行为也日趋严重。加之宗教机构一直反对发行彩票，使得社会对彩票业的反对势头逐渐高涨。1890年，美国联邦政府颁布法律，禁止全国各州发行彩票。

（3）彩票业的复苏及发展壮大。尽管很多国家的彩票发展都存在一度中断或废止的现象，但最终都因为各种原因而认可其存在的合理性。20世纪后，欧美大部分国家都废止私人彩票活动，国家彩票却在酝酿复苏，并在20世纪中期逐渐被发扬光大。在19世纪末，英国各种小规模的彩票抽奖活动再次出现，并变得越来越普遍，而除彩票之外的其他博彩活动并未被严厉禁止。1934年，英国皇家调查委员会就博彩业发展问题提交报告，提出如果社会确实存在这种需求，不如通过立法对其进行规范。同年，英国第一部彩票法案——《赌博与彩票法案（Betting and Lotteries Act 1934）》颁布，允许发行小型彩票（small lottery）和私人彩票（private lottery）发行。此后，用来资助慈善事业、体育事业的公益彩票得到许可发行。1976年，英国颁布《彩票与娱乐业法案》，以强化彩票公益属性，确保彩票筹集资金被用于社会公益慈善事业，并规范了彩票的不同类别，强调社会团体彩票（society lotteries）和地方政府彩票（local authority lotteries）的发行销售活动由英国博彩委员会（the Gambling Commission）统一管理。法国对彩票的禁令也几度反复。1933年，法国面临第一次世界大战后的财政紧张局面，政府无力安排受伤士兵的治疗以及阵亡、受伤士兵家属的抚恤，便通过特许法令的形式，允许法国退伍军人协会成员发行彩票，筹集资金。当年5月，法国国立彩票公司正式成立，开始发行彩票，为退伍军人和农业受灾人员提供资助。[①] 在美国，1964 年，新罕布什尔州为了发展教育事业，通过公民投票的形式决定在本州发行政府彩票，由经过州议会批准的彩票公司独家运行。1967 年，纽约州开始发行彩票。1971 年开始发行彩票的新泽西州首创电脑彩票。此后，彩票业在美国逐渐发展壮大起来，目前已有 45 个州各自在本州范围内发行彩票，有的州还与其他州联合发行跨州彩票及州际彩票。

彩票的演变历程为彩票业的发展繁荣奠定了基础。在现代社会，当民众广泛参与到彩票游戏中去，使得彩票的发行、销售、管理以及开兑奖等相关活动逐渐发展成为一个专门性职业，并以彩票行销、管理以及开兑奖等彩票游戏为核心而形成相关的产业集群时，彩票开始逐渐产业化并发展起来。尽管不同国家的政府和民众对于彩票究竟属于公益事业，还是博彩产业，或者是文化休闲产业，存在着比较大的分歧和争议，但是，彩票业的发展趋势及其重要性在世界各国依然是不可忽视的。

根据《2012 年世界彩票年鉴》（*La Fleur's World Lottery Almanac 2012*）统计，2011 年，世界彩票销量达 2620 亿美元。[②] 根据世界彩票协会（the World Lottery Association，简称 WLA）的数据，目前全世界已有 150 多个国家和地区发行彩票。从 20 世纪 90 年代以来，世界彩票业以年均 7.1% 的速度强劲增长，特别是 2000 年前后，世界彩票业以每年 18% 左右的速度高速发展。在彩票销售规模较大的国家中，意大利发行彩票的历史最长，目前意大利的彩票发行量仍然位居世界前列，美国、西班牙、德国、英国、法国、加拿大作为彩票业

---

① 李刚：《欧美各国彩票业的发展历程及其对中国的启示》，《武汉体育学院学报》2007 年第 3 期。

② 程阳：《〈世界彩票年鉴〉统计 2011 年全球彩票销售 2620 亿美元 同比增长 6.7%》，新浪博客，2012 年 4 月 15 日，http://blog.sina.com.cn/s/blog_507de1780102eh7t.html。

的后起之秀，在彩票发行数量、彩票游戏创新方面表现非凡。日本彩票的年发行量已达到20多亿张。为推动人们的购买热情，日本政府还将每年的9月2日定为“彩票节”，举办各种活动。受金融危机等经济环境的影响，2008年后，彩票业的年均增幅开始下降。2011年世界各国的彩票销量比2010年增长了6.7%，2012年增幅为7.7%，2013年增幅则放缓为4.9%。[①] 目前，彩票已得到了世界各国的广泛认可和肯定，成为各国政府集资增税的重要手段之一，而彩票行业已经发展成为一个持续增长的新兴产业。总体看来，欧美等发达国家在彩票业发展中处于主导地位，而中国彩票业发展增速及规模提升较快。从销售量来看，21世纪以来，欧洲各国彩票的销量占据世界总体的50%左右，北美的销量占30%左右，东亚各国的增幅较高；从人均购买量排名来看，除了新加坡之外，排名在前十位的都是欧美国家。近年来，欧美等彩票业比较发达的国家在发展中呈现一些新的特征及趋势。

第一，彩票联合发行的国家或地区不断扩展，彩票奖金的数量不断攀升。例如，1999年9月，美国的33个州开始联合发行名为“强力球（Powerball）”的彩票。2004年2月，英国、法国和西班牙联合发行了乐透型彩票——“欧洲百万（EuroMillions）”；10月，奥地利、比利时、卢森堡、葡萄牙和瑞士等国家加入了欧洲百万联销国家的行列。伴随彩票联销地域扩展，彩票销量大增，而彩票奖金，尤其是头等奖的数额变得巨大起来，千万、数亿美元的巨额奖金无一例外都产生在彩票联销的欧美地区。2011年7月12日，欧洲百万彩票开出高达1.6亿英镑（折合16.8亿元人民币）头奖。2012年3月31日，美国超级百万（又称兆彩）彩票开出奖金高达6.4亿美元（约

① 世界彩票协会：《2013年全球彩票销量同比增长4.9%》，载《公益时报》2014年3月21日；参见 http://sports.sina.com.cn/l/2014-03-21/10127077515.shtml?c=spr_mthz_hao360_sports_home_t001。

合40.32亿元人民币）的巨奖，创下世界彩票奖金额的最高纪录。这是此博彩项目有史以来开出数额最大的头奖。

第二，计算机技术等高科技不断进入彩票业。在彩票业发展过程中，为提高彩票发行销售的便利性，以及提高彩票游戏的吸引力等，印刷、计算机、网络等新技术被引入彩票行业。印刷技术的进步使得即开型彩票的种类越来越多，防伪手段越来越进步。电脑控制的随机数字机代替自动摇号机大大增加了号码的随机性和摇奖的安全性。而网络彩票、手机彩票的出现将改写原有的彩票行业发展业态，成为彩票发展的新增长点。计算机技术等高科技进入彩票业，并对彩票业的发展产生着越来越重要的影响。

第三，彩票的公益属性及筹资效率得到肯定。彩票的基本功能是筹资，而国家垄断彩票发行并将其用于公益事业为其找到了存在的合理性依据。各国在彩票运营中都确定了用作公益金的比例，或者支持特定的公益事业，或者直接纳入政府财政，抑或两者兼而有之。例如英国彩票资金的30%用于体育、艺术、慈善、文化遗产保护、庆典活动和医疗卫生事业；法国彩票资金的26%用作公益金，纳入政府财政统一使用；美国各州彩票资金的30%左右用作公益金，基本用于教育、环保、文化艺术等社会公益事业。

三　中国彩票的发展历程

20世纪80～90年代，在改革开放背景下，当代中国的彩票业滥觞。为了筹集社会福利资金、发展体育事业，社会福利彩票、体育彩票先后从奖券逐步转变发展起来，成为中国彩票业发展的两大支柱。几十年来，中国彩票业迅速发展，并在进入21世纪后呈现加速发展的趋势。

1. 中国福利彩票的创建

当前中国发行的福利彩票、体育彩票都产生于改革开放的大背景下。20 世纪 80 年代，中国开始推进经济体制转型，逐步改革计划经济体制，加大市场作用，以推动经济发展。鉴于国家财政收入有限，加之历史发展过程中的欠账过多，当时中国社会救济、社会福利事业等发展出现了严重的资金短缺现象。根据民政部公布的数据，1985 年，中国优抚、救济对象约 1.5 亿，受灾人口约 3.12 亿，残疾人近 5000 万，而全国的福利企业仅有 1.5 万个，城乡各种福利院床位数仅 49.1 万张，全国约 1500 个县级地区没有福利院，半数以上的乡村没有敬老院。[①] 即便在已有的福利院、光荣院、荣军院等福利设施中，也有半数属于危旧房而急需资金投入进行改造。另外，各种社会福利对象，例如弃婴、流浪儿童、孤残儿童、灾民等的数量还在不断增多，需要投入大笔社会救助资金进行救助。针对政府财政资金投入的制约，民政部门提出“社会福利社会办”的思路，开始思索面向社会、企业、个人等多方面筹措资金的渠道。

80 年代中期，一些工商企业、事业单位等尝试发行不同形式的奖券，以“有奖销售”、“现金返还”等方式设立不同奖项来促进产品销售、银行储蓄等，有些单位甚至采取行政化的手段，强行摊派彩券销售，造成不良影响。1985 年 3 月，国务院发布《关于制止滥发各种奖券的通知》，要求各地、各部门制止滥发各种奖券，工商企业停止举办有奖销售活动，并规定任何单位和个人不得举办有奖募捐活动。《通知》还指出，为兴办社会福利事业而举办的有奖集资，经当地政府批准可以试点。这为后来以发行募捐券（彩票）来募集社会福利资金方式的出现埋下了伏笔。

1984 年，根据有关人士提议，民政部对世界各国社会福利筹资情况进行调查，从而对发行奖券（或彩票）筹资的手段有了全新的认识。1986 年 7 月，当时的民政部部长崔乃夫给国务院领导写信提

① 参见鲍学全主编《福利彩票发行与管理》，中国社会出版社，2009，第 24 页。

出通过募捐和发行彩票筹措社会资金的思路。这一思路很快得到有关领导的肯定。1986 年 12 月，民政部报送的《关于开展社会福利有奖募捐活动的请示》报告在国务院常务会议讨论后得到认可。国务院批复同意其发行“中国社会福利有奖募捐券”，筹集社会福利资金，发展以“安老、扶幼、助残、济困”为主要内容的社会福利事业。在广泛听取民主党派、社会各界人士意见的基础上，1987 年 5 月，社会福利有奖募捐委员会成立。经过紧张的准备，1987 年 7 月 27 日，中国福利有奖募捐券首先在河北省石家庄市公开发行，此后上海市、浙江省、天津市、江苏省、湖北省、黑龙江省、山东省、广东省、福建省等陆续开始发行销售有奖募捐券。这就是后来中国社会福利彩票的前身。随着中国福利彩票事业的不断发展，福利彩票机构与福利彩票经过更改名称，而成为当前的“中国福利彩票发行管理中心”，并由其发行“中国福利彩票”。

2. 中国体育彩票的创建

在 20 世纪 80 年代，中国的体育设施建设、体育赛会举办以及民众健身运动发展等同样面临经费短缺的制约。当时的解决办法通常是通过发行体育奖券来筹集资金。从此意义上说，体育奖券的出现时间要稍早于福利奖券。早在 1984 年 10 月，北京市为筹集 1984 年北京国际马拉松比赛的经费而发行了体育发展奖券。同年 11 月，福建省发行了“振兴福建体育奖券”，筹集体育场馆及设施建设资金。接着，江苏、广东、河北、天津、贵州、四川、浙江等省市也相继发行了地方性体育场馆建设、体育发展奖券，来筹建体育场馆，配置体育活动设备与设施。

1989 年 8 月，北京为了筹集举办第 11 届亚运会资金，在全国范围发行了“第十一届亚运会基金奖券”，这是新中国成立以来首次在全国范围内发行体育奖券，对后来体育彩票的出现发挥了积极作用。体育彩票的发行大多是为体育设施建设、体育赛事的举办筹集资金，

在场馆设施建设完成或者赛事结束后也就终止了。

1992 年 6 月，经人民银行、国家计委和财政部会签后，国家体委请示国务院建立全国统一的体育彩票发行制度，并于次年得到国务院批准。1994 年 4 月，体育彩票管理中心成立，中心起草体育彩票发行管理办法，开始发行销售体育彩票。中国发行体育彩票的主要目的是资助全民健身计划和举办大型运动会，体育彩票筹资为中国体育事业的发展做出了贡献。

3. 中国彩票的快速发展

体育彩票发行后，民政、体育两个部门在全国范围内分别发行福利彩票和体育彩票的二元发行管理格局基本形成，两大彩票发行机构鼎足而立，使得中国彩票业进入了渐进的竞争发展阶段。[①] 在彩票发行销售之初，彩票的销量比较少，1987 年的销售额只有 1700 多万元。1989 年，一些省市以灵活设奖的方式推出实物奖品来集中销售彩票。1992 年，部分省市采取大奖组、高奖额、多奖级的形式销售彩票，极大地推进了彩票销售。1993 年，福利彩票销量达到 18.43 亿元。1994 年，中国体育彩票发行量达到 5 亿元。1999 年前，中国发行的彩票属于传统型彩票。由于技术、发行条件等因素的限制，彩票发行成本比较高，发行规模受到一定限制。

1999 年，率先推广电脑彩票的体育彩票销量超过了福利彩票，福利彩票也在试点基础上大力推广电脑彩票。2000 年后，通过网络发行的电脑彩票逐渐成为彩票市场的主流，体彩和福彩逐步建构起网络化运行的彩票发行销售系统，在各省区市自主发行的基础上，推动各省区市、多个省区市乃至全国实行彩票联销，全国联销的福彩的双色球、体彩的超级大乐透逐渐成为全国销售的主力，使得彩票奖金，

---

① 马福云：《中国彩票业的发展及其政府规制》，《北京科技大学学报（社科版）》2014 年第 5 期。

尤其是头等奖数额大幅上升，彩票销量节节攀升，这推动着中国彩票发展进入了一个全新的快速发展时期。2000 年，中国彩票销售总额达到 181 亿元。此后，中国彩票销售的年均增速大约为 20%，2007 年，彩票销售总额为 1016 亿元；2011 年，销售总额达到 2214 亿元；2013 年，销售总额达到 3093 亿元。中国彩票销售的年均增速远远超出其他产业的发展速度，呈现跨越式发展格局。

而伴随通讯技术的进步、移动互联技术的发展，尤其是伴随着网络、智能手机的逐渐普及并进入人们的日常生活，彩票发行销售方式和渠道也出现变化，网络、手机，甚至自助彩票销售终端等有望成为彩票销售的便捷方式。据统计，2013 年，中国互联网彩票市场的规模达到 420 亿元，同比增长 83%，市场占有率更是达到 13%。[①] 预计在不久的将来，彩民将更倾向于通过网络、电话或互动电视等更加便利的方式购买彩票。同时，一些新彩票游戏方式开始出现，例如视频彩票、快频彩票游戏等。彩票购买的便利化以及彩票游戏增多为彩票销量的增长奠定了基础。

根据财政部 2014 年 1 月 20 日公布的数据，2013 年中国彩票销售总额达到 3093 亿元，同比增幅为 18.29%；其中，社会福利彩票的总销售额达 1765.28 亿元，同比增长 16.88%，占总销售额的 57.07%；体育彩票的总销售额为 1327.97 亿元，同比增长 20.19%，占全国彩票总销售额的 42.93%。从彩票类型来看，2013 年，乐透型彩票仍是主流彩票品种，占彩票整体销量的 68.3%；其他类型的彩票，即开型彩票、竞猜型彩票和视频型彩票的市场销量分别占总体的 10.9%、11.4%、9.4%。2013 年，中国彩票发行筹集的公益金约 861 亿元。彩票筹集的巨额资金支撑起中国社会福利整体投入的三分

---

① 数据引自财政部：《2013 互联网彩票市场规模达 420 亿同比增 83%》，中彩网，2014 年 4 月 16 日，参见 http://www.zhcw.com/xinwen/caishiguancha/2738029.shtml。

之一，极大地改善了社会弱势群体及普通民众的生存生活状态，推动了社会福利、公益慈善事业和体育健身事业的发展。[①]

进入21世纪以来，中国彩票发行和筹集公益金出现了加速增长的态势，未来还有较大的发展空间。从世界各国彩票发展的经验看，根据彩票消费与GDP和人均GDP的数量关系分析，中国彩票发行规模可以达到1万亿～2万亿元，而目前中国福利彩票和体育彩票发行规模仅3000多亿，增长空间巨大。世界大多数国家的彩民约占其总人口的50%，而中国彩民数量仅占总人口的20%，中国人均购买彩票支出2013年仅为230元，这远低于国际社会人均购彩的平均额度水平，也低于在其收入中所占比重。中国彩民以中下层民众特别是底层民众居多，中等收入群体较少进入彩票消费市场，而中等收入群体恰恰应该成为彩票市场消费的主流。全国各地大量出现的非法“私彩”现象也从反面证明中国彩票仍有比较广阔的发展空间。[②]

另外，中国经济社会的持续发展也为彩票消费增长提供了新的契机。2011年中国城市化水平越过50%的临界点，城市化进程持续推进。中国城乡居民收入水平不断提高，国家用于民生的财政支出持续增加，社会保障体系不断完善，社会福利保障水平稳步提升，民众的公益慈善意识不断提高。这都将为中国彩票业快速发展提供良好的经济社会基础。

四　中国彩票的运营管理

中国彩票的运营管理是在彩票发展过程中以“摸石头过河”方

① 马福云：《如何保障彩票发行的正当性》，《中国社会报》2013年5月27日第6版。

② 张林江：《中国福利彩票进入新的快速增长期》，《中国社会报》2012年2月8日第B1版。

式建构起来的。1987年中国福利有奖募捐券试发行，中国彩票就此揭开了发生、发展的序幕，而彩票的运营管理及监管体系也在逐步探索建立。回顾中国彩票运营及其管理监督的历程，可以将中国彩票运营管理划分为以下三个阶段。

1. 彩票的部门管理（1987～1993年）

中国福利有奖募捐券发行后，彩票发行由民政部所属“中国社会福利奖券发行中心”承担。稍后，各地组建了隶属于地方民政部门的有奖募捐委员会，并建立办公机构发行销售社会福利奖券。在全国逐步形成了以各级民政部门为核心，按政府行政层级设置，专门为民政福利事业发展筹集资金的彩票发行销售组织体系。

福利彩票的监督管理由民政部门承担，同时作为彩票发行机构的中国社会福利有奖募捐委员会（简称中募委）承担部分具体管理职能，其主要依据《发行社会福利有奖募捐试行办法》及其后民政部、中募委发布的部门规章进行管理。由于一些地方政府、政府部门，甚至企业也在分散发行彩票进行筹资，针对彩票发行市场的不规范现象，1991年国务院出台《关于加强彩票市场管理的通知》，明确发行彩票的批准权在国务院，提出省级地方政府和中央部门只有为举办社会福利、体育事业以及国务院特批的其他活动时才能发行彩票。

彩票发行目的是筹集社会公益资金，这一时期福利彩票资金的分配多次调整。1987年规定奖金占35%，发行成本占15%，福利金占50%；1988年规定，奖金占40%、发行成本占15%、福利金占45%；1989年规定，奖金占45%、发行成本占15%、福利金占40%；1990年4月规定，面值1元和2元的奖券，奖金分别占50%和55%，成本分别为20%和15%，福利金为30%。

在中国彩票业的初现时期，只有民政部门在全国发行福利彩票，并将获取的福利金（公益金）用来补充支持民政部门各项救助经费的不足。同时，一些不同名目的奖券、彩票等也存在，大多数发行活

动是临时性或间断性的，而且奖券的发行部门往往也就是所筹资金的使用者，各部门、地区彩票公益金的筹集、分配、使用等事项基本限制在政府部门的内部。

2. 彩票统一监管的初建（1994 ~2000年）

1994 年 3 月，国家体育运动委员会被批准发行体育彩票，用于发展体育事业。福利彩票和体育彩票两大彩票发行机构鼎足而立的彩票发行格局确立。在 20 世纪 90 年代初，彩票发行市场一度出现私自发行、过多过滥的混乱局面，国务院开始对彩票市场进行清理整顿，着手建立起彩票统一监管制度，在此基础上部门化的彩票发行管理体制逐步形成。

1994 年 5 月，中共中央办公厅、国务院办公厅颁布了《关于彩票市场管理禁止擅自批准发行彩票的通知》，明确中国人民银行是国务院主管彩票的机关，统一管理全国彩票工作和市场。由此形成了由中国人民银行统一监管，民政部和国家体委在全国范围内分别发行中国福利彩票和中国体育彩票的发行管理体系。

中国人民银行成为彩票主管机构以后，开始秉承国务院指示，整顿彩票市场发行，强化彩票市场管理，防止多头发行筹资引发的混乱局面。中国人民银行 1995 年 12 月印发《关于加强彩票市场管理的紧急通知》、1996 年 4 月印发《关于进一步加强彩票市场管理的通知》、1999 年 1 月印发《关于加强彩票市场管理的通知》，强化了对全国彩票市场的监管。1994 年 4 月，体育彩票管理中心成立，并逐步按照行政管理层级建立区域范围内的体育彩票发行管理机构；同时起草制定了《体育彩票发行与销售管理暂行办法》，出台了有关体彩的公益金管理、机构财务管理、销售代理商管理等制度规范，以规范体育彩票的发行销售管理及公益金使用。1994 年 12 月，民政部颁发《中国福利彩票管理办法》；1998 年，发布《中国福利彩票发行和销售管理条例》，用来规范福利彩票发行、销售及管理，对福利彩票的发行、销售等环节进行规范，建立了相对完整的彩票发行与销售体制。彩票管理主管机构的确立推动着民政、体育两部门分别对福彩、体彩的发行销售和管理进行强化，从而使得部门化的彩票发行管理体制逐步确立。

鉴于彩票所发挥的筹资功能，政府此时仅将彩票视为筹资性金融工具，将彩票行业归类于金融产业，并确定中国人民银行为主管机构。中国人民银行统一进行彩票管理，福利彩票和体育彩票在发行销售中所采用的游戏规则及发行销售方式等，须由中国人民银行批准。彩票业统一监管的格局初步建立。

3. 彩票统一监管的强化（2001年以后）

1999 年 7 月，国务院对彩票发行体制进行改革，将彩票主管职能部门由中国人民银行转交给财政部。此时，彩票玩法得到更新，逐渐被广大民众所接受，彩票发行量出现快速扩张，而彩票公益金的使用也开始超出发行管理部门的范围，逐步扩展到补充社会保障基金、支持红十字事业、支持教育事业范畴，中国彩票开始由部门彩票向国家彩票转变。

2000 年后，我国彩票业进入快速发展时期。彩票业快速发展使得彩票公益金的数量剧增，同时其所带来的管理风险也在扩展、步伐加快，为此，体现彩票法制化的《彩票管理条例》于 2009 年颁布。这推动着彩票监管由部门化管理转型为跨部门的法制化管理，一些有关彩票管理的细则在制订完善，对彩票进行监管的措施逐步强化。

经过 20 多年的发展，伴随中国彩票业的快速成长，彩票业的政府管理已经从部门化内部自我管理走向跨部门的法制化监管。但是，在彩票业从部门彩票走向国家彩票的过程中，中国彩票业现行管理体制机制仍然存在欠缺，例如对彩票及彩票业的认知不科学、彩票发行销售行政化、政府管理部门职责不匹配、筹集公益金使用透明度不够等，这些问题的存在说明政府总体上对彩票业的政府规制依然滞后于行业发展。一些深层次发展的制度设计、行为主体关系等问题如不能得到解决，将会加大彩票业运行的风险，制约中国彩票业的长期持续发展。

五　中国彩票发展中的挑战

经过20多年的发展，中国彩票业进入高位运行阶段，年销售量逐渐进入数千亿的门槛，年筹集的公益金达到数百亿元，这种持续发展的趋势将总体维持下去。但是，彩票业的高位运行所带来的风险和挑战也进一步增长。这种挑战不仅来自彩票业内部运营管理，也来自彩票业发展所依托的社会环境，例如国际博彩业的开拓、通讯网络技术的发展等。具体分析如下。

1. 全球范围内博彩爆炸的竞争及压力

世界赌博的历史源远流长，从20世纪80年代开始，博彩业在世界范围内崛起，并得到迅速发展。博彩业勃兴源于80年代末美国的经济困难，1989年美国爱荷华州因率先推行河船赌场合法化而收入大增，其后由赌场谋利动机而推动的赌博合法化浪潮迅速席卷美国，并从美国中西部向周边国家、其他大洲快速蔓延。博彩业开放带来的谋利效应以及防止赌客赌资外流的双重动因，加之博彩财团的大力推动使得博彩业呈现全球化的发展态势。30多年来，各种合法或非法、传统或新兴的博彩方式纷繁呈现并迅速扩张，使得博彩业已经发展成为一个世界性的新型产业。而90年代以来，快速发展的互联网技术、电子商务快速融合进入博彩产业，一种全新的博彩形式——网络博彩呈现蓬勃发展的势头。即便在网络泡沫破灭最快的2001年，网络博彩依然一枝独秀，欧洲等国大多已经将网络博彩合法化，允许居民进行网络博彩。尽管美国法律禁止居民上网赌博，然而美国赌客在全球2000多家大型网络赌场中的比例占到60%，网络赌场收入中的将近

60%也来自美国。[①]

2001年，世界博彩业的总收入达到2500亿美元。2002年，博彩业的“产值”（博彩业的收入额）已经达到9000多亿美元。2012年2月，英国国际博彩咨询公司（GBGC）发布报告称，世界博彩业经历了近两年低谷后，将重现迅速增长的态势，并预计2012年全球博彩销售额将突破4000亿美元。结果2011年世界博彩收入就已达4190亿美元，比2010年增长5.6%。英国国际博彩咨询公司还预计全球博彩将在2014年超过5000亿美元，特别是亚洲众多地区博彩发展较快。[②] 世界范围内博彩业快速发展，其最初推动力是经济因素，及其所引发的政府财政问题。出于赢利动机的驱使，政府和博彩集团合作谋利成为推动博彩业合法化的最初动力。当少数国家或者地区开放博彩业时，强大的“虹吸效应”吸引世界各地赌客参与其中而为本地带来巨大经济利益。但是，世界各国纷纷博彩合法化，都意欲吸引其他国家和地区的人员参与博彩时，这种效应就会很快终结，最终引发博彩业的衰退。同时，博彩业的发展也会挤压其他产业的发展空间，对原已存在的传统酒店业、餐饮业，以及传统休闲娱乐产业等带来不利影响；博彩业发展还会带来病态赌徒、犯罪及社会治安问题，给正常的家庭及社会生活带来负面影响，给青少年的价值观念等造成冲击，对当地社会生活造成不良后果，使得社会总体成本大幅攀升。

在博彩爆炸、赌权开放的“多米诺”效应影响下，许多原来禁赌的国家纷纷解除禁赌令，加入世界博彩行列。作为中国近邻的东亚、东南亚、中亚等国家纷纷推行博彩业的合法化政策，允许开设娱

---

① 张亦春、周艳：《中国博彩市场的两难选择》，《福建论坛（人文社会科学版）》2006年第12期。

② 《2011年全球博彩收入超4千亿美元，2014年或超5千亿》，彩通社博客，2012年2月28日，http：//sports. sina. com. cn/l/2012－02－08/16175935084. shtml。

乐场。周边的马来西亚、泰国、越南、缅甸、菲律宾、印度尼西亚、尼泊尔、哈萨克斯坦、俄罗斯、朝鲜、韩国，并一直延伸至澳大利亚、新西兰等国家，对中国形成了庞大的“境外赌博包围圈”。而且这些国家大都以吸引中国庞大规模的人口参与其中作为发展动力，形成了以中国为核心的条带状产业格局，以至于出现了环球博彩业“围堵”中国的发展态势。即便一向严格禁赌的新加坡也将博彩合法化，并建设起大型赌场度假村。台湾意欲通过离岛开赌的法案，其目标更是直接瞄准中国大陆市场。中国实行改革开放政策后，经济社会取得较快发展，人员和资金可以更为自由便利地进出国门，国际往来和交流频度达到新的高度。根据公安部出入境管理局的统计，2013年我国内地居民出境人数增长迅猛达到9818.70万人次，外国人入出境总数共有5250.91万人次，人员交流的频繁、国内外交往的开放无疑对中国的禁赌政策形成了无形的冲击。早年曾有学者研究提出，中国每年有6000亿元赌资流失。[①] 在2014年3月审理的广州“1·16”特大网络赌博案中，赌博团伙接受投注赌资共计4840.8亿元，[②] 由此中国国内参与赌博的庞大规模可见一斑。中国周边国家地区赌场聚集，国内地下赌博不断抬头，网络赌博也在渗透。这使得中国四面临敌，全面暴露在世界赌博爆炸的阴影之中，从而给改革开放的中国带来了一个涵盖社会多方面的综合性难题。

2. 通讯、信息及网络技术发展的挑战

中国彩票自产生以来一直面临着科学技术发展所带来的挑战，其中通讯、信息及网络技术的持续发展给中国彩票的彩票类别、销售模式乃至运行的管理、监督等都带来直接的影响和挑战。

科技发展推动着中国彩票发行销售模式的变革。中国彩票在发行

---

① 江河：《中国每年流失赌金六千亿》，《环球时报》2007年4月25日第6版。

② 潘爱华：《广州“1·16”特大网络赌博案开审》，《南方法制报》2014年3月12日第8版。

销售之初反应冷淡，进入 90 年代后，在人员密集场合集中销售即开票、辅以实物兑奖的“大奖组”销售方式为彩票销量提升创造出新途径。在春节、国庆等节假日的城市广场、农村集市大多会举办彩票销售活动，经济发达的广东、浙江等省市更是在 1998 年后将“大奖组”销售推至巅峰。但是，推动彩票销售模式根本变革的力量还是通信、网络等技术的发展，这就是电脑彩票的发行并逐渐主导市场。1998 年 6 月，通过电脑联网销售的体育彩票首先在江苏省上市，接着体育彩票在全国率先推行，并从省级联网升级到全国联网，其销量一度超过福利彩票。电脑彩票采取网络化手段现场打印，支持彩民自主选择号码，可以在更广的区域内销售开兑奖，并在销售同时传输彩票销售信息到彩票中心，不仅节约了彩票印刷、防伪、运输等费用，而且极大地方便了彩票的发行、运营及监管，因此很快主导了整个彩票市场，原有传统彩票反而成为电脑票的补充。可以说，中国彩票销售在从“大奖组”进入电脑彩票，彩票开奖从事先设奖到事后摇奖、从销售现场开奖到中心集中开奖等运营模式的转变中，通讯网络技术的进步扮演了关键角色。

科技是一把双刃剑，科技发展推动着中国彩票的发展，也给中国彩票发展带来挑战，当前这种挑战主要表现在以下相互联系的两个问题上，即网络博彩和网络彩票。网络博彩是通讯网络、金融支付全球化、国际化所带来的挑战，通讯网络技术、金融支付手段的进步与便利化，刺激博彩集团将赌场、娱乐场等开设到网络虚拟空间，从而带来了网络虚拟赌场的勃兴，一种被称为网络博彩的新型赌博活动开始泛滥。网络赌博冲破了现实中存在的国家边界，使得中国的广大民众，尤其是经常上网的网民暴露在博彩环境中，很容易在玩一把、试一试的心态中参与其中。对中国民众而言，尽管网络赌博属于违法，但是，随着互联网时代的冲击，博彩的边界似乎变得模糊不清，处在法律监管的灰色地带，而且如何对网络赌博进行有效监管依然是一个

有待破解的难题。

与虚拟社会中的网络博彩不同，网络彩票（互联网彩票）一直在现实社会中存在，并给彩票运行及部门监管带来诸多困惑。早在2000年前后，我国少数地区就已经出现了通过互联网销售彩票的做法，2002年3月财政部发布《彩票发行与销售管理暂行规定》，其中第十条第三款明确规定“禁止利用因特网发行销售彩票”。2007年，财政部联合民政部、体育总局等多个部门发出通告，要求严厉查处利用互联网非法销售彩票行为，停止非彩票机构主办网站彩票销售业务，整顿彩票机构利用互联网销售彩票业务；并强调各级彩票机构不得利用互联网发行销售彩票，已经开展此项业务的则一律停止。但是这些规定并未能抑制互联网彩票的发展，这种以“网络合买、网络代购”为名而进行的彩票销售生意实际上已成为许多商业网站新的赢利模式和利润增长点，互联网彩票呈现蓬勃发展的趋势，销量逐年暴涨。有关资料显示，2003年全国通过网络投注彩票的销售额为964万元，2005年为10207万元，2007年超过了15亿元，2009年为40亿元。[①] 在这种背景下，2010年9月，财政部发文对电话、互联网销售彩票同时“解禁”。在十多年间，互联网售彩规模不仅没有被政府管理部门有效禁止，反而越做越大逐步发展起来的实例不能不引人深思。

排除网络博彩、网络彩票是否合理、合法的问题之外，其所呈现出来的是科技发展对彩票业所带来的冲击。以信息技术为代表的科技革命带来了替代性或关联性的技术路径或渠道，它通过渗透、扩散和融合到其他产业之中改变了原有产业所遵循的技术路线，开拓了全新的产业经营内容和形式，从而改变了原有产业固有的运营特征，给原

① 《2011年网售彩票全年销量估值200亿》，新浪网，2012年1月2日，http：//sports.sina.com.cn/l/2012－01－02/11345891224.shtml。

有产业发展开拓了全新的市场空间、需求和机会。这总体上要求政府破除产业垄断，放松经济性管制，进而促进产业竞争与融合，推动产业运营及监管的创新。近年来，通讯技术、信息技术、数字技术的发展，以及金融支付手段的更新都推动着博彩业的发展，博彩业借助这些先进技术开始进入网络，在法律空白及监管缺位的虚拟社会中蔓延，网络中的赌球、赌马、赌场等网络博彩大肆发展，对包括许多禁赌国家和地区形成冲击。面对新科技的冲击，中国彩票业的原有运营格局面临挑战，新科技渗透到彩票业中，开始出现竞争性的游戏渠道和游戏产品，除了上文提到的网络彩票之外，借助移动终端、数字电视等进行的彩票销售、彩票游戏开始发展，体育运动、文化旅游、商业运营等也开始出现与彩票业融合发展的现象，彩票业内部开始重组融合创新原有游戏。从上述描述可以发现，在信息网络等科技持续发展、多网融合的背景下，新科技不断挑战原有的销售、运营及管理模式，这带来了新的赢利空间和机会，而作为监管方的政府部门是因势利导予以规范，还是仅仅将其作为另类异端来进行压制，无疑是一道难解的问题。在法律缺位的情况下，市场创新与行政监管之间如何博弈才能避免一场用时弥久的消耗战，是彩票利益相关各方，尤其是彩票监管方需要细致分析才能解答的问题，而通过博弈走出创新与双赢之路目前依然是小概率事件，其背后隐藏的诸多因素依然费思量。

3. 国内环境变化给彩票发展带来的压力

正如上文所提到的，当前中国发行的福利彩票、体育彩票都产生于改革开放的大背景下社会福利、体育事业运行发展的切实需要。可以说，彩票政策是政府在经济领域投入较大、社会领域投入相对较小的财政约束下，为保障社会福利、体育事业发展而采取的特殊政策，也就是所说的“不给钱给政策”。这种政策沿袭下来，形成了以“扶幼、助残、救孤、济困、赈灾”为宗旨的福利彩票，以促进体育事业发展、弥补体育事业经费不足、资助全民健身计划和举办大型赛会为目标的中国体育彩票。经过20多年的发展，彩票为我国社会福利、体育事业和公益事业的发展做出了突出的贡献，彩票所筹集的彩票公益金极大地提升了社会福利、体育事业等发展的质量和水平。以社会福利彩票为例，根据2011年10月26日民政部召开的中国福利彩票发行和福利彩票公益金使用情况新闻通报会提供的数据，自1987年到2010年，全国福利彩票已经筹集彩票公益金1665.66亿元，各级民政部门使用的彩票公益金为846.42亿元，24年共资助社会福利类项目24.46万个，共资助近6000万人，间接受益1.6亿多人。可以说，在彩票公益金的支持下，我国社会福利、体育事业取得了积极进展。

2002年以后，彩票公益金由民政部和体育总局自收自支的时代结束，彩票资金按照“收支两条线”的原则纳入财政专户管理，其分配使用范畴也逐渐拓展到社会保障、医疗救助、教育、残疾人救助等诸多社会领域。彩票公益金使用范畴的调整从侧面说明社会福利、体育事业在彩票公益金支撑下已取得初步成效。而其潜在缘由则更重要，即伴随彩票发行规模的扩展，彩票公益金规模越来越大，在彩票巨大利益面前，现有彩票发行管理的二元模式面临着模仿性扩充的冲动和张力。这表现在面对彩票资金诱惑，诸多其他政府部门及相关人士开始鼓噪，提出发行教育彩票、环保彩票、扶贫彩票、西部开发彩票等诸多概念及名目。这些名目繁多的概念彩票表面看起来都有一定道理，但是如果一概照准可能会带来更多的潜在性问题。拓展彩票公益金使用领域，推动公益金向更为多元的领域扩展，不仅抑制了这种彩票发行的部门化冲动，也使原来部门内部受益的彩票逐渐走出部门的藩篱，开始迈向国家彩票。

但是，彩票公益金使用领域的拓展依然没有解决彩票发行管理、彩票资金使用部门化的合理性问题，反而使得另一个更为潜在的重要问题凸显出来，这就是彩票资金，尤其是彩票公益金的使用合理性及其绩效问题。我国彩票资金在奖金、公益金及管理费方面的分配使用规范基本是粗线条的，根据彩票类别的不同规范其资金分配比例。但是，对彩票公益金的使用则缺乏较为详细的规范，在使用范畴上十分笼统。因为有关规范仅要求福利彩票所筹集的公益金主要用于“扶老、助残、救孤、济困、赈灾”等社会福利和社会救助性的公益慈善事业，体育彩票筹集公益金主要用于发展体育事业。这种笼统而非具体的规范使得公益金在使用过程中更多受到有关部门主管人员的左右，从而造成公益金使用项目具有较大的随意性，从而带来了资金滥用的可能。近年来，媒体曝光的一些事件也说明了资金使用低绩效以及资金使用违规等问题。

这些现象说明在彩票业的逐步发展壮大过程中，彩票业所面临的自身环境发生了变化。发行彩票是作为推进社会福利、体育事业的特殊政策出台的，但是其所带来的巨大利益使得各部门从支持赞成变成要求效仿，最后以都分一杯羹而结局。同时，彩票资金规模的持续扩展也使得彩票资金分配，尤其是彩票公益金的分配使用被大众所关注，彩票公益金使用范围过于宽泛无疑为其使用的低绩效及滥用带来了可能，而媒体不断曝光的事件则增强了其资金使用不当的民众印象，这有可能进一步带来政府部门及广大民众对彩票态度的转变，或者是管理方式的调整，以及监管模式的强化等。

4. 中国彩票业运行监管中的问题

在中国彩票业蓬勃发展的过程中，彩票运营管理等问题也逐步显现出来，遭到诸多诟病。这些问题很多涉及彩票管理的体制机制问题，在此仅就发行销售模式、监管体制及彩票资金等主要问题进行梳理阐述。

中国彩票的发行销售由彩票发行机构、销售机构和彩票零售商组成。其中分别隶属于民政部、体育总局的中国福利彩票发行管理中心、中国体育彩票管理中心是其直属事业单位，属于中央级的具有排他性的彩票发行机构。省级福利、体育彩票的发行管理中心是彩票组织销售的机构，在行政区域内组织彩票销售，保障彩票活动运行。地、市级销售机构是福利、体育彩票的基层销售单位，以直接组织销售彩票为主。这种发行销售模式将政府管理、事业单位运营和企业化销售整合到一起，采取行政化的方式来管理本应企业化运营的彩票事业单位，使得彩票发行销售机构更多地将完成上级政府下达的销售任务作为主要职责，而不是将彩票发行销售的运营效率放在首位；也使得彩票发行销售机构更多地应对上级管理部门的要求，而不是满足广大彩民的需求；更多地以发行销售达标的“政绩”为目标，而不是追求筹集彩票公益金规模的合理化。行政化的发行销售模式在体制上表现为“政企不分”。2003 年扬州等地发生的“彩世塔案”鲜明地说明了这种体制的弊端。[①] 彩票发行销售及其运营管理权力集中到民政部、体育总局手中，两个部门通过构建事业单位以行政化的方式来发行销售彩票，其结果必然是行政权力代替、主导进而遮蔽了彩票行销的市场因素，经营者因为绑定了行政权力而居于高位，经营者本身就是规制者、监管者，拥有制定规范、解释规则、监督管理的权力，这不仅使得市场中的争议缺乏独立的第三方仲裁，也使得任何争议的解决缺乏制度化渠道和令人信服的结局。

在中国彩票发展过程中所形成的福彩、体彩并存的“双寡头”垄断发行管理模式也存在较大弊端。[②] 福彩、体彩的区分基本不是彩票游戏类型的区分，而是彩票发行管理、公益金使用范畴的区分，两者还各建一套销售网络，除了足球彩票、篮球彩票由体彩发行，中福在线视频游戏由福彩管理以外，两者彩票游戏的类型、玩法等大致相

① “彩世塔案”的办案检察官认为：“彩世塔”之所以能够屡屡得逞，主要是彩票发行部门对彩票销售疏于监管，甚至放任自流，为承销商操纵开奖、欺诈彩民提供了很大的空间；另外，彩票销售现场虽有公证机关临场监督，但并没有起到应有的监督作用。参见孙欣：《“彩世塔案”雪藏之谜》，《法制与生活》2007 年 12 月下半月刊。

② 马昌博、苏永通：《体彩丑闻显中国彩票运行积弊》，《南方周末》2007 年 4 月 19 日。

同，例如福彩的双色球与体彩的超级大乐透、福彩的3D与体彩的排列三等，这就不可避免地带来两者之间同质化的恶性竞争。结果不仅影响彩票市场稳定与发展，还要付出额外的竞相提高奖金或转嫁风险所隐含的代价。

中国彩票的监督管理由国务院及其职能部门财政部、民政部和国家体育总局组成，其中国务院行使彩票发行的审批权，财政部负责彩票市场监督管理工作，民政部和国家体育总局分别对福利彩票和体育彩票的发行、组织销售等进行管理。这种国务院主导、多个职能部门联合监管的体制，在实际运行中由于种种因素的制约，更多的是形成民政部门和体育部门进行内部自我监管，从而造成监管错位。因为财政部和民政部、国家体育总局行政层级相同，其监管如果没有民政部、国家体育总局的跨部门配合无法进行，这必然制约其实际监管范围、程度和能力。同时，财政部也缺乏必要职能机构和人员配置等保障其监管机制的落实。由民政、体育管理部门来监督其下属事业单位，监管者与被监管者之间的关系实际上变成了国家机关的内部关系，既当运动员又当裁判员的监管模式使其运营的公正性、公益性等很难令彩民及公众信服。内部监管错位，外部监管更是严重缺位。现有彩票管理政策法规对彩票发行、资金分配使用、财务管理信息公开、中奖规则、从业人员资格等具体问题规范不清，作为外部监管重要组成部分的广大民众特别是彩民很难获得彩票业运行监督所需的真实有效信息，这基本切断了外部监督的可能性，使得来自政府职能部分之外的监督失去了可能性。

彩票资金包括三项，即返奖资金、发行（管理）费和公益金。尽管不同游戏种类的彩票资金比例有所差异，资金比例分配也经过多次调整，但当前彩票资金的大体比例是50%:15%:35%。在彩票资金分配中，彩票发行销售的管理费用高达15%遭到很多质疑。在彩票业发展初期，传统彩票的印刷、运输和销售，以及彩票销售网络建设等需要较多经费，但是在彩票发展所需基础设施基本齐备，彩票的电脑网络化销售成为主流，尤其是彩票销售规模多年高位运行的情况下，发行管理费用每年高达数百亿元，其支出使用情况不能不引人关注，何况在英美等国家彩票发行管理费仅占到销售总额的5%～10%，而审计发现彩票管理费的浪费、滥用以及部门内部自肥的现象屡有出现。同样，尽管彩票公益金分配使用的管理规范逐步强化，使用范畴超越原有部门范畴，但是彩票公益金的使用分配依然由民政、体育部门为主，特别是留归地方的公益金部分还是归民政、体育部门使用，在使用范围上相对狭窄，呈现出较强的部门化特征。这种以"条条"为主、行政部门主导的公益金分配使用及其管理方式，使得公益金难以在整体社会公益事业内得到合理配置，难以体现其服务于全社会公益事业的基本属性。彩票公益金分配使用及管理由部门主导并主要在内部使用，也导致公益金使用管理的监督体制难以真正建立起来，社会监督难以实际进行。进而不仅带来了公益金在部门间、社会公益事业间配置的不合理，也导致公益金使用效益的低下、变相浪费，甚至资金的违规使用和挪用现象。①

中国彩票业形成于改革开放初期的20世纪80年代，受当时大环境的制约，未免带有较强的计划经济和行政管理的色彩，而这种色彩伴随中国彩票业的日益发展壮大以及彩票发展环境的市场化转型变得更为突出，其缺陷和问题更多地显现出来。这也说明，依照行政化运行的事业单位已经不能有效利用资源，不能很好地承担更宜于市场调节的彩票发行销售事宜。事业单位毕竟不同于独立的市场运营主体，

① 国家审计署在审计工作报告、公告中多次披露彩票管理费、公益金等使用不当的问题。其中的典型问题可参见国家审计署2004年度审计工作报告，以及国家审计署《2006年第5号审计公告》。也参见叶逗逗：《自肥模式：养肥了彩票发行者》，《新华每日电讯》2005年7月24日第5版；吴杰：《百亿彩票公益金，哪里去了?》，《南方周末》2012年6月16日A14版。

其管理运行的行政化与彩票发行、销售所具有的强烈市场属性不相匹配，行政化的彩票行销机构难以根据彩票市场的变化迅速有效地在全国范围内配置资源、开展营销活动。而彩票游戏的陈旧、游戏设计保守等难以满足彩民需求，也就在一定程度上为私彩的产生、网络博彩及地下博彩的出现提供了空间。当然，彩票业所带来的负面影响在文化层面上也表现出来。中国传统文化将博彩视为一种无业游民的不良嗜好而加以批判，而现代政府部门及彩票发行机构片面否认彩票的博彩属性，夸大彩票的中奖概率，渲染彩票的筹资功能等，使得一些彩民在购彩时抱有赌徒心态，以非理性购彩方式购买彩票，给家庭及社会带来不良影响。

六　推动中国彩票业发展的政策建议

经过20多年的发展，近年来中国彩票业进入千亿时代，其所筹集的彩票公益金对于我国社会福利、社会保障、弱势救助、教育、体育、公益慈善事业等的发展起到了积极作用。然而，伴随国内外环境的变迁，彩票业运行也面临多种问题和挑战。针对这些问题和挑战，提出如下应对建议。

1. 综合施策以应对境外的博彩爆炸

几乎与中国彩票业发展同时，世界各国逐渐对赌场开禁，推动博彩业合法化，加之传统或新兴的博彩方式的迅速扩张，使得博彩业发展成为一个世界性的新兴产业。作为中国近邻的东亚、东南亚、中亚等国家纷纷推行博彩业的合法化政策，将中国作为赌客的最大来源地而邻近开设赌场，对中国形成了“赌场包围圈”。同时，各国博彩集团还通过网络途径向国内渗透，借助虚拟赌场来推动网络赌博。这使得中国暴露在世界赌博爆炸的阴影中，给改革开放的中国带来多种困境和问题。

针对全球博彩爆炸所带来的挑战，许多学者从博弈论出发，借助著名的囚徒困境理论进行分析，提出中国应该开放博彩业。如果将彩票视为博彩的一种形式，可以说在20世纪80年代中国已经选择了开放政策，也就是完成了一次“基本博弈”。但是，需要看到的是世界博彩产业多年来持续发展所造成的挑战不可能简单用彩票游戏来应对，面对全球一体化、信息化进程的加快，网络通讯技术、金融快捷支付手段的进步，博彩业开放与创新的步伐不会停滞，其对禁赌国家民众的吸引力也不会降低，尤其是在民众基本要求趋于满足的背景下。因此，在中国禁赌与参赌的张力不会在短期内缓解或者消失。针对这种张力，在维持禁赌政策的前提下，需要普及博彩知识，并调高其境外参与成本。

普及博彩业的科学知识，提高博彩认知度是理性应对境外博彩爆炸的前提。博彩对赌博的替代降低了其所附带的贬义意味，其在实质上却没有什么差别。在中国传统文化中，赌博一直被视为一些游手好闲、不务正业人士所从事的不当营生，西方文化等大多持类似看法。从世界各国博彩业发展历史来看，博彩业是不得已而为之的没有选择的选择，被称为“三大赌城”的中国澳门、摩洛哥蒙特卡罗、美国拉斯维加斯等都是如此。20世纪末博彩业的兴起直接和经济衰退导致的财政困难有关，是博彩集团借助政府权力所进行的谋利行为。但是，博彩业本身并不像其他产业那样创造价值，仅仅依靠资金转移来为自我谋取利益，而且这种谋利并不过问资金的来源。博彩业还会带来更多问题，例如民众赌博心理、问题赌徒、地下金融、治安犯罪等。从博彩业自身发展来看，它并不具有可持续性，在赌徒争夺中新赌场、赌城的兴起往往伴随旧址的衰亡。例如伴随美国大西洋城的兴起，拉斯维加斯开始衰退；澳门半岛、离岛新赌场的兴起也伴随旧赌场的衰落。同样，博彩业兴盛后，其对制造、服务、教育、文化等所产生的负面影响也不容忽视。面对全球博彩爆炸，中国不可能仅仅为防止赌客出境参与，以及资金外流而开放博彩业。博彩业不仅仅涉及资金、金融及经济问题，还会涉及更多的社会、文化乃至政治问题。

在提高博彩认知的基础上，需要提高境外参与博彩的成本，以增加赌场隔离度。20 世纪 80 年代以来，世界博彩业以前所未有的速度迅速扩张蔓延。世界博彩业的动态发展过程表现出一个非常值得注意的趋势，即 90 年代以来博彩业的急遽膨胀大都以中国庞大市场为发展动力，特别是亚洲博彩业的兴盛更是形成以中国为核心的包围圈式产业布局。在中国周边，从广袤的俄罗斯、中亚的土库曼斯坦等国到越南、柬埔寨等东南亚国家，从大洋洲的澳大利亚到中国近邻的韩国等，都有豪华赌场诱惑，围绕中国边境已形成了一张赌场网络，其都把吸引中国赌客作为重点目标，中国赌客已经成为周边一些国家和地区开设赌场的原动力。俄罗斯赌场发展最快的地区集中在中俄边境的海参崴、哈巴罗夫斯克、布拉戈维申斯克等地。越南的赌场集中在北方城市的海防市，以及与广西隔河相望的芒街等地。针对这种局势，中国从 2003 年起以在边境地区开展打击赌博的禁赌活动，取缔境外赌场境内的联络点，禁止中国人到境外赌场工作及赌博，禁止旅行社办理异地普通游客出境旅游等方式来封堵参赌人员，治理边境赌博。当前，要形成打击赌博违法犯罪活动的长效机制，从旅游服务、金融交易、资金往来等多方面探索建立制度化、长期化的综合管理制度，净化社会环境，并提高境外参与赌博的成本，培养自觉抵制赌博的社会氛围。

2. 强化科技开发，应对新技术带来的机遇及挑战

科学技术，尤其是通讯、信息、网络技术以及金融快捷支付手段等的发展推动着中国彩票的进步与创新，使得中国彩票类别、销售模式乃至运行监管等发生变革，给彩票业原有运营模式带来挑战。新科技渗透到彩票业中，开始出现竞争性的游戏渠道和游戏产

品，体育运动、文化旅游、商业运营等与彩票业融合发展创新了原有游戏方式和品种；而借助于网络、电话、移动终端、数字电视等进行的彩票销售、彩票游戏开始发展，带来了新的赢利空间和机会。

科技发展带来了互联网彩票，彩票监管部门则明确予以取缔。但是，在政府多次发文严厉打击之下，处于半地下状态的网络彩票依然有着旺盛的生命力。尤其是当以“网络代购”名义进行的彩票代销，实际上已成为许多商业网站新的赢利模式和利润增长点、彩票公司与地方两彩中心之间的代销合作模式成为一种行业惯例时，就已经表明网络彩票所呈现的蓬勃发展趋势以及销量逐年暴涨，早已被市场所认同和接受。面对这一事实，网络彩票是否能被监管部门所接受就成为时间问题。2014 年，中国福利彩票发行管理中心和中国体育彩票发行管理中心均表示至今未授权任何一家网站或机构进行网上销售彩票业务，但是网络彩票销量近 800 亿的市场份额无疑成为尴尬的数字，这是否说明作为代销的一种方式，网络彩票本来就不需要授权呢？那么彩票监管部门的边界又如何界定呢？网络彩票从被严禁到得到认可的过程表明，面对新科技的挑战，认可并推动科技向彩票业的融合发展是时代的潮流，当科技能够带来便利以及市场运作空间时，顺应时势发展就是最佳途径。为此，既要以新技术来创新彩票游戏，提高彩票游戏的乐趣，又要以新技术来强化监管以应对网络博彩的泛滥，防范网络博彩的危害。

推动科技进步，以新技术创新彩票游戏，来提高彩票游戏的参与乐趣。作为博彩游戏的一大类别，彩票本身就具有多种游戏玩法，不能仅仅将其视为一个单面维度。伴随网络通讯、信息交互技术等的应用，参与彩票游戏的途径日益拓展，彩票游戏本身的类别和玩法也在不断创新，这都给彩票游戏以无限发展和开拓空间，彩票发展成无限多维的可能性一直是存在的。尤其是我们今天生活在一个充满信息交互和网络媒体的环境中，移动终端、电视终端、互联网终端，以及各种楼宇媒体、户外媒体、地铁媒体、公交媒体等新媒体无处不在。我们还生活在一个丰富多彩的世界里，奥运会、世界杯及各种单项体育运动层出不穷；服务于竞猜游戏的专门活动，例如赛马活动等也在研究与开拓中。这些运动的发展，可以为未来竞技性游戏彩票提供无限创意和可能。中国彩票从单一的传统彩票发展到今天多类别、多形式、多终端本身也说明彩票游戏是一个充满变幻与多种可能的多维游戏空间。通过开发更为多元、更具乐趣的彩票游戏，可以实现诸多创意与创新，带来产品价值提升、产业升级、供给多样，提高彩票游戏的吸引力。

在促进彩票游戏发展的同时，还需以新科技推动网络监管，应对网络博彩的泛滥。作为一种新的赌博形式，与无处不在的网络虚拟社会结合在一起的网络赌博正迅速在全球蔓延开来。不同于现实中的赌场，以网络通讯技术、金融快捷支付手段建构起来的网络赌博具有跨地域、链接便捷、操作简单、资金划拨迅速、隐蔽性强等特点，任何民众只要能够接入互联网就可以全天候地进行赌博活动。不同于传统的赌博，赌博网站往往由境外博彩集团所培植，在境外设置网络服务器，通过国内网站代理接受投注，发展境内民众参与赌博游戏，在国内不仅获取证据相当困难，还需要明确网络赌博的证据标准和有关电子证据的法律效力等问题。因此，要采取有针对性措施，加强技术侦察能力，强化电子化证据的收集固定，强化网络清理整治工作，尤其是及时采取技术措施清理发布网络赌博信息，整顿提供网络赌博平台的网站，及时屏蔽境外赌博网站，禁止境内网站为境外赌博网站提供相关链接或端口。加强各管理部门间的协作，强化网上金融支付平台的监管，防范网上赌资的境内外结算、转移，堵塞各种洗钱的渠道，切断赌博信息的网上传播渠道、网络赌博资金的流动及“洗白”渠道。

3. 强化彩票运营监管，推动彩票业及环境的改善

当前，中国彩票业发展过程中所出现的问题，以及彩票业发展环境的变化，既与彩票业本身的运行及监管体制机制有关，也与彩票业发展所带来的多种效果效应有关。例如，在中国彩票业的运营体制中，中国福利彩票发行管理中心、中国体育彩票管理中心是民政部、国家体育总局直属事业单位，属于中央级彩票发行机构，而省级福利、体育彩票的发行管理中心是彩票组织销售的单位，地、市级的发行管理中心是彩票的基层销售单位。而且福彩、体彩的区分基本不是彩票游戏类型的区分，而是彩票发行管理、公益金使用范畴的区分，两者还各建一套销售网络，不可避免地存在同质化竞争。这种半行政化、同质性的彩票发行销售模式导致了实际运行中的“政企不分”、“双寡头”垄断以及运营监管错位等，给中国彩票运行带来种种难题。

彩票运营体制机制也制约着彩票资金分配使用。在彩票销售规模逐渐递增、彩票电子发行成本趋于降低的背景下，高达15%发行管理费用居高不下难以让人信服，而审计发现彩票管理费的浪费、滥用以及部门内部自肥的现象屡有出现不能不令人诟病。同样，尽管彩票公益金分配使用的管理规范逐步强化，使用范畴超越原有部门范畴，但是半数留归地方的公益金依然呈现较强的部门化特征。这使得公益金在整体社会公益事业内的合理配置难以实现。因此，要对彩票业运营及监管进行体制反思，强化彩票业的运营监管，提高彩票业自身的运行绩效，提升彩票资金分配使用的合理性，以彩票业运营绩效及资金使用效率的提升，来改善其运营环境，防止彩票业所带来的负面效应扩展。

推动彩票运行监管创新，变革双寡头的同质化竞争态势。福彩和体彩两家中心垄断了中国的彩票业。两中心的垄断发行权以国务院特许为基础，成为彩票市场主导者，在很大程度上决定着彩票的种类、价格和发行量，并在市场上不受其他任何替代产品的竞争威胁，从而

形成彩票产业中的两集团，影响相关产业政策制定以及法律法规的出台，制约了彩票业发展进程，也导致实质性监管因难以逾越两集团利益而不能实际落实。基于彩票业的特殊性，彩票市场一般由政府垄断，或者利用特许经营权赋予特定主体运作，但是中国福彩、体彩在同质化恶性竞争中维持着两套相仿的人机系统，导致发行成本居高，以及发行效率低下。彩票业是政府行为与企业行为、计划性与市场性相结合的产物，其市场性体现在彩票的设计、印刷、发行、销售、运输、结算等各个环节，这些环节是垄断无法全部实现的，需要通过社会参与，需要遵循市场规律，通过不同市场主体的竞争来提高效率、降低成本，防止少数集团利用垄断地位获取超额利润自肥。正如美国经济学家鲍莫尔的观点："正是由于潜在进入者的自由进入和退出，整个市场才时刻保持着新企业进入的潜在压力，市场在位者通常不能够获得超额利润，其定价和生产资源配置都是有效率的。"同时，福彩、体彩两中心的事业单位性质也制约了其运营管理的积极性，政企分离也应该成为彩票管理体制改革的重要方面，由政府性垄断组织提供服务从表面上看公平合理，其背后可能是更大的资源消耗，表面竞争性的市场则可能屈服于垄断组织的权力。因此，需要变革由两中心垄断发行的双寡头运营体制，推动两中心的企业化融合，或者区分彩票游戏类别而进行差异化竞争，使得政府回归监管本位，而彩票运营回归准市场化模式。

推动彩票游戏创新，科学规划彩票资金分配及使用。中国的彩票业从诞生时起就具有浓厚的计划色彩，彩票发行事业化、发行额度管理都是其重要体现。当彩票业发展到一定程度，彩票业不能提供丰富选择时，非法博彩、网络博彩等就会成为替代性产品和服务。而购彩是一种市场行为，彩票不过是众多可选择的博彩产品供给者之一。彩票管理中心不可能强迫人们购买彩票，彩票业也并非没有替代性选择，除彩票以外，人们通过出国旅游、互联网等途径接触其他博彩形

式并非不可能。彩票除合法性、公益性和公信力以外，并不具有太多的市场优势，彩民购买彩票在安全前提下，最关心是否好玩、中奖机会大小、奖金多少、方便与否，其次才是奉献爱心。但是，中国发行的合法彩票在这些方面并不具优势。地下私彩等赌博活动的泛滥与其高赔率、多花样、迎合人们的娱乐性、投机性、冒险性需求有关。而非法博彩的存在反过来正说明我国潜存着巨大的彩票市场。因此，要推动彩票游戏创新，将彩票更多地与竞技体育相结合，把体育比赛的观赏性、竞争性、结果的不确定性与博彩的投机性、娱乐性、刺激性相结合，开发更具娱乐性、竞争性以及结果更具不确定性的竞猜型彩票，推动彩票种类的更新和常玩常新；将彩票与文化产业相结合，把中华传统文化、流行文化的产品和服务与彩票融合成为多元复合产品和服务，为大众提供丰富多彩的玩法和服务。同时，伴随彩票规模的不断增长，彩票资金的使用也需要及时调整，根据发行管理实际需要恰当地确定发行管理费用比例，将彩票公益金拓展到更为宽泛的社会公益领域，更多地向救助、扶贫、环保等资金短缺的领域倾斜，满足整个社会发展需求。

彩票是一种符合概率论的无规律有规则的机会游戏，游戏心态才会产生游戏的行为，遵守游戏规则获得游戏的乐趣。彩票业的持续发展，既离不开内容，彩票种类、玩法的创新；也离不开销售渠道，网络、电话、视频等产业升级换代的渠道创新；同时，更离不开彩民的支持。站点彩民以中低收入的城市平民阶层为主，电话、网络等彩票更可以吸引中高收入的白领知识阶层参与。要通过更具针对性的彩票游戏设计将一般很少购买彩票的高收入群体吸引到彩民队伍中来，让他们成为彩票主要消费群体，改善彩民结构。这都离不开彩票业发行销售模式的创新，离不开健康彩票文化的引导，更离不开中国彩票运营及其监管体制机制的合理化构建。

福彩体彩篇

Welfare Lottery and Sports Lottery

B.2

中国福利彩票的发展与管理

张增帆　崔杰　郁菁*

摘　要：为弥补社会福利财政资金的短缺，1987年，民政部门开始发行福利彩票（当时称“中国社会福利有奖募捐奖券”）。此后20多年来，福利彩票一直保持稳步发展、逐年上升的趋势，而通过发行福利彩票所筹集的彩票公益金已成为中国发展社会福利事业的重要支撑。伴随彩票发行规模的扩展，彩票发行管理、监督体制逐渐建立起来，并逐步走向制度化、规范化。

关键词：福利彩票　彩票行销　彩票管理

* 张增帆，博士，北京社会管理职业学院副教授；崔杰，北京社会管理职业学院民政管理系副主任，讲师；郁菁，北京社会管理职业学院讲师。

自1987年7月中国社会福利有奖募捐奖券（中国福利彩票的早期形式）发行以来，福利彩票已经走过27年的发展历程。福利彩票以“扶老、助残、救孤、济困、赈灾”为宗旨，其发行一直保持逐步发展、逐年上升的趋势，通过发行销售福利彩票所筹集的彩票公益金已经成为中国社会福利事业发展的重要支撑。福利彩票发展的过程中，其发行、销售及管理制度也逐步构建起来，规范化管理为福利彩票的平稳运行发挥了积极作用。

一　中国福利彩票的初创

20世纪80年代，中国推进经济体制改革，并逐步转型走向市场经济。然而，此前一直依赖财政拨款的社会救助救济事业面临严重资金短缺现象，民政事业维持及运行存在着诸多困境。当时我国的救济、优抚对象人数达1.5亿人以上，受灾人口约3.12亿，残疾人近5000万；全国约1500个县级地区没有福利院，半数以上的乡村没有敬老院，城镇社会福利机构需要改造的危旧房屋占一半以上。另外，各种社会福利对象，如弃婴、流浪儿童、孤残群体、灾民等的数量还在不断增多，需要投入大笔社会救助资金进行救助。这些问题的解决迫在眉睫。针对这种困境，民政部门走社会福利社会办的改革之路，开始思索财政资金以外、面向社会的资金筹措渠道。

1985年3月，国务院发布的《关于制止滥发各种奖券的通知》中提出，为兴办社会福利事业而举办的有奖集资，经当地政府批准可以试点。经有关人士提议和对西方国家社会福利筹资的考察，1986年8月，民政部向国务院报送《关于开展社会福利有奖募捐活动的请示》。12月，国务院常务会议讨论后同意由民政部组织一个社会福利有奖募捐委员会，在全国范围内开展有奖募捐活动，筹集资金发展“扶老、助残、救孤、济困、赈灾”的社会福利事业。1987年3月，由中央统战部、全国政协联合召开关于开展社会福利有奖募捐活动的座谈会，与会的27个民主党派和人民团体负责人经过热烈讨论后均表示支持。在广泛听取民主党派、社会各界人士意见的基础上，1987年5月，中国社会福利有奖募捐委员会（简称中募委）召开会议，并通过了《发行社会福利有奖募捐券试行办法》。6月，中募委正式成立，并着手在全国范围内发行社会福利奖券，具体工作由社会福利奖券发行中心承担。随后，地方政府开始比照中央模式，组建地方社会福利有奖募捐委员会及承办具体销售奖券工作的办公室或者中心。

1987年6月，新中国第一张彩票在天津市印刷厂印制。1987年7月27日，在河北省石家庄市的第一工人文化宫广场实行销售，并由此揭开了中国彩票的发展序幕。随后参加第一批试点的10个省市陆续开始出售奖券。1987年7月，上海市募委会在上海锦江饭店成立，并在会议现场开始试销发行首批社会福利有奖募捐券，其后上海开始设立销售点，正式销售募捐券。稍后，浙江省、天津市、江苏省、湖北省、黑龙江省、山东省、广东省、福建省的部分地区开始销售募捐券。尽管当时的销售站点简陋不堪，发行销售规模不大，全国销量当年不足1800万元，但是福利彩票前行的步伐已经迈出。

二　中国福利彩票的发展

中国福利彩票的发展不仅表现在销量的逐步增加，也表现在彩票行销模式的逐步更新。在此我们以彩票行销模式为线索，阐述福利彩票的发展历程。

1. 即开票分散销售时期（1987～1991年）

1987年7月，当第一批传统型福利彩票在石家庄市开始销售时，采取的是流动摊点式销售，民政工作人员利用节假日在人流量、客流量较大的集市、车站、庙会等场所，“一块横幅、一把椅子、一张桌子”地临时设点售卖彩票。后来，彩票行销发展到开着面包车“赶集式”、“间歇式”流动性销售，这就是最初的分散销售即开票阶段。这种临时性沿街摆摊设点方式与正规彩票的形象差距很大，彩票销量也十分有限。但是，这一时期所形成的以民政部门为核心，按政府行政层级设置，专门为民政事业发展筹集资金的全国性、专业化彩票发行销售组织体系奠定了福利彩票行销的初步体系框架。中募委颁布的《发行社会福利有奖募捐券试行办法》成为奖券行销、资金分配使用的基本规范。

2. 即开票集中销售的大奖组时期（1992 ~1999年）

90 年代初，山西、新疆开创的集中销售彩票的“大奖组”销售方式极大地推动了福利彩票销量增长。“大奖组”集中销售以“大奖组、大奖群、大宣传、大场面、突击销售”为特征，它通过声势浩大的宣传和在较大场地布局，对即开型彩票进行大奖组和大奖群的集中销售，以便在短时间内造成开奖的轰动效应，刺激彩票销量的增长。自 1992 年“大奖组”销售开创以来，彩票的销量开始大幅攀升，1999 年彩票销量高达 82. 91 亿元，成为此前福彩历年销量之最。从 1992 年到 1999 年的 8 年间，共销售福利彩票 331. 52 亿元。彩票大奖组集中销售，不仅使得中国福利彩票逐渐深入民众，也为后续电脑彩票发展所需基础设施投入积累了充足资金。1999 年，西安宝马案的发生暴露出彩票大奖组销售中隐含的多种安全隐患，导致尚具生命力的“大奖组”销售方式不得不退出彩票销售的舞台。

在此时期，彩票行销分散且不连续，全国尚未形成统一营销市场。面对擅自发行彩票的问题，1994 年 5 月，《关于严格彩票市场管理禁止擅自批准发行彩票的通知》发布，对全国彩票市场进行清理整顿。6 月，民政部决定将“中国社会福利奖券发行中心”更名为“中国福利彩票发行中心”，发行的“奖券”也更名为“中国福利彩票”。行销方式按照批发零售方式进行，由中国福利彩票发行中心批发给省级发行中心，省级发行机构再向其所辖地（市）县批发或直接组织销售。福彩行销网络依赖各级民政部门设立的福利彩票发行机构，沿用既往的销售、管理和结算模式。

3. 各省“风采系列”电脑彩票行销时期（2000 ~2002年）

1995 年，深圳率先采用计算机管理的方式销售福利彩票，经过沈阳、广州等地试点后，电脑彩票的行销、监控系统逐步成熟。1999 年 10 月，第一张电脑乐透型福利彩票——“上海风采 · 幸运七”在上海发行销售，头等奖奖金设定为 500 万元。这是中国最早的乐透型电脑福利彩票，而且当时奖金也是最高的。这刺激了电脑彩票销量的激增。2000 年，电脑彩票一跃超过了即开票的销量，成为福利彩票销售的主力军。随后各省都陆续推出了“风采”系列彩票，例如齐鲁风采、三晋风采、南粤风采、吉林风采、广西风采、新疆风采、燕赵风采、中原风采、北京风采等。到 2001 年 10 月，在全国 31 个省、自治区、直辖市“风采系列”电脑福利彩票全部开通准热线或热线福利彩票销售系统，风采系列彩票的发行销售获得成功。

由于电脑福利彩票采用网点销售、分级管理的发行运作模式，从 2000 年起福利彩票的销量逐年攀升、屡创新高，2002 年已达到 167. 99 亿元。随着电脑福利彩票在全国的推行，全国已基本形成了省、地（市）、投注站三级销售网络，而投注站（网点）销售形式成为福利彩票的主要销售方式。电脑福利彩票在发行销售过程中所形成的网点销售、分级管理、市场化运作的方式一直沿用至今。

4. 以“双色球”为代表的彩票联销时期（2003年以后）

2003 年 2 月 16 日，福彩“双色球”作为第一个全国联销的电脑型福利彩票得以发行。该游戏玩法实现了在全国统一玩法、统一奖池、统一开奖的销售方式，为实现全国统一管理、统一宣传的全国联销奠定了基础。目前，“双色球”的联销区域已经覆盖中国内地各省区市，是我国彩票参与人数最多、知名度最高、影响力最大的游戏玩法，也是我国销量最好的乐透型电脑彩票，它不仅是中国彩票的著名品牌，在世界彩票市场上也有一定知名度和影响力。2004 年，电脑型福利彩票“3D”问世，并成为第二个全国联销的福利彩票。2007 年，第三个全国联销的电脑福利彩票“七乐彩”发行。当前，“双色球”、“3D”、“七乐彩”三种大、中、小全国性品牌游戏玩法，形成了相互补充、相互支撑的福利彩票销售市场格局。全国联销玩法的上市，推动福利彩票行销方式实现了从人工管理到电脑管理的转变，为无纸化彩票发行积累了网络化管理经验。

2003 年 6 月，在线即开型彩票“中福在线”在广东省广州市发行。“中福在线”属于视频彩票，也是先进的无纸化彩票，创我国无纸化彩票销售之先河，并逐渐发展成为中国福利彩票的重要组成部分。现在，随着网络技术、通讯技术的快速发展，通过电话、互联网投注，以及彩票自助终端机、交互电视等多渠道销售的无纸化彩票发展起来。

由于发行方式不断创新、销售网络不断扩展，福利彩票的发行规模得以持续攀升。到 2013 年底，中国福利彩票累积销售彩票 9642.21 亿元。当前，福利彩票发行销售在接近每年 2000 亿元的规模上运行。福利彩票行销面临的发展形势，经济运行的新常态持续影响人们的彩票消费，彩票市场多元游戏品种、多种游戏玩法共存，以及电话、网络售彩、多网融合等新技术，会给福利彩票发展带来新的挑战。同时，福利彩票发展市场空间更为广阔，游戏结构品种玩法逐步优化，发展创新的动力机制不断增强。就未来一段时期经济社会发展环境来看，福利彩票会有新的发展机遇和空间。

三　中国福利彩票的管理

福利彩票的管理是指彩票监管机构依照相关法律法规，对彩票行销、开兑奖、公益金使用等方面所进行的监管过程及结果。自福利彩票创设以来，福利彩票管理体制不断调整。当前彩票发行的审批权力在国务院；作为主管彩票的职责部门，财政部负责研究和制定彩票法规、制度，监管彩票市场，管理彩票资金；民政部门按照相关管理规范，监管福利彩票的组织发行销售。

中国福利彩票自身发展过程也伴随着彩票监管调整的进步历程。福利彩票在发展中经历了三个不同的管理时期。

1. 民政部和中募委管理时期（1987～1993年）

1987 年 6 月，中国社会福利有奖募捐委员会（简称中募委）在北京成立。它是首个全国性奖券（彩票）发行管理的专门机构，其基本职责是奖券发行的统一规划，制定奖券发行年度计划和奖券发行办法，监制奖券，规划有奖募捐活动的开展等。而民政部承担着彩票发行销售监管职能。当然，这也并不排除中募委在彩票管理中，除彩票发行以外，承担部分监管职责。

在当时，除了社会福利奖券以外，还存在企业、地方政府等发行的多种奖券，奖券市场上发行主体及品种较多，市场秩序较为混乱。针对这种情况，1991 年 12 月国务院出台《关于加强彩票市场管理的通知》。《通知》明确了彩票市场的具体管理政策，提出国务院有权批准发行彩票，省级地方政府和中央部门为举办社会福利、体育事业以及国务院特批的其他活动经批准可以发行彩票。

在这一时期，我国彩票管理处于摸索之中。国务院对彩票管理提出一些原则性要求，但并未形成系统制度，基本按一事一办特例式处理部门和地方发行彩票的请示。社会福利奖券作为首支被国务院批准发行的彩票，发行彩票筹集资金基本在民政部门内部使用，其管理以部门内部自我管理为特征，主要以部门规章、地方性规章及相关文件通知为主，例如民政部、中募委发布的《发行社会福利有奖募捐券试行办法》等规范。但是，彩票管理的规范化推动了彩票管理制度

的形成。

2. 中国人民银行和民政部管理时期（1994～1999年）

90年代初期，全国彩票市场发展迅猛，因缺乏有效监管，一些地区私彩泛滥，一度出现较为混乱的局面。这引起了中央和国务院的高度重视，开始着手对全国彩票市场进行清理整顿，从而形成了部门化的彩票发行管理体制。1994年5月，中共中央办公厅、国务院办公厅发文重申发行彩票的批准权在国务院，并首次明确以中国人民银行作为国务院彩票主管机关，统一管理全国彩票市场。此后，中国人民银行开始加强市场监管，初步建立起包括发行销售、机构财务及公益金分配等在内的彩票管理制度体系。国务院还明确，民政部门在全国范围内发行福利彩票，所筹集公益金用于民政部门职责范围内的社会公益事业。福利彩票管理进入了中国人民银行和民政部共同负责阶段。

中国人民银行被国务院确定为彩票主管机关后，开始加强彩票管理，出台一系列整顿市场、规范彩票发行销售工作的政策措施。在这一时期，福利彩票监管除了民政部门内部管理之外，还增加了外部监管主体——中国人民银行。其作为彩票主管机构，强化市场监管，改变了彩票市场的混乱局面。另外，体育彩票的产生改变了福利彩票一枝独秀的局面。但是，此时的彩票依然属于部门彩票，彩票发行管理主要由部门内部负责，而发行彩票所筹集的公益金也归发行管理部门内部使用。

3. 财政部和民政部监管时期（2000年以后）

2000年后，中国彩票业开始进入部门彩票转向国家彩票的发展进程。2000年1月，财政部接替中国人民银行，成为全国彩票市场的主管机构。在这一阶段，经过国务院批准，彩票资金的分配及其管理逐步强化，推动了部门彩票向国家彩票的转变。

随着彩票发行规模的稳步扩大以及彩民群体日益增加，彩票业所暴露出来的各类问题日渐凸显。2009年7月1日，国务院出台《彩票管理条例》，这标志着彩票事业发展步入了有法可依、规范管理的新阶段。2012 年 12 月，财政部发布《彩票发行销售管理办法》，首次认可电话、互联网、自助终端投注三种售彩方式，首次设定彩票投注额度和多倍投注的限制，以规范彩票发行机构的操作规程，确保彩票的公正、公平、公开，促使我国彩票业稳定健康发展。

当前，我国福利彩票管理体制发展成为多部门的协同管理，其中国务院拥有彩票发行的审批权，财政部门负责全国的彩票监督管理工作，民政部门负责全国的福利彩票管理工作。在实际工作中，民政部门主要负责对福利彩票发行销售组织工作的监管，而财政部门负责彩票机构财务及彩票资金的监督管理。

四 福利彩票发展及管理中的问题及对策

经过 20 多年的发展，中国福利彩票市场规模十分庞大，其所筹集的公益金对民政事业发展、公益慈善事业发展具有积极意义。对照世界各国彩票业的发展历程及其管理的基本经验，透视中国福利彩票事业的发展历程，可以发现我国福利彩票发展及管理中所存在的问题以及需采取的对策。

1. 福利彩票发行的市场化建设滞后，管理体制机制不顺

福利彩票在性质上属于国家特许的社会事业，在运营及管理上由国家统一集中掌控，这和其应有的市场化机制存在矛盾。尤其是地方福彩发行管理中心只能配合上级安排的营销活动，不能把握彩票市场供需情况而采取灵活的经营方式、探索新的发行经营模式，导致国家统一管理和地方灵活运营难以有机地结合起来，影响彩票市场的发育发展。而福彩发行管理中心属于经营性自收自支的事业单位，重管理、轻服务，行政、业务、财务分离导致效率降低、管理权难以集中有效发挥，“政事不分”的运营机制是我国彩票发展初期阶段的产

物，但长期得不到调整则禁锢了彩票市场的活力，行政目标与市场的冲突、行政指令与市场需求的矛盾常常影响福利彩票的发行管理绩效。

对此，应该探索建立国家统一领导的彩票市场化营销机制，出台更加规范、完善的福彩市场化规章制度，赋予中国福利彩票发行管理中心集中统一发行销售管理的职责和权力，探索推进其企业化运营的做法，建立具有垂直化管理性质的行销体系，强化对各省级彩票发行管理的业务指导，推动省级中心在各地市建立直接管理的彩票销售机构，或者通过改革剥离地方中心与地方民政部门的管辖关系，以此来推进彩票行销的市场化行为，避免行政化的多头管理，减少管理层级，有效节约管理费用，及时应对市场需求。

2. 福利彩票的品种、销售渠道较为单一，违规销售难抑制

中国福利彩票的品种大多模仿欧美国家的彩票游戏进行创制，但缺少欧美国家其他的博彩形式，仅仅拿来其彩票游戏存在很大局限，表现在彩票游戏中就是总体趣味不够，奖项分布趋于中奖面广而头奖的额度偏低。在具体销售中，各国盛行的超市、加油站等销售网点在我国尚属于非主流渠道，我国的福彩销售大多依赖于彩票自营站点销售，这种方式的经营成本相对较高，自身发展受到很大限制。在实际销售中，低收入的群体更多购买彩票，投注站向未成年人售彩现象难以抑制，过度宣传彩票中大奖诱导彩民非理性购买，彩票销售者垫资购买等违法行为难以根治。

对此，要加大对福利彩票游戏品种、玩法的研发力度，在彩票品种及玩法设计、舆论宣传等方面，加大对中高收入人群的吸引力，吸引中高收入人群来购买彩票，防止较低社会阶层过多消费彩票的倾向。对彩票销售网点进行合理布局，探索利用客运车站、加油站、超市、便利店、邮局、报亭、银行网点等已形成网络和规模的终端发行彩票，尽可能覆盖更多的彩民和潜在彩民。同时，在宣传中加强多角度宣传，引导彩民消费心理，注意避免一夜暴富的不良刺激性的误导，强化彩票的公益性形象。为了减少彩票业市场竞争当中的不公平现象和负面影响，财政部门应该负起责任，通过规划差异性的彩票游戏来提高福彩、体彩的区分度，减少两者间的同质竞争，制定规则和严格监管来逐步消除彩票销售中的不规范行为。

3. 福利彩票的政府监管难以落实，社会监督难以发挥作用

中国福利彩票的政府监管是财政部、民政部并行的“两元结构”，实际上，财政部名义上是监管机构，却难以发挥应有的监管效力，民政部在操作中享有最具体、最实际的监督权。这使得民政部门既是实际市场规则的制定者，又是规则执行的具体监管者。但其监管对象又是和自身有着密切利益联系的下属机构，成为实际意义上的自我监督。在部门利益的支配下，内部自肥成为管理的常态，政府监管难以发挥实际效力。政府监管缺位，彩票立法滞后，法律也难以矫正，造成彩票管理中难免出现无法可依、无章可循的尴尬局面。同样，社会监督没有起到应有作用。彩票运营机构属于行政事业单位，这种事业单位背景带来了权利的不对等，媒体、社会舆论和个人受到信息获取权力和能力的限制，加之彩民更多关注彩票中奖结果，而非彩票运营及资金分配使用等，这都制约了社会监督的实际落实。

对此，在福利彩票监管方面应该加快法制建设，明确管理机构的职责，理顺不同机构部门间的关系，明确彩票运营监管各环节的权责关系，为彩票业的健康持续发展创造一个职责明确、权利义务对等的法制环境，利用法律法规来理顺政府与市场的关系，在发挥政府宏观调控能力的基础上，解决福彩管理中政企不分的问题。同时，加强对福利彩票宣传的规范，引导社会大众对福利彩票运行的各个环节进行关注，充分利用社会媒体强化对彩票运营的监督，既大力宣传正面形象，也关注彩票运营中的违规行为，为社会监督充分发挥作用创造必要的条件。

B.3 2013年度中国福利彩票发展分析

王晓玫　张雅桦　宋 川*

摘　要：2013年，中国福利彩票销量持续增长，各地总体销售势头良好，其中高频快开、高返奖彩票出现较快发展态势。同时，彩票规范化管理不断推进，运营管理的制度进程持续推进。但是，与福利彩票出现良好发展态势相伴，其在发展中存在的挑战和问题也不可忽视。

关键词：福利彩票　制度建设

2013年，中国彩票销售超过3000亿元，是新中国彩票上市以来，全国彩票销量首次突破3000亿大关。中国的彩票业领跑亚太地区，其快速发展引起世界瞩目。2013年是中国福利彩票销量持续增长的一年，也是福利彩票的制度建设持续深化的一年。同时，在彩票公益金使用上，2013年社会公益慈善领域进一步拓展。

一　2013年福利彩票运营概况

根据财政部公布的数据，2013年全国累计销售彩票3093.25亿

* 王晓玫，北京社会管理职业学院民政管理系主任、教授；张雅桦，博士、北京社会管理职业学院民政管理系副教授；宋川，北京社会管理职业学院讲师。

元，同比增长 18.3%。其中，中国福利彩票年销售 1765.28 亿元，比上年增加 254.96 亿元，同比增长 16.9%。[①] 这是继 2012 年年销量突破 1500 亿元后，福利彩票发行规模的又一次历史性跨越，是中国福利彩票行销历史上一个全新的里程碑。2013 年，中国福利彩票发行量再创历史新高的同时，在发行销售方面呈现如下特征。

1. 福利彩票的总体销量增长，不同彩票品种间差异突出

从福利彩票销售情况看，福利彩票的发行销售总体增幅显著，但是不同彩票品种表现不一。其中，乐透数字型彩票销售 1288.82 亿元，比 2012 年增加 208.98 亿元，增长 19.35%；福彩视频彩票销售 289.39 亿元，比 2012 年增加 65.16 亿元，增长 29.06%。而即开型彩票销售 185.58 亿元，比 2012 年减少 16.45 亿元，降低 8.14%；基诺型开乐彩游戏销售 1.50 亿元，比 2012 年减少 2.73 亿元，降低 64.53%。[②] 从上述数字可见，在不同彩票品种中，视频彩票成为推动福利彩票发展的主要增长点。

2013 年 2 月 16 日，是双色球上市 10 周年。据统计，10 年间双色球共销售 2623 亿元，筹集公益金 918 亿元。截至 2013 年 2 月 16 日，双色球共销售 1456 期，已累计中出一等奖 7546 注，其中 500 万以上大奖 6843 注。[③] 为庆祝双色球上市销售 10 周年，中国福利彩票发行管理中心自 2013 年 10 月 24 日起，开展双色球 3 亿元派奖活动。活动将连续派奖 30 期，每期加奖 1000 万元给一等奖，派奖总奖金达到 3 亿元。派奖活动期间，双色球 30 期共销售 115.25 亿元，平均期销量为 3.84 亿元，这一数据比派奖前增长了 12.28%，创历史新高。

---

① 《财政部：2013 年彩票销量 3093.25 亿同比增 18.3%》，新浪网，2014 年 1 月 15 日，http://sports.sina.com.cn/l/2014-01-15/09116981330.shtml。

② 中国福利彩票发行管理中心：《2013 年中国福利彩票发行销售情况公告》，民政部 2014 年 5 月 28 日，http://www.mca.gov.cn/article/zwgk/tzl/201405/20140500645493.shtml。

③ 中国福利彩票发行管理中心：《福彩双色球十年销售 2623 亿元筹集公益金 918 亿元》，中国福彩网，2013 年 2 月 17 日，http://www.cwl.gov.cn/fczx/fcyw/382550.shtml。

派奖期间双色球头奖频频井喷，共中出一等奖 398 注，共产生 24 注千万大奖。[①]

2. 福彩投注站点增多，各地销售形势较好

福利彩票销售模式基本已转变为常态化的投注站点销售。截至 2013 年，福利彩票系统共建成各类销售网点 18 万个、福彩视频彩票销售厅 1000 多个，拥有销售人员 40 多万人，初步建立起遍布城乡的销售网络体系。[②]

2013 年，全国有 30 个省级福彩行销机构的年销量创历史新高，其中广东省、山东省、江苏省三省的福彩销量均超过百亿元，位列前三名。2013 年广东省福利彩票销售额为 189. 94 亿元，居全国首位；山东省福利彩票销售额为 134. 43 亿元，居全国第二位；江苏省福利彩票销售额为 128. 50 亿元，居全国第三位。

和站点销售形成对比的是，2013 年互联网彩票呈现较快的发展趋势，销售额达 420 亿元，增幅高达 82. 6%。在移动互联网带动和资本力量介入之下，互联网彩票的市场份额得到大幅提升，首次超过了 10% 的比例，占全年彩票销售的 13. 58%，比 2012 年市场份额提高近 5 个百分点。对于一些尚处于灰色地带的互联网彩票而言，如何发展规范将是一个重要问题。

2013 年，福彩销量增长速度有所放缓，但出大奖的趋势丝毫不减。2013 年，福彩双色球已送出 5 注亿元巨奖，分别是：3 月 5 日第 2013025 期广东省广州市 1. 086 亿元巨奖；3 月 24 日第 2013033 期广东省广州市 1. 07 亿元巨奖；4 月 28 日第 2013048 期河南安阳市 1. 09 亿元巨奖；6 月 16 日第 2013069 期湖北省武昌市 2. 08 亿元巨奖；

---

① 《满载硕果迎新年 2013 年中国福利彩票大事记》，中彩网，2014 年 1 月 16 日，http：//www. zhcw. com/xinwen/hangyezixun/2705664. shtml。

② 《2013 年中国福利彩票累计销量过万亿元》，民政部网站，2014 年 3 月 20 日，http：//fczx. mca. gov. cn/article/gzdt/201403/20140300604244. shtml。

2013 年 11 月 10 日第 2013132 期陕西榆林市 1. 3 亿元巨奖。[①]

3. 高频快开、高返奖彩票发展较快

2013 年双色球销量再创新高，达到 548. 99 亿元，但销量增幅放缓态势明显，各类纸质即开票的销量也继续萎缩。各种高频快开游戏，包括快乐十分、快乐 8、快三、11 选 5 等游戏品种异军突起，因高频快开符合现代人们的生活节奏，其娱乐性、刺激性较强，吸引更多人参与游戏，使得彩票销量节节攀升，整个彩票行业蒸蒸日上。而中福在线等高返奖彩票因提高了返奖比例而受到彩民青睐，增强了彩票游戏的生命力。

高频、高返奖类彩票的总销量早在 2012 年就超越了双色球，2013 年其地位得到进一步巩固。但是，就单一玩法而言，双色球仍是销量的“巨无霸”，其销量第一的地位没有其他游戏品种能够撼动。由于双色球是全国联销游戏，高频快开游戏则是各省自销，目前已成为大部分省份第一主力游戏。从彩票市场发展形势来看，高频快开、高返奖彩票将成为福彩发展的趋势。2013 年，福利彩票不同品种的具体行销规模可参见表 1。

表 1　2013 年中国福利彩票发行销售情况

单位：万元

彩票品种	销售额	中奖奖金	奖池余额	调节基金余额	说明
双色球	5489857. 43	2764044. 77	6963. 69	67076. 12	
七乐彩	147793. 59	72515. 67	0	17590. 10	
3D 游戏	1857081. 68	925053. 78	—	—	奖池余额和调节基金余额由各地福彩销售机构公告

① 《满载硕果迎新年 2013 年中国福利彩票大事记》，中彩网，2014 年 1 月 16 日，http：//www. zhcw. com/xinwen/hangyezixun/2705664. shtml。

续表

彩票品种	销售额	中奖奖金	奖池余额	调节基金余额	说明
地方游戏	5393418.61	—	—	—	各地方游戏销售数据由各地福彩销售机构公告
即开票	1855828.18	—	—	—	中奖金额由各地福彩销售机构公告
中福在线	2893885.10	1884085.83	13648.41	100838.42	
开乐彩	14981.78	7413.03	2.72	1219.92	

资料来源：《中国彩票年鉴 2013》及 2013 年中国福彩发行销售情况公告。

4. 筹集的彩票公益金继续增长，使用范畴延伸

2013 年，福彩销售共筹集福利彩票公益金 510.67 亿元，比上年增加 64.62 亿元，增长 14.49%。全年民政系统共支出彩票公益金 195.5 亿元，比上年增加 36.5 亿元；其中公益金资助用于抚恤 7.5 亿元，退役安置 0.6 亿元，社会福利 117.1 亿元，社会救助 26.1 亿元，自然灾害 2.6 亿元，其他 41.6 亿元。①

2013 年，民政部本级福利彩票公益金控制使用额度为 230544 万元，资金主要用于中央项目和补助地方项目。其中，中央项目包括养老服务人员培训项目、国家养老服务信息系统建设项目（二期）、养老服务和社会工作培训项目、社区日间照料老年人残疾人康复器具配置项目、福利机构残障群体示范性配置康复辅具项目（福康工程）、汶川地震少年配置康复辅具项目、儿童福利机构管理及专项技能培训项目、孤残儿童高等教育助学工程、大龄孤儿学历教育项目、全国儿童福利信息系统（二期）项目、涉外送养儿童寻根回访及中国文化

① 《民政部发布 2013 年社会服务发展统计公报》，人民网，2014 年 6 月 18 日，http://yuqing.people.com.cn/n/2014/0618/c210107-25166252-3.html。

教育项目、中西部省区适龄孤儿职业技能教育以及社会公益类项目等。补助地方项目，则采取因素法分配，充分考虑各省份人口数量及结构、地方财力、工作任务及成效等主要因素，将民政部本级彩票公益金212344万元补助地方项目，分别用于支持老年人、残疾人、儿童福利事业和相关社会公益事业。[①] 2013年11月，中央财政还下拨中央专项彩票公益金10亿元，用于支持各地农村自助养老的幸福院建设，资金主要用于补助各地农村幸福院设施修缮和设备用品配备。

5. 彩票管理制度建设持续推进，规范化程度提升

在《彩票管理条例实施细则》颁布实施的基础上，2013年彩票管理制度建设持续推进，并向全面深化、细化方面拓展，彩票运行的规范化程度进一步提高。

2013年1月，财政部修订印发《彩票发行销售管理办法》。该办法对彩票发行销售管理的具体事项进行细化补充，并将一些比较成熟通用的彩票发行销售管理方法进行梳理归纳后予以规范，从而形成统一、完整的彩票发行销售管理制度。尤其是对彩票发行方式的规定，首次明确了实体店销售、电话销售、互联网销售、自助终端销售等四种销售模式，肯定了实体店、电话、自助终端这三种彩票销售方式的合法性。该办法还对乐透型、数字型、竞猜型、基诺型彩票的投注进行限定，对视频型彩票的投注金额、销售厅经营时间等进行了规范，成为规范彩民投注行为以及控制彩票销售风险的基本准则。

2013年1月，财政部还颁布《彩票机构财务管理办法》，该办法分总则、彩票资金归集与分配、预决算管理、收入管理、支出管理、结转和结余管理、专用基金管理、资产管理、负债管理、财务监督与

① 民政部社会福利和慈善事业促进司：《民政部2013年度本级福利彩票公益金使用情况公告》，民政部公告第311号，民政部网站，2014年5月9日，http：//www. mca. gov. cn/article/zwgk/tzl/201405/20140500634486. shtml。

法律责任、附则 11 章 66 条，对彩票机构的资金管理进行了进一步规范。该办法还增加了“彩票兑奖周转金”和“彩票发行销售风险基金”两项专用基金，提出建立彩票发行销售风险基金制度，这对推动不同省区市之间彩票市场均衡发展、确保彩票奖金的及时足额兑付、优化彩票品种及游戏结构的奖金支出、增强彩票机构风险防控能力等都具有积极意义。

6. 彩票资金管理更为规范，更为科学合理

彩票资金是指彩票销售后所得到的资金，它包括彩票奖金、彩票发行费和彩票公益金三类，三类资金的提取比例按照彩票游戏规则具体规定执行。2013 年颁布的《彩票机构财务管理办法》对彩票机构财务管理进行了规范，提出其主要任务之一就是规范彩票资金的归集、结算、解缴、划拨，以及建立健全财务制度，加强经济核算，实施绩效评价，提高资金使用效益。彩票机构应当按照彩票品种和游戏、彩票发行销售方式归集彩票资金。不同的彩票品种和彩票游戏，彩票奖金、彩票发行费、彩票公益金所占比例有所不同。根据相关管理规范，福利彩票资金的分配比例为：网点即开票返奖奖金不低于 65%，公益金不低于 20%，发行费不高于 15%；电脑福利彩票等其他票种返奖奖金不低于 50%，公益金不低于 35%，发行费不高于 15%。

按照“收支两条线”的原则，彩票公益金和发行费用必须纳入财政专户管理使用，开支需符合相应规范。2013 年财政部公布《2013 年全国公益金账本》。数据显示，2013 年全国彩票市场的弃奖达到 160332 万元，比 2012 年的 137069 万元又增加 2.3 亿元。这是我国自彩票发行以来，首次在公益金账本里公布弃奖奖金。规范细化制度对整个彩票业资金管理具有重要影响。[①]

① 《2013 年彩票弃奖高达 16 亿 仅广东弃奖金额达 1.8 亿》，《新快报》2014 年 9 月 5 日，http://www.china-lottery.net/news/121398.html。

二　2013年中国福利彩票发展的趋势及挑战

根据2013年世界彩票协会公布的数据，2013年全球彩票销量较2012年同比增长4.9%，而中国（大陆）继续在全球彩票市场中保持较高增速，2013年彩票销量比2012年增长18.3%。到2013年，中国福利彩票已经走过了26年。在此，我们回顾20多年的发展历程，展望未来中国福利彩票的发展趋势以及存在的挑战。

1. 中国福利彩票市场持续成长，市场规模持续做大

近10多年以来，中国彩票销量一直以较高的增幅持续发展（见图1），[①] 从2002年起到2013年增长了7倍。在2013年，中国福利彩

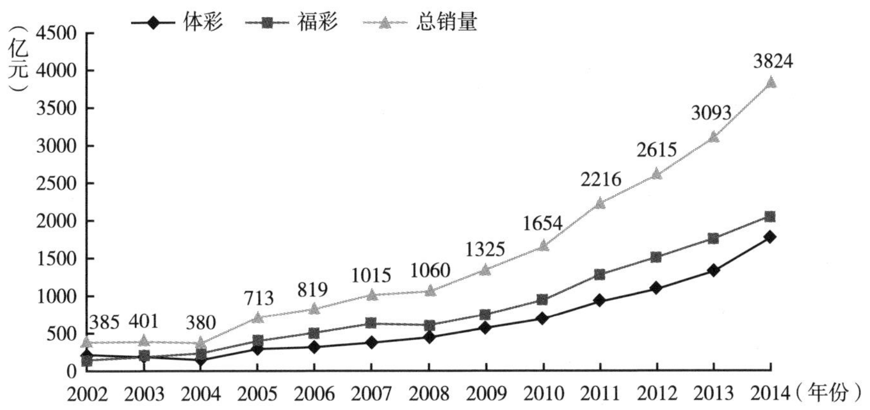

图1　2002年以来中国彩票销量增长

票市场保持了相对较高的增速。彩票销售额与宏观经济高度相关，较高的GDP增速以及较低的人均购彩金额等基础条件赋予彩票内在成长动力。彩票公益金以及个人的偶然所得税成为政府重要收入来源，

① 《2014年中国彩票总销量达3823亿体彩增速32%》，腾讯体育，2015年1月12日，http：//sports. qq. com/a/20150112/050028. htm。

促使政府支持彩票业的健康发展；在上述因素共同推动下，预计未来一段时期我国福利彩票市场的规模有望持续增长，增长幅度在没有人为干预前提下，估计依然会维持20%左右。如果以此推测，到2015年，中国彩票市场的总销售额有望达到4500亿元左右，福利彩票在其中会占据半数左右的市场份额。

2. 发达地区销量占主导地位，欠发达地区增速明显

从福利彩票销量在不同地区间分布来看，发达地区省份占据主导地位，但欠发达地区（省份）彩票销量的增长率更高。2013年彩票销售额前10名的省份占据了全国彩票销售额的57.4%，相比2012年占比60.3%有所下降。从销售额的增速来看，2013年彩票销售增速前10的省份主要为中西部欠发达省份。具体销量及增幅可参见图2。①

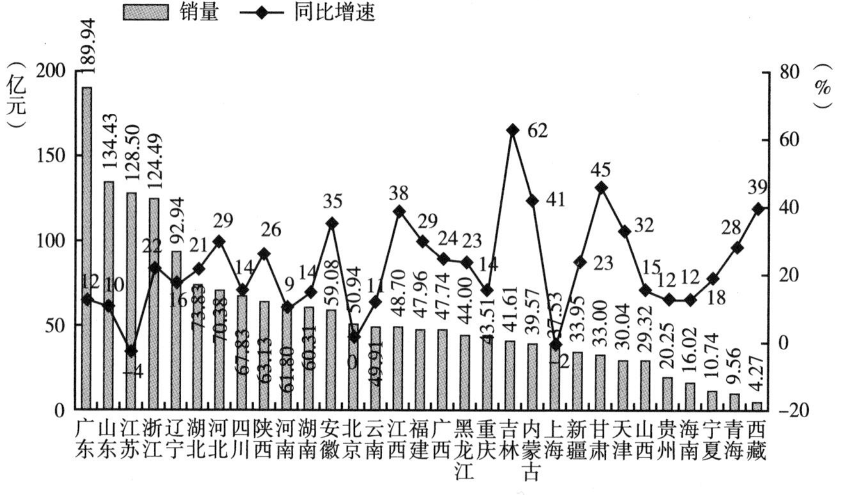

图2　2013年中国福利彩票省份销售与增速比较

① 程阳：《2013年中国彩票销售3093亿 增长18%》，程阳彩票博客，2013年3月18日，http://blog.sina.com.cn/chengyangblog. 2013-3-18。

3. 互联网对彩票销售影响加剧，彩票网络化加速发展

尽管一直处于政府管理的灰色地带，互联网彩票却一直呈现增速发展的态势。2012 年 9 月，财政部发布《关于开展互联网销售体育彩票试点相关工作的通知》，10 月《互联网销售彩票管理暂行办法》出台，互联网彩票的规范化和合法化进程被不断推进。2012 年 9 月，财政部批复允许中体彩彩票运营管理有限公司、深圳市易讯天空网络技术有限公司开展互联网代理销售体育彩票业务。这标志互联网彩票开始试水。

当前，伴随通讯技术发展以及网络支付手段的便利化，移动终端开始逐渐普及。移动终端普及推动手机网民人数提升，为彩票提供各种资讯、使用移动终端购彩提供了必要条件。而网络支付兑奖的便捷更是提升了彩民购买的意愿，以手机为载体的网络彩票游戏有可能成为继互联网彩票发展后的又一重要趋势。在移动互联网的带动和资本力量的介入下，2013 年中国互联网彩票销售 420 亿元，增幅高达 82.6%。互联网彩票的市场份额也大幅提升，首次超过 10%，比 2012 年市场份额提高近 5 个百分点。但是，由于福利彩票全国行销系统难统一，其在互联网销售渠道的劣势，将影响福彩销售总额的提升。

4. 不同类型的彩票游戏特征不同，呼唤游戏的差异化发展

当前，彩票的游戏类型主要包括四类：乐透数字型、即开型、视频型和竞猜型，其中视频彩票由福彩独自开发运营，而竞猜型彩票由体彩独家开发运营。由于乐透数字型、即开型彩票游戏规则简单，容易上手，因此拥有较为广泛的彩民基础。福利彩票的乐透数字型彩票有双色球、福彩 3D、七乐彩、新 3D 等，而即开型彩票品种繁多。由于其中奖主要取决于概率和运气，专业性不强，因此很容易成为拥有大量流量门户网站的互联网售彩的目标。基于从事乐透数字型彩票销售的网站内容严重同质化特点，需要引导上线网站的吸引力，通过网

络引导能力，来吸引用户，提升销售额。

从福利彩票游戏品种来看，乐透数字型彩票、视频彩票两大票种均有增长，而即开彩票、基诺彩票却出现了降低现象，发展并不均衡。其中2013年乐透数字型彩票销售比2012年增长19.35%；视频型彩票销售比2012年增长29.06%；即开型彩票销售比2012年降低8.14%；基诺型开乐彩游戏销售比2012年降低64.53%。从其中分析来看，在保持乐透数字型彩票、视频彩票吸引力的同时，要推动即开彩票票面设计、游戏设计、开兑奖规则等的创新，以吸引更多彩民。对基诺型开乐彩游戏则要进行较大的改革，研究其游戏设计的各个方面，及时改进以增加其对彩民的吸引力和游戏黏性。

5. 加强市场监管，确保彩票公益，提升彩票的社会责任

福利彩票在筹集彩票公益金的同时，还担负着对彩民、对政府、对弱势群体的社会责任。因此，作为福利彩票监管的财政、民政等政府部门要着力规范管理，推动福彩机构及彩票运营过程的公开和透明，包括规范公益金管理、公开使用情况，规范发行销售、公开操作流程，践行社会责任、宣传公益形象，建设公益积极的福彩文化等。同时，要提升彩票的社会责任，以对彩票利益相关各方负责的态度推进彩票销量的适度增加，追求社会整体效益的最大化，应该尽早加入到全球彩票业“机构社会责任 Corporate Social Responsibility（CSR）”和“责任博彩 Responsible Gaming（RG）”行动中去，预防和减少“问题彩民”发生率，降低彩票带来的负面影响和社会风险，确保彩票业的持续健康发展。

彩票公益金是彩票业的关键所在，彩票行业已经成为募集资金最多的慈善行业，其资金管理备受关注。2013年，中国福利彩票筹集公益金510多亿元，比2012年增长约15%。福利彩票资金管理存在一些管理不佳问题，从财政部近几年对彩票机构检查的情况来看，有的地方彩票运作不规范，有的地方资金未及时足额上交，有的地方发生资金使用的违规违纪事件。因此，作为福彩资金主管部门的民政部门必须高度重视社会福利机构的资金管理，建立使用管理责任制，切实强化对福利机构财务和资金管理的行政监督；严格规范彩票资金管理，提高从业人员的管理能力，努力做到管理的科学化、规范化；遵守福利彩票财务纪律，合理使用彩票资金，拓宽福利彩票公益金的使用范围，主动接受社会监督，进一步提升福利彩票的良好公众形象。

B.4

中国福利彩票发展的挑战及应对

阿 江　王春莉　金奂亨*

摘　要：中国福利彩票事业进入了良好的发展期，但是，也面临着诸多挑战。主要挑战包括："非法博彩"泛滥严重、同质竞争的存在、高新科技的快速发展和应用以及公益金的分配、使用和监管等方面。主要对策是通过大力支持治理"非法博彩"和改革运行机制等激发更多的公益正能量，并通过多元化创新提高市场化营销水平。

关键词：福利彩票　运营机制　改革

随着中国社会经济的持续发展，中国福利彩票事业也进入了良好的发展期。作为社会福利事业的保障、社会公益事业的助推器，中国福利彩票的发展任重而道远。

中国福利彩票自1987年发行到如今27年，经历了从无到有、从小到大、从弱变强，已经有了长足的发展。2013年中国福利彩票发行量达到了1765.28亿元。1987～2013年中国福利彩票发行量已经达到了9646.22亿元，募集公益金3008.15亿元。[①] 中国福利彩票的

---

* 阿江，益彩基金会彩票专家；王春莉，益彩基金秘书处主任；金奂亨，北京社会管理职业学院教师。

① 《1987年～2013年中国福利彩票发行量及筹集公益金数量》，中国福利彩票发行管理中心网站，2013年7月24日，http://www.cwl.gov.cn/gyj/gyjcjqk/383051.shtml。

票种从单一的传统型发展到即开型福利彩票、电脑型福利彩票、视频型福利彩票三大种类数十个品种，形成了自己的玩法体系。由简单的小奖组、大奖组发展成为全热线技术，电子彩票与纸质彩票，全国联销、区域联销、地方销售相结合的发行销售体系。但是，我们也要看到中国福利彩票的发展面临着诸多的挑战。

一　中国福利彩票发展的挑战

（一）非法博彩泛滥严重

目前，“非法博彩”的数额巨大。据媒体报道，仅仅是网络赌球2013年和2014年1～5月破获的两起案件涉案值就达到了2000亿元。[①] 而另外由公安部督办、广州2013年出动近千警力侦破的“116”网络赌博专案中，赌博网站从2008年至2013年4月共接受投注额人民币4840亿元。[②]

“非法博彩”是指未经国家特许的博彩活动，包括私彩、赌博、在国内销售境外博彩产品和未经授权的代理销售合法彩票等行为。非法博彩呈现营销公开化、投注网络化和实体化并举、投注大额化、运行组织严密化、投注人群低龄化、顽固化等特征。

“非法博彩”的泛滥不仅仅影响到国家公益金的募集，同时还严重干扰了社会经济秩序。“非法博彩”对金融业、彩票业等行业的危害更为严重，对国家经济安全构成威胁，而且容易诱发各种违法犯罪行为，影响社会稳定，给社会带来巨大的危害。南方和部分东北地区

① 李栋、潘少颖：《境外博彩集团借世界杯进军中国网络赌球猖狂两起涉案值2000亿》，《IT时报》2014年6月13日第1版。

② 毛一竹、詹奕嘉：《全国最大网络赌博案宣判暴富谎言吸引4840亿元投注》，新华网，2014年7月3日，http：//news. xinhuanet. com/legal/2014 -07/03/c_ 1111449237. html。

更是“非法博彩”的重灾区，有些地方已经形成了“非法博彩经济”。网络和电子支付的普及、社交产品的多样化又助推了“非法博彩”的阶段性、爆发性增长。一些福利彩票投注站出现了把福利彩票和非法彩票一起销售，或者是借福利彩票贩卖“非法彩票”等违法行为。“非法博彩”对福利彩票销售终端体系的渗透已经严重影响了福利彩票的品牌、形象和市场份额。

（二）社会舆论环境有待于改善

目前，我国总体上还是处于社会经济政治改革、社会文化转型的重要时期，在某种程度上可以说处于重构社会新秩序的重要时期。社会呈现多种矛盾表面化、凸显化等特征，而信息传播技术的快速发展和全球化趋势的影响，使得社会舆论越来越活跃，尤其是自媒体的普遍发展，风险迅速被放大的蝴蝶效应也越来越明显，其造成的后果越来越严重。

社会舆论环境是指对待特定的客体，一定范围的多数人基于对其的认知、价值观念等形成的态度、看法、反应和判断等要素的总和。社会舆论环境是影响中国福利彩票的诸多变量中复杂、深刻和重要的变量之一。值得注意的是，其中的情绪化因素由于新媒体的普及而形成了发泄和减压多重化漩涡式的传播。

社会舆论环境的挑战主要表现为：社会舆论对福利彩票的误读、误传和误解；福利彩票发行销售、开奖、管理、监督等过程中自身问题导致的负面舆论；细小问题被放大形成焦点话题并导致负面倾向性舆论；福利彩票发行销售机构自身出现问题时应对社会舆论不当等情况。

（三）高新科技的快速发展和应用

从国际彩票业发展来看，彩票发行销售机构都对高新科技的发展和应用异常重视。高新科技对于彩票业的产品、渠道、营销、监管等各个方面都具有重要的影响作用。

从中国福利彩票发展历程来看，福利彩票的持续发展，得益于高新科技的快速发展和应用。例如电脑型福利彩票的发行和销售、全热线的采用、中福在线即开型彩票的上市等。

高新科技的快速发展和应用对福利彩票的挑战主要表现如下。

1. 高新科技应用的速度是导致成功的重要因素

当高新科技逐步应用于各个行业的时候，率先储备和研发的机构会领先行业的市场并引发行业变革。2000 年左右，中国福利彩票大规模普及电脑型彩票为其更上一个新台阶奠定了基础，以后的全热线的实施为全国联销提供了可靠的技术条件。但是，福利彩票对于互联网销售彩票的相关新技术、新渠道准备不足，没能取得先机。例如福利彩票至今没有形成统一的销售技术系统，这将对当今和未来的发展带来技术升级困难、安全隐患方面等挑战。

2. 高新科技应用和升级存在风险

在采用高新科技的过程中也会出现各种问题，这会给福利彩票发行和销售工作带来重大的影响。例如大规模的计算机系统和网络的故障会导致开奖数据归纳的延迟、暂时性的无法投注等问题。

3. 高新科技应用于新渠道、新产品使得原有监管体制难应对

彩票业的相关企业率先使用高新科技拓展新技术、新渠道、新营销也带来了新的挑战，例如彩票企业利用互联网渠道、电话渠道销售彩票带来的政策上、管理上、技术上、营销上和监督上的诸多挑战。

未来，视频彩票、电视彩票等都将是重要的高新科技应用的竞争前沿，中国福利彩票机构如何能形成自己的核心技术能力将关乎未来的竞争和市场格局。

（四）同质竞争将会在较长时期仍然存在

彩票的同质竞争既是部门彩票发行所带来的问题，也是中国彩票市场最大特征之一。目前，中国大陆的彩票市场有两个独立发行销售彩票的系统：一个是中国福利彩票系统，另一个是中国体育彩票系统。这两个系统发行销售的大部分是大致相似或者完全相同的彩票类型和玩法。例如福利彩票有3D游戏，体育彩票有排列三游戏；福利彩票有双色球游戏，体育彩票有大乐透游戏。目前，只有福利彩票的中福在线即开型彩票和体育彩票的透透型玩法是专属于各自系统的独有玩法。现在，体育彩票系统的视频型彩票已经进入试点阶段，其在全国的发行销售也已经不会太远，这又必将形成视频型彩票的同质竞争。

彩票的同质竞争是具有明显中国特色的部门彩票发行销售体系所造成的，这对于中国彩票市场活跃程度、健康发展具有一定的积极意义。但对于同质竞争来说，如果管理部门掌控不好，也会在营销上带来一些负面效应，尤其会形成恶性同质竞争。总体来说，同质竞争也让广大彩民有了更多的选择。

（五）福利彩票公益金的分配、使用和监管

中国福利彩票作为部门彩票，其所能支配的公益金向本部门倾斜具有合理依据的政策；但是，中国福利彩票要持续、科学、健康的发展，扩大公益金的分配和使用范围也是必然的选择。同时，深度公开福利彩票公益金的分配、使用，加大监管力度也是必然的选择。

研究表明，公众对于福利彩票公益金的情况非常关注，不管是参与者还是非参与者。福利彩票公益金使用的影响程度、公开化程度、监管水平都有待于较大幅度的提升。如果有的地方的福利彩票公益金在分配、使用和监管中出现了一定的问题并经媒体和自媒体蝴蝶效应

式传播，那么将对整个中国福利彩票发行销售以及福利彩票形象等带来一系列严重的后果。

二　中国福利彩票发展的对策分析

（一）大力支持治理“非法博彩”

治理“非法博彩”是一项关乎国家经济金融安全和彩票行业发展的重要任务。支持治理“非法博彩”是福利彩票发行销售机构的责任，同时也是一种社会公益行为。

治理“非法博彩”是一项复杂的、长期的、系统的工程，涉及公安、司法、工商等多个部门，需要各界、各部门的支持和联合行动，福利彩票发行销售机构应该首先从各个方面给予大力的支持和配合。

1. 从资金上大力支持治理“非法博彩”

福利彩票发行销售机构可以从发行费和公益金中提取一定比例的资金，用于专项支持各有关部门联合治理“非法博彩”。另外，还可以设置奖励基金对于打击、举报、治理“非法博彩”有突出贡献的机构和人员给予重奖。

2. 从宣传上大力支持治理“非法博彩”

“非法博彩”的严重泛滥有很多原因，但是，宣传教育力度不够是重要原因之一。社会上没有形成抵制“非法博彩”的强大舆论，再加上购买者对“非法博彩”认知不足、法律意识淡薄，没有认识到“非法博彩”的欺骗性和危害性。

福利彩票发行销售机构要充分利用自有的宣传阵地，并联合媒体用大众喜闻乐见的各种形式进行广泛、深入、持久的宣传活动，使购买者认识到“非法博彩”与合法彩票的区别，并且深刻认识到“非法博彩”的现实危害性和严重性，从而自觉地拒绝和远离“非法博彩”活动，共同营造一个良好的人人热衷参与公益的良好彩票环境。同时，要严格禁止福利彩票销售终端参与“非法博彩”活动并切实地执行。

3. 提升市场竞争力，增加公彩的吸引力

福利彩票发行销售机构要致力于游戏多样化、趣味化、灵活化，根据玩法的具体情况提高返奖率以更加贴近市场，福利彩票机构还要引导大众树立支持福利彩票的公益理念，打造福彩公益形象。

（二）激发更多的公益正能量

1. 从自身形象上，首先要不断提高公开化的程度

公开化是公平、公正、公信的重要基础，也是第一步。购买者群体对于彩票发行销售等工作的知情权、参与权、监督权的要求日益增长，而彩票机构增强责任力、公信力、影响力的任务也更加迫切。福利彩票发行销售机构不断提高公开化程度并落到实处既是一种责任，又是一种塑造自身形象的良好方式。

例如，对于中央级发行和省级福利彩票销售的详细数据、公益金去向的详细流程和数额等，应做到可以及时查阅、常年可查阅、连续可查阅、有公开的渠道查阅和方便的查阅。又如，对于中央级发行机构的数据要有各省市按月、按具体玩法（包括双色球、七乐彩、3D、快开游戏、地方游戏、中福在线、即开票等）的分项数据、对比数据和累计数据等。

2. 从宣传上及时有效地做好舆论引导

面对复杂变化的社会舆论，要掌握话语权，有效地引导社会舆论正确的认知。例如对于公益金使用上的宣传不仅仅是数据化、对比化和典型化，还要形象化、生动化、互动化和有效化。

3. 优化购买者群体结构

多地的调查和研究表明，目前福利彩票购买者主要还是以中低端

群体为主。这种购买者群体结构对福利彩票的发展形成了较大的制约，同时还有较大的发展风险。

从玩法、渠道、营销等方面入手，开拓中高端购买者群体，一方面可以激发更多中高端群体参与公益彩票，形成良好的社会舆论氛围，另一方面可以减少非理性的购彩问题和病态购彩问题。

4. 规范和维护购买者的合法权益

随着彩票市场的发展，保护弱势购买者的重要性逐渐被认识。由于彩票的特殊性以及各方力量和信息的不对称性，彩票代销者侵害购买者利益的现象时有发生。而我国目前保护彩票购买者方面存在诸多不足，例如法制不健全、缺乏第三方专业的监管等，这会影响彩票业的良性发展和购买者的公信认知，甚至会导致社会舆论环境的恶化。

从行政法规、监督规范、社会责任等各个方面切实维护购买者的合法权益，可以有效地激发参与公益彩票的积极性。

5. 推进公益金分配、使用和监管的公开化、科学化、规范化和绩效化

中国福利彩票实行收支两条线，其中，发行量的多少决定支出福利彩票公益金的数额，而福利彩票公益金的支出使用是否合理、规范和优化等在某种程度上也决定着发行数量。

为此，要扩大公益金的覆盖范围，要健全和完善福利彩票公益金有关的详细规范，建立福利彩票公益金总体和具体项目使用的绩效评估体系，连续、深度公开福利彩票公益金详细使用的过程和监管，以形成科学的内部监督和社会化监督以及追责机制。

（三）改革运行机制

目前，中国福利票的发展是在政府管理下的三重驱动模式：一是行政驱动，二是利益驱动，三是市场驱动。由于彩票行业的特殊性，中国彩票的发展尚处于有限市场开发阶段和行业红利期，当社会经济

和行业发展到一定阶段的时候，充分的市场竞争和体制机制问题将会凸显出来。改革运行机制主要集中在以下四个方面。

1. 决策机制

政府主导下的决策机制与市场主导下的决策机制从决策目标的确定、审定决策目标到确定优选方案是有较大区别的，而且双重背景下的决策机制也不同与上述两种模式。这就需要：协调好政府管理和市场的客观影响的作用，保护好购买者的权益。例如重要决策前的公示和听证。另外，还需要建立和完善专家咨询制度，建立决策信息和研究支持系统。

2. 激励和保障机制

激励和保障机制正向作用的关键是构建科学、高效、量化、匹配的绩效评价体系。为此，要秉承“公开、公平、公正、公信、正义”的原则，在考虑多视角、系统性、完整性、可行性的同时，兼顾行业和文化特征，对于绩效指标能够量化的实行指标量化，不能量化的标准化，不能标准化的行为化。

3. 约束和监督机制

把内部和外部的约束和监督有机结合起来。建立高效的内部控制和风险管理框架，把有关的约束和监督的内部外部信息不对称最小化，以科学评价体系将中心与其他相关机制有机结合起来。

4. 安全和发展机制

安全是发展的基石，发展是生存的可持续。安全发展既是一种机制，同时又是一种重要战略。改革安全和发展机制，要落实安全问责，加强应急防范体系，形成选人、育人、用人的良性循环体系。

（四）通过多元化创新提高市场化营销水平

充分市场化竞争是彩票市场发展的重要趋势。福利彩票面对“非法博彩”的竞争以及彩票业的同质竞争，要采用多元化创新着力提高市场化的营销水平。创新的重要性在于先进性，一旦发现了新的理念、新的方法、新的技术就要及时采用，并且要及时创新产品。多元化创新包括创新产品、创新技术、创新营销、创新服务、创新文化等方面。

1. 创新产品

彩票玩法是彩票业的灵魂，同时也是核心竞争力之一。创新彩票玩法要紧跟高新科技的应用，还要注入传统文化因素以及采用大众喜闻乐见的形式。

2. 创新技术

利用高新科技创新是社会重要的发展趋势，彩票行业也不例外，互联网技术、视频技术、通讯技术、数据挖掘技术、虚拟现实技术等与彩票行业的结合衍生出互联网彩票、手机彩票、视频彩票、客户端彩票等都将是彩票市场的爆发点。

例如，大数据是目前炙手可热的系统技术和资产，其必将对彩票行业产生重要和深远的影响。制定和实施中国福利彩票的大数据战略并创新性地应用是提高市场化营销水平的重要节点性选择。大数据应用，不但能追踪购买者群体的消费习惯倾向，对个体购买者进行精准定位营销；同时还能对可能的非理性购买者实施预防性的提示和预防性辅导，从而降低彩票的负面效应。

3. 创新营销

面对激烈的竞争以及越来越细分化的彩票市场，单纯的传统营销方式已经无法吸引多样化选择的购买群体的注意力和忠诚度，创新营销将起到突破性的重要作用。

例如公益化营销。彩票的发行宗旨就是为公益事业筹集公益金，其本身就是公益事业，那么是否还需要进行公益化营销？答案是肯定的。社会责任可以说是公益营销的前提条件，发行福利彩票募集的公益金就要用于社会福利及公益事业。如果发行销售机构在发展中自觉承担相应的社会责任，就容易在公众中获得更高的信任度，这将形成一笔可观的无形资产，使其游戏玩法、服务和品牌等对于购彩者群体具有更大的吸引力，同时争取更多的彩票市场份额。做公益事业更要进行公益化的营销。

4. 创新服务

服务是彩票业差异化竞争的重要手段之一。在面对“非法博彩”的竞争和彩票市场中的同质竞争时，服务和创新服务尚有待于发展。创新服务既源于对购彩体验的深度认知和挖掘，又要着眼于购买者的荣誉感和价值感的提升。服务是一种复杂的过程。在市场化的环境中，作为产品二次竞争的服务显得越来越重要，尤其是对于中高端购买者。

5. 创新文化

在全球化的今天，创新文化是软实力的核心。营造彩票创新文化的氛围，不仅要培养创新意识，倡导创新精神，而且要创新制度文化。创新文化是一个长期积累的过程和系统工程，既要凸显时代特征，同时又要与行业特征紧密联系在一起。

B.5

中国体育彩票的发展与管理

崔杰　杨贺　孙波*

摘　要：1994年体育彩票在不断探索中于全国发行。20年来，体育彩票一直保持稳定增长趋势，而彩票公益金也成为中国体育事业发展的重要资金来源。伴随体育彩票的发展，体育彩票发行管理、监督体制逐渐建立起来，并逐步走向制度化。

关键词：体育彩票　彩票行销　彩票管理

1994年，经国务院批准，体育彩票得以在全国统一发行。彩票销量逐渐增长，2013年体育彩票的年销量达到1328亿元。20年来，体育彩票从最初的即开型彩票发展到电脑型彩票，目前全热线、电话投注等投注方式不断创新。本文简单梳理体育彩票的发展历史，并阐述体育彩票管理的体制机制。

一　体育彩票的发展历程

改革开放以后，新中国体育彩票在探索中起步。在解放思想、实

* 崔杰，北京社会管理职业学院民政管理系副主任、讲师；杨贺，北京社会管理职业学院助教；孙波，北京社会管理职业学院教研室主任、讲师。

事求是的观念指导下，发行体育奖券筹资成为体育事业建设发展的重要途径。新中国早期的体育彩票多由大型体育赛会的组织委员会发行，以筹集赛会资金。1987 年，广东省获得第六届全国运动会的主办权，其后发行“第六届全运会基金奖券”进行筹资。此后，中国又发行了多种运动会奖券来筹集举办资金，其中 1988 ~ 1990 年为筹集第十一届亚运会而发行的“第十一届亚运会基金奖券”品种多达 898 种，至今仍保持着我国彩票发行的最高纪录。1994 年，体育彩票经国务院批准得以统一发行。到 2013 年，体育彩票发行规模已经达到 1328 亿元。中国体育彩票的发展大致经历三个不同发展阶段，呈现出不同的发展特点。

1. 体育彩票发行探索时期（1984 ~1993年）

改革开放后，作为参与国际事务的一部分，我国开始举办一些国际赛事。但是，政府财政资金短缺，体育设施建设、体育赛会举办以及民众健身运动发展等都面临资金经费的限制，而发行体育奖券、向社会筹资就成为我国举办大型体育赛事的重要筹资方式。早在 1984 年 10 月，北京市为筹集 1984 年北京国际马拉松比赛的经费就发行了“一九八四年北京国际马拉松比赛奖券”。1984 年 11 月，福建省发行“振兴福建体育奖券”，以筹集体育场馆的建设资金。这是新中国发行体育奖券、筹集体育事业发展资金的最早尝试。

1984 年后，江苏、广东等省的体育管理部门开始仿效福建省的做法，陆续开始发行振兴地方体育奖券，以此来筹集体育场馆建设以及赛会举办的资金，解决资金短缺问题。1990 年 9 月在北京举办的第十一届亚运会是中国举办的第一次综合性的国际体育大赛。为筹集亚运会举办资金，1989 年 8 月，“第十一届亚运会基金奖券”发行。这是新中国首次在全国范围内发行体育彩票，这次彩票发行的成功，不仅说明了奖券（彩票）筹资方式的有效性，为大型体育赛事筹集举办资金提供了难得的借鉴，也表明了发行体育奖券所蕴藏的巨大潜力，对后来体育彩票的产生发挥了积极影响。

在这个时期，我国没有专门的体育彩票管理机构。体育彩票多由各省市体育部门或赛会主办机构牵头组织发行，发行数额较小，发行收益用于发展地方体育事业及举办大型赛事。彩票发行品种单一，只有传统型彩票和即开型彩票。发行也大多采用分散发售与集中发售两种基本方式。

1991 年 12 月，国务院针对彩票市场秩序出现的混乱状况进行整顿，仅允许省级地方政府和国务院有关部门为举办社会福利和体育事业，以及国务院批准举办的其他活动而发行彩票。此时，按照国务院确定的彩票管理政策，省级地方政府以及国务院有关部门发行彩票，基本上都是为开展某一项具体公益活动向国务院报批，当发行销售完成审批的额度后即告结束，不能常年连续发行。

2. 体育彩票发展起步时期（1994 ~1999年）

1993 年，国务院批准国家体委在全国发行体育彩票的请示，明确其所筹集的公益金用于体育部门职责范围内的社会公益事业。1994 年 4 月，国家体委在内部设置了负责彩票发行的专门机构——体育彩票管理中心，由中心对体育彩票的发行进行统一规划管理。在国家体委的积极推动下，体育部门按照政府行政管理的层级，开始逐步建立起隶属于本级体育行政管理部门的彩票行销机构，负责在本辖区内承销发行体育彩票。

1994 年 5 月，第 22 届世界跳伞锦标赛即开型体育彩票在四川省正式发行。这是新中国第一张体育彩票，标志着中国体育彩票正式问世。经过前期规划，体育彩票从发行时就实行了“三统一”，即由国家体委“统一印制、统一发行、统一管理”，发行收益也由体育部门用来作为发展体育事业的资金。从此，中国彩票形成了福利彩票、体育彩票两大类别体系。

1994 年 5 月，中国人民银行被国务院确定为彩票主管机构，统

一管理全国的彩票工作和市场。此后，一系列制度规范的制定实施初步构建起体育彩票管理制度。

体育彩票的出现使得全国彩票市场出现了竞争性发展，而强化彩票市场的规范管理有利于整体彩票市场的稳定发展。体育彩票发行后，发行规模逐步上升，销量快速增长，1999 年全国体育彩票发行规模超过 40 亿元。此时，体育部门发行彩票所筹集的公益金归本部门管理使用，体育彩票实际上成为体育部门筹集资金、推动体育事业发展的重要工具。

3. 体育彩票的快速发展时期（2000年以后）

2000 年以后，随着体育彩票发行规模的急剧增长及其社会影响的日益扩大，对彩票运营的监管也在强化中。经国务院批准，财政部代替中国人民银行成为彩票工作的主管部门。财政部综合司负责管理彩票业务，成立彩票处具体监管彩票运营。财政部提出了改革彩票发行管理体制的方案，基本指导思想是将部门彩票改革为国家彩票，实行彩票发行与公益金使用相分离，并打算将体育彩票机构从其所属的行政部门中分离出来，改制成为专业化体育彩票发行机构。

在财政部强化彩票规范管理的同时，各省市体育部门对彩票行销更为重视，全国所有省（区市）都成立了体育彩票管理中心（以下简称中心），中心都有着明确的身份、责任和权力，负责本地区体育彩票的发行和销售工作。

1998 年，体育彩票率先在全国大部分省区市开始建设电脑销售系统。2000 年后，在局部地区成功试点的基础上，国家体育总局在全国范围内推行电脑体育彩票。目前全国已经建成 14 万个体育彩票投注站点，这些电脑彩票投注站点已经成为体育彩票销售的主要场所。电脑体育彩票克服了传统即开票的诸多弊端，成为彩票发展的一场革命，这种发行方式不仅安全、快捷、方便、公正，而且趣味性强，非常受民众的喜爱。2001 年 10 月，中国足球彩票上市发行。足球彩票趣味性强，深受球迷喜爱，运行不久其单周发行销量就突破2亿元，销量之高甚至出乎发行部门的预料。足球彩票的发行销售，标志着中国真正拥有了基于体育活动的体育彩票。彩票发行销售站点的科学布局、管理的规范和发行技术的提升，带来了体育彩票事业的飞速发展。

体育彩票在运营过程中，对彩票游戏不断进行创新，为提高彩票销量发挥了积极作用。例如，2008年北京奥运会期间，“顶呱刮”即开型体育彩票问世，该种彩票票面精美，色彩明快，主题多样，内涵丰富，集知识性、趣味性和娱乐性于一体，深受彩民的喜爱。2009年国家体彩中心根据市场需求对原来的中国足球彩票单场竞猜游戏和中国篮球彩票单场竞猜游戏的游戏规则进行了调整，推出了新的单场竞猜游戏——“竞彩”，即产生了现在的竞彩足球游戏和竞彩篮球游戏。2009年5月，位于辽宁省沈阳、大连两地的三家竞彩专营店开业。这标志着新单场竞猜游戏产品——“竞彩”游戏的正式面市，此类游戏成为体彩发展的新增长点。2012年中国体育彩票年发行量首次突破1000亿元，是体育彩票发展史上的又一个重要里程碑。

伴随体育彩票行销规模的增长，筹集的公益金数量也在不断扩展。在2001年以前，公益金占体育彩票资金的比例不低于30%，基本由体育管理部门内部使用。2002年起，体育彩票机构开始执行新的彩票机构财务、会计和统计报告制度，彩票机构发行经费比例降低，彩票公益金由财政部门集中统筹分配，体彩足球彩票的公益金也统一纳入体育彩票公益金管理，体彩公益金的使用范围拓展到更为广泛的社会领域。体育彩票资金的使用也超越部门彩票的范畴，而向国家公益彩票发展。

20年来，体育彩票的发行品种从单一走向多样，目前体育彩票已经形成了乐透型、竞猜型、即开型三大产品协调发展的局面。在三大类体彩游戏中，乐透型彩票销量最大，其中的超级大乐透自上市以来，销量每年稳步提升。截至2013年底，累计销售超过4471亿元，占体育彩票全部销售量的64%。[①] 竞猜型彩票是体育彩票独有的游戏品种，随着体彩市场的日益成熟，竞猜类游戏不断创新，产品也不断丰富。即开型彩票是体育彩票种类中不可或缺的一员，曾在大规模集中销售的“大奖组”时期为体彩销量的增长发挥了积极作用，目前依然在体彩销售中占有一席之地。在20多年的发展中，体育彩票不断完善发行销售渠道布局，创建优质体育彩票投注站点，更好地为彩民提供服务，到2013年底，体育彩票基本形成了全国统一的彩票销售网络，90%的投注站点采用了统一化、标准化的店面设计。同时，体育彩票不断探索彩票行销管理的标准化和规范化，为保障彩票市场的安全运行、健康发展做出了贡献。

二　体育彩票的管理

中国体育彩票行销管理机制是在体育彩票发展过程中逐步建立起来的。体育彩票出现较晚，除了国家体委（1998年3月改组为国家体育总局）的管理以外，其出现不久就接受了中国人民银行财政部的统一监管，在此，我们介绍体育彩票管理变迁，并分析其管理体制机制。

1. 体育彩票管理的发展历程

国家体育运动委员会（简称国家体委）是体育彩票管理创设和主管部门。而中国人民银行、财政部先后作为彩票监管部门对体育彩票进行监督管理。体育彩票的管理主要经历了两个时期。

（1）中国人民银行和国家体委管理时期（1994～1999年）

1994年3月，国务院批准国家体委发行体育彩票。即由国家体

① 国家彩票编委会：《体彩知识库》，《国家彩票》2014年第4期，第45页。

委在全国范围内发行体育彩票，并将所筹集的公益金用于体育部门职责范围内的社会公益事业。这标志着此前各省级体育部门各自为政发行体育奖券局面的终结，同时也是体育彩票发展的重大转型，国家体委对体育彩票的发行、印制及销售额度统一管理的格局开始形成。

1994 年 5 月，中国人民银行被国务院确定为全国彩票市场的监管机构。这样，体育彩票监管进入了中国人民银行和国家体委共同监管时期。国家体委借鉴此前体育奖券发行管理经验，早在 1994 年就出台了《1994 ~ 1995 年度体育彩票发行管理办法》，对体育彩票的管理机构及其权限、发行额度、票种、设奖、资金分配、公益金使用等做出了明确规定，使得体育彩票行销管理有法可依。这些都使得初创时期的体育彩票快速走上规范化管理的道路。

但是，就整体性彩票管理而言，这一时期的福彩、体彩仍是两大相互割裂、彼此分离的彩票体系。彩票监管职能名义上由中国人民银行统一监管，但是基于银行金融管理性质的局限，在实际操作中体育彩票依然由国家体委承担更多、更具体的管理职能，而体育彩票管理中心更多地承担了彩票发行管理的实际职责。

（2）财政部和国家体育总局管理时期（2000 年至今）

2000 年财政部代替中国人民银行成为彩票市场的主管部门以后，开始推进彩票管理制度改革，强化彩票运营监管。财政部承担彩票监管职责后，对彩票运营的具体监管逐渐强化。财政部还协同国家体育总局等有关彩票业务主管部门，研究起草彩票管理的政策法规。2009 年 4 月，国务院第 58 次常务会议通过《彩票管理条例》，标志着我国的彩票管理进入依法监管的新时期。财政部、民政部、国家体育总局通过的《彩票管理条例实施细则》，经国务院批准发布后自 2012 年 3 月 1 日起施行。这些法规制度的建立有力地促进了彩票管理的规范化，也推进了体育彩票的规范化运营，使得体育彩票管理的基本体制机制得以形成。

2. 体育彩票管理的体制分析

中国对彩票实行特许经营制度，经国务院批准才可以发行销售彩票。中国体育彩票的实际行销是在国务院、财政部、国家体育总局以及体彩管理中心等多个部门共同监管下运营的。在实际管理中难免出现一些体制性的问题。首先，财政部主要通过制定相关法规、政策对彩票业进行规范，其彩票管理机构及职能设置决定了其对彩票政策法规实施情况以及彩票业运营的直接监管难以落实。其次，国家体育总局与体育彩票管理中心具有行政隶属关系，存在相互之间的利益纠结，总局对中心的实际监管工作成为部门内部管理，这就带来了对体彩管理中心及其彩票行销监管的有效性难以落实问题。

三　体育彩票发展及管理的问题及对策

20 年来，中国体育彩票的发行销售规模不断扩大，发行方式也从即开票到电脑票稳步推进，彩票种类从单一传统型彩票发展到多类型多品种彩票。但是，从体育彩票发展及其管理的历程中，我们可以发现其所存在的一些问题，就此提出需要采取的政策措施。

1. 体育彩票管理体制机制不够完善，需建立健全科学管理体系

尽管彩票销售和经济形势的直接联系较弱，中国经济发展环境还是会对其产生影响。伴随博彩渗透的增加，福利彩票的竞争，体育彩票会面临市场需求多元化、市场竞争加大等所带来的压力，但是，体彩管理中心的管理理念、运行机制等还不能完全适应市场化竞争的要求。尽管体彩管理中心不断加强内部管理和制度建设，财政部门的统一监管也在强化，但是管理体制管理方法、运行机制相对保护，整体化运营和统一管理优势还没能充分发挥出来，运行机制还欠缺应有的

绩效评价，也缺乏对市场需求的敏感快速反应。彩票运营的评价机制虽然已有较大改进，但是随着市场变化发展，体彩管理中心的职能性质定位、管理体制机制依然难以适应市场发展要求，仍然需要进一步完善。

基于此，有必要建立健全科学的体彩管理体系。当前的体育彩票机构是直接面对市场的事业单位，其机构设置职能定位既要符合事业单位特点，又要适应市场运行要求，需要通过改革使其更多地应对市场变化和需求，而非上级管理部门的行政化要求。各级体育行政部门应支持各地体彩管理中心强化行销职能，为体育彩票的发展提供组织保障，营造面向市场、快速应对的良好氛围。

2. 公益金使用管理的透明性差，需要强化资金管理的公开性

近年来，体育彩票年销量高达百余万、千余万元，彩票发行规模大，筹集彩票公益金的数量相应大大提高，特别是 2013 年体彩销量突破千亿，筹集彩票公益金超过数百亿。当前，体育彩票公益金主要使用在两个方面：一是资助全民健身项目，二是资助竞技体育项目。除了对各地体育设施的硬件投入之外，公益金也用于资助群众体育组织、资助开展大型全民健身活动等。体彩公益金使用的范围广，涉及领域较多，社会敏感性强，社会关注度较高。但是，体彩公益金在使用中缺少应有的公开透明度，媒体中所暴露出的公益金不规范使用现象给彩票业发展带来负面效应，影响体育彩票的信誉和公信力。

针对上述问题，体彩管理机构、体彩公益金分配使用机构需要进一步明确体育彩票公益金的使用领域和方向，强化体彩公益金的分配、使用及管理。除及时汇集交纳中央财政的公益金之外，国家体育总局要科学规范地分配使用本级体彩公益金，按照相关要求用于全民健身、奥运争光计划等领域，为地方体育行政部门做好榜样。地方各级体育行政部门也要按照相关政策制度分配、使用体育彩票公益金，使得彩票公益金发挥最大功能与效益。同时，体育总局和各级彩票机构在强化内部管理的基础上，要充分发挥资金使用效益，自觉接受财政部门、审计机构的监督管理，主动公示当年公益金使用情况，树立良好的社会信誉。

3. 体育彩票管理的风险高，应强化彩票风险管理

彩票业是一个参与人数多、社会影响面广、公众关注度高的敏感行业，容不得任何差错和纰漏。只有确保安全运行，体育彩票才能持续、健康地发展。彩票行业的风险及风险管理尤其引人瞩目。彩票业风险，首先来源于自身游戏规则的风险。彩票规则风险是彩票风险的源头，彩票规则设计制定专业性极强。彩票规则一旦出现风险，彩票发行很难继续。此外，在彩票发行销售过程中还有数据安全风险、网络网站风险、市场风险、管理风险、操作风险、社会风险等。

针对上述风险，要确保安全运行，必须加强科学管理和责任意识。体育彩票不断完善各项工作流程和规范，确保每一个环节、每一个流程都做到有章可循、有规可依、有据可查。针对数据系统和市场风险，加强数据安全管理；针对网络风险，加强技术安全和人员管理；针对管理及操作风险，加强法制建设和人员管理；针对社会风险，进行正确的舆论引导，强化社会监督。体育彩票应通过不断加强风险防范，强化责任意识，共同营造体育彩票健康发展的良好环境，维护体育彩票的良好社会形象和公信力。

4. 体育彩票宣传不到位，需建立体彩的品牌形象及影响力

体育彩票在发行宣传中缺少应有的针对性，宣传重点还有待提升。体彩管理中心虽然采取了多种形式宣传体育彩票的公益属性、国家彩票定位等，但是，很多宣传没有系统化设计，没有全国统一的宣传理念及策略，宣传中的上下协调不一致，没能形成宣传的全国联动。体育彩票宣传创意不够，媒体合理配合不够，形象宣传还缺少针对性、实效性，这都造成体育彩票品牌的社会认知度不够高。另外，在宣传中还存在定位错位的问题，存在以中奖、大奖诱惑民众购买的

现象。

针对体育彩票宣传中的问题，应该整合各类媒体资源，用科学的彩票定位来树立品牌形象。体育彩票的发展需要多方面支持和配合，其中体彩在民众心中的地位、形象影响其购买决策和购买行为。体育彩票的管理部门要充分挖掘和运用系统内外的各种资源，发挥独特的体育人文资源优势，宣传体育彩票的定位、品种及其公益色彩。尤其是在体育彩票宣传中，不能忽视彩票“取之于民、用之于民”的公益属性，应该进一步加强体育彩票公益金公益形象宣传，强化体育彩票社会责任的担当，以良好的公益形象提升其品牌和影响力。

B.6

2013年度中国体育彩票发展分析

王晓玫　张雅桦　黄立鹏*

摘　要： 2013年，中国体育彩票销量持续增长，各地销售势头良好，其中高频、高返奖彩票游戏出现较快增势。同时，彩票规范化管理不断推进，运营管理的制度化进程持续推进。但是，与体育彩票出现良好发展态势相伴，其在发展中存在的挑战和问题也不可忽视。

关键词： 体育彩票　安全运营

2013年是中国体育彩票继2012年首次突破千亿销量后再创新高的一年。在2013年，中国体育彩票的乐透、竞猜、即开三大类游戏的市场表现十分抢眼，彩票销量达到新的高度。本文将描述2013年体育彩票发展概况，并分析其面临的挑战和问题。

一　2013年度中国体育彩票概况

2013年，中国体育彩票的销量登上了一个新台阶。在彩票销量持续增高的同时，彩票运营的监管也在强化过程中。

---

* 王晓玫，北京社会管理职业学院民政管理系主任、教授；张雅桦，博士，北京社会管理职业学院民政管理系副教授；黄立鹏，北京社会管理职业学院民政管理系讲师。

1. 中国体育彩票的销量再创历史新高

2013年，中国体育彩票的年销量达到1328亿元，彩票销售比2012年销量增加223亿元，同比增长20.67%，筹集公益金351亿元，再创历史新高。按照体育彩票公益金的分配政策，在2013年351亿元的体育彩票公益金中，175.5亿元纳入中央彩票公益金，175.5亿元留存地方；在中央彩票公益金中，105.3亿元用于全国社保基金，52.6亿元用于中央彩票专项公益金，用于各项社会救济、社会福利、文化体育等社会公益事业。国家体育总局在2013年积极推进基层公共体育健身场地、设施建设，投入中央本级体彩公益金约13.3亿元，建设农民体育健身工程、“雪炭工程”，并采购安装符合新国标健身路径器材。

2. 体育彩票各游戏玩法的销量增长幅度不一

从彩票游戏玩法类型来看，2013年，乐透数字型彩票销售823亿元，占总销量的62%，同比增长25.4%；其中高频游戏的表现十分出色，共销售511亿元，大盘玩法超级大乐透的销售量为159亿元，同比也有稳步增长。竞猜型彩票销售339亿元，占总销量的25%，同比增长26.2%；即开型彩票销售166亿元，占总销量的13%，同比却下降了7.7%。2013年，体彩游戏品种的结构参见表1。

3. 全国各省市的体彩销售形势喜人，但地区间销量差别大

2013年，体育彩票总销量再创新高的背后，是各省区市销量的齐头并进持续增长，其中江苏省、山东省、广东省三省的彩票销量再次突破百亿。江苏省体育彩票销售额为155.78亿元，居全国第一位；山东省体育彩票销售额为122.42亿元，居全国第二位；广东省体育彩票销售额为117.94亿元，居全国第三位；而浙江省、河南省、福建省、河北省、北京市、江西省等省市的销量均突破了50亿元。

表 1　2013 年中国体育彩票品种结构

单位：亿元

类型	本年销售额	上年销售额	同比增长(%)
体育彩票	1327.97	1104.92	20.2%
(一)乐透数字型	823.20	656.45	25.4%
(二)竞猜型	338.42	268.27	26.2%
(三)即开型	166.33	180.21	-7.7%

数据来源：根据财政部公布数据整理。

从体育彩票不同省市区的增幅差异来看，最高的省增速达到了91%，最低的则为 -5%，增幅的差距非常大。其主要原因是在互联网彩票主导的电子渠道方面有的省份先行一步，发展早，发展增速比较快，而有的省份则发展滞后。2013 年，全国各省体育彩票的销量参见图 1。

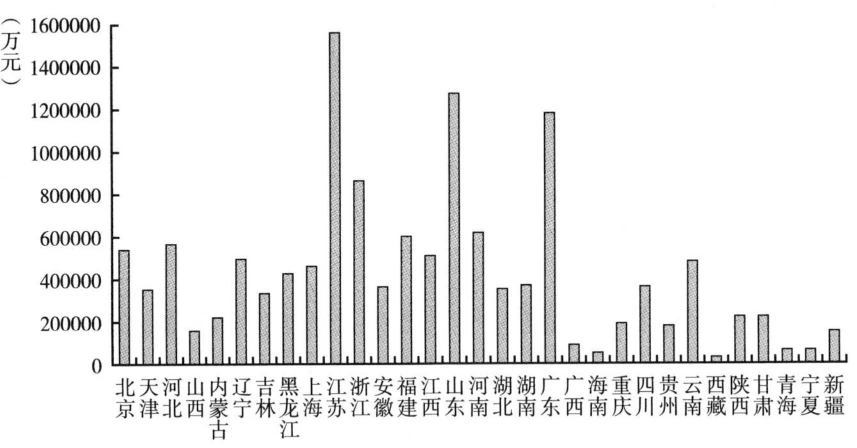

图 1　2013 年体育彩票全国各省份销量

4. 加强体育彩票公益金管理，提升资金使用效益

2013 年 12 月，财政部、国家体育总局联合印发《中央集中彩票

公益金支持体育事业专项资金管理办法》的通知，对彩票公益金的使用进行规范。2013 年度，国家体育总局本级使用彩票公益金 230544 万元，其中，88.39% 用于实施群众体育工作，11.61% 用于资助竞技体育工作。[①]

为落实国务院印发的《全民健身计划（2011～2015 年）》，2013 年度国家体育总局安排 20.37 亿元，用于援建全民健身场地设施，捐赠体育健身器材，资助群众体育组织的建设和开展全民健身活动，以促进全民健身事业的发展。其中用于“雪炭工程”实施的资金达 4.17 亿元，有力促进了经济欠发达地区全面健身及体育事业的发展。[②]

5. 强化彩票行销基础建设，推进彩票运营标准化建设

2013 年，体育彩票的销售渠道建设管理取得实质进展，全国 11.2 万个网点达到形象统一、建设标准的要求；体彩开奖网络直播的日平均收视人数近 12 万，9300 人次彩民走进体彩开奖现场，感受体彩的公开、公平、公正。为完善标准化管理，体彩管理中心制定的一整套《质量手册》，通过了 ISO9001 质量管理体系的认证审核。为加强体育彩票各类数据管理，确保各类数据安全性，体彩管理中心制定了《体育彩票数据管理办法》，对彩票发行销售过程中的各种数据处理、传输、存储等提出了标准化的管理要求。

6. 强化体育彩票运营风险防范，确保系统安全运营

在体育彩票系统的维护管理方面，体彩管理中心对各类系统数据的运行维护进行严格管理，从事前审批、事中记录，到事后审计都制定了相关管理制度，有效防范潜在风险。尤其是将研发体系与运营维

① 《体育总局 2013 年度本级公益金使用情况公告》，中国体彩网，2014 年 10 月 20 日，http：//www.lottery.gov.cn/news/11026980.shtml。

② 国家体育总局：《13 年 20 亿体彩公益金用于群众体育》，腾讯网，2014 年 10 月 22 日，http：//sports.qq.com/a/20141022/044055.htm。

护体系分离，确保产品研发完成，经过系统测试后，再由专业团队运营，从而有效保障了体彩数据运行维护系统的安全性。同时，体彩管理中心立足保障业务安全运营，全面开展对技术系统的安全和等级保护测评，分步建设信息安全体系，解决信息系统的管理用户身份认证、密码安全管理、访问控制等安全运维方面的重点问题，并加强计奖管理，完善数据封存制度，最大限度维护体彩公信力。

二　2013年度中国体育彩票发展分析

基于2013年中国体育彩票的行销监管等发展情况，可以对其进行深入分析如下。

1. 彩票市场的基数增大，销量增速有所放缓

对近几年来我国彩票销售数据进行比较可以发现，全国彩票总销量在多年连续攀升后，到2013年其销量的增长率已经开始出现连续走低的态势。特别是在2013年上半年，全国彩票销售总额为1497.09亿元，同比增加206.53亿元，增长幅度仅为16%，成为近5年来增长幅度最小的时期。比较体育彩票近年销售数据，我们也可以看到体育彩票销售增速放缓的趋势。

2. 竞彩普及日活动刺激体彩销量大增

体彩管理中心将3月1日~5月31日作为竞彩普及日活动，为体彩2013年上半年的销量做出突出贡献。2013年上半年竞彩累计销量达到109亿元，比上年同期净增19亿元，增幅达到21%。体彩的“竞彩普及日”活动大幅减少了足球胜平负游戏的让球场次，显著降低了竞猜难度，刺激销量快速增长。2013年3月、4月、5月竞游的销量分别为20.46亿、27.14亿和23.18亿元，比2012年“竞彩普及日”期间增长了33%，在销量高位上仍然实现了30%以上的增幅。

3. 全国联销彩票出现负增长，体彩大乐透和七星彩逆势上涨

在彩票类别品种方面，《公益时报》对全国联销的八大主流彩票游戏，包括双色球、大乐透、3D、七乐彩、七星彩、排列3、排列5、22选5等，近5年上半年销量统计后发现，2013年八大主流彩票游戏总销量首次出现负增长。在八种彩票游戏中，除大乐透、七星彩销量实现正增长外，其他游戏销量纷纷缩水。

4. 体育彩票中大乐透表现突出，亿元派奖刺激彩市

2013年，乐透型彩票销售309.19亿元，同比增长28.66%。其中，超级大乐透开展亿元派奖活动，成为高频、竞彩、传统单场之后，同比增幅最快的游戏。其中大奖的刺激发挥积极作用，2013年首期，彩民凭借一张复式倍投票命中超级大乐透第13017期1.83亿元巨奖，使得超级大乐透年后迅速升温。据推测，1.83亿元的“大奖效应”使得广东单期超级大乐透销量由原来的800多万元攀升至900万元以上。

5. 高频快开游戏增速显著，高返奖带来高销量

2013年，高频快开的彩票“新11选5”在湖北、内蒙古、甘肃、广西等全国范围内重装亮相。山东、广东、江西、湖北等全国多地开展“新11选5”加奖促销活动。这种返奖率提高到59%的快速开奖玩法一经上市，便迅速赢得彩民喜爱。由于各地采取增机扩点、提高返奖率、加奖促销等措施，高频快开游戏的销量增速迅猛。仅2013年上半年体彩高频快开游戏彩票就累计销售251亿元，同比增长57.98%，高频游戏上半年销量占整体销量的38.97%。

6. 互联网彩票呈现蓬勃发展趋势

2013年中国互联网彩票规模达420亿元，增幅高达82.6%。在移动互联网带动和资本力量的介入下，互联网彩票的市场份额也大幅提升，首次超过10%，占全年彩票销售的13.58%。截至目前，中国只有中体彩彩票运营管理有限公司、深圳市易讯天空网络

技术有限公司两家公司获得了财政部授权的互联网代理销售体育彩票业务的试运营许可，这两家公司分别经营着中国竞彩网与500彩票网。

三 中国体育彩票发展的趋势及挑战

彩票销售额与宏观经济发展具有一定的相关性，中国多年GDP增速以及较低的人均购彩金额赋予彩票内在成长动力。彩票公益金以及偶然所得税越来越成为政府重要的收入来源，促使政府支持行业的健康发展。但是，对于体育彩票而言，其面对的挑战和问题依然需要仔细应对。

1. 福彩与体彩趋均衡发展，不同彩票品种的优势趋于缩减

不同彩票游戏有各自的特点，其在彩票市场上发挥作用不尽相同，也就导致了其占据市场地位的差异。前几年的彩票销售数据显示，福利彩票与体育销售规模间的差距在逐步拉大。但是，进入2013年以后，两者的差距出现缩小的趋势。比较福利彩票和体育彩票两者的销量可见，2013年上半年福彩销量为853.08亿元，体彩销量为644.01亿元，福彩销售规模比体彩仅高出209.07亿元。近五年销售数据显示，福彩销量领先的优势在2013年首次出现缩减。比较两者的彩票游戏品种可见，两者同质游戏间的销量差距也在缩小。这意味着，彩票品种多样化使得彩民具有了更多的选择，从而推动彩票市场趋于均衡发展，不同彩种的相对优势缩小。

针对彩票市场趋于均衡发展，各彩票品种的优势逐渐缩小的现象，在彩票总体趋势保持不变的前提下，无论福利彩票，还是体育彩票如何应对将影响未来彩票市场的表现，其关键是发挥各自优势，从中找到自己的独特性之所在，并将其发扬光大，体彩的竞猜游戏、互联网彩票等都可以成为未来发展的增长点。

2. 乐透型、视频型彩票高速增长，竞猜型彩票最具发展潜力

从2008～2013年近5年的数据分析，在不同的彩票类型中，乐透型、即开型、视频型和竞猜型复合增速分别为21.3%、14.4%、69.0%和44.4%。从中可以发现，体育彩票中的竞猜型彩票具有较大的发展优势，呈现快速增长的势头。这其中的一些原因具有较强的合理性，一是竞猜型彩票在国内市场还处于初步发展阶段，目前也只有针对足球和篮球体育项目的竞猜，如果后续能够引进更多人们关注的体育项目，进一步丰富竞猜型彩票的游戏玩法，可能会推动其进一步发展。而一些周期性举办的体育赛事，得到人们关注，也很有可能进一步推高竞猜型彩票的销量。例如每次举办足球世界杯的时候也是人们购买足球彩票热情最高的时候，体育大赛将会促进彩民购买，进而大大增加竞猜型彩票的销量。

针对不同彩票类型的不同特点，体育彩票具有自己独特的发展优势。竞猜型体育彩票不同于福利彩票，后者凭借运气中奖，而前者则需要充分衡量对战双方战绩、参赛球员状况甚至天气因素等才能得出下注结果。体育彩票应该把握竞猜型彩票的发展趋势和特征，进一步增加对竞猜型彩票游戏的研发，设计更多针对体育赛事的彩票游戏，引入新的游戏玩法，增加游戏的趣味性和竞争性，吸引彩民在关注体育赛事的同时，购买体育彩票，促进体育彩票的持续发展。

4. 互联网彩票的渗透率提升，推动彩票游戏及销售的变革

2013年，我国互联网彩票销售规模继续增长，所占比例已经达到了13.6%。互联网彩票从2005年的1亿元销量增长到2013年420亿元销量，其复合增长率达到112.8%，增速十分惊人。体彩在互联网销售渠道的优势，将大大提升体彩的销售总额。但是，总体上互联网彩票在中国整体彩票销售规模所占比例还偏低。这一比例和与发达国家30%左右的比例相比还具有较大的差距，而且我们也不能排除

随着互联网技术的发展，网络连接更为方便以及金融网络支付等相关手段的进步，互联网彩票整体比例会进一步提升。

中国有着十分庞大的网民群体，2013 年中国网民总数接近 6 亿人。互联网较高的渗透率赋予互联网彩票行业以巨大的用户基数，带来了难得的发展机遇。针对互联网彩票在彩票销售比例中的提升趋势，体育彩票管理机构应该发挥其在互联网销售方面的优势，通过提前规划、未雨绸缪，推动体育彩票的网络行销，以及开发新的互联网彩票游戏等，把握机遇，等待互联网彩票全面合法化时代的到来。

总之，在中国彩票业持续发展的背景下，体育彩票要加强体彩的品牌建设，强化体彩优势、独特品种，在竞猜型彩票游戏研发方面下功夫，将更多体育项目引入竞猜彩票游戏中，提升其专业性和娱乐性，使其成为体育彩票的优势产品。同时，力促互联网彩票、移动互联网彩票的发展，推动彩票销售渠道的变革，提高互联网彩票的渗透率。在推进体育彩票发展的基础上，体育彩票要确保彩票的公益属性，更加关注彩票机构所承担的社会责任，要尽快加入全球彩票业“机构社会责任 Corporate Social Responsibility（CSR）”和“责任博彩 Responsible Gaming（RG）”行动中去，以预防和减少“问题彩民”，降低彩票发行的负面影响。另外，在强调彩票的公益性前提下，要增加体育彩票的娱乐性，为大众提供丰富健康的娱乐产品，加大体育彩票在市场方面与私彩及地下博彩的争夺，以市场手段为依托打击“私彩”，确保彩票市场的和谐发展。

港澳台篇

Lotteries in Hong Kong, Macau and Taiwan

B.7 香港彩票发展报告

何洁云　黄承珮　卢孝松*

摘　要：香港的彩票游戏历史悠久，在香港政府禁赌与开赌的博弈中始终存在，从最初的处于地下状态的字花游戏发展成为今天的六合彩。在香港彩票业发展过程中，政府始终发挥着主导作用，赛马会作为彩票的运营机构，其运营管理、基金管理等对于彩票业发展起到了关键作用。

关键词：香港　彩票　六合彩　赛马会

* 何洁云，博士，香港理工大学应用社会科学系助理教授；黄承珮，香港理工大学应用社会科学系研究助理；卢孝松，益彩基金对外联络部部长。

引言：香港的开赌与禁赌的政策

赌博文化在中国源远流长，有人说有华人的地方便会有赌博活动的出现，作为中国的一部分，赌博文化在香港同样历史悠久。早在香港开埠之前，香港已出现赌博风气。香港是中国南方一个通商港口，其一直深受广东地区的文化影响。清末民初广东一带，赌博风气非常昌盛，当时香港大部分居民来自广东省沿海地区，已习染了广东省人的赌博风气，他们将赌博文化传入香港，当时不同的民间赌博活动，例如番摊①、骰宝②、白鸽票③等已在香港存在及流行。

鸦片战争之后，香港成为英国的殖民地，在1841～1843年期间，香港已有赌档的存在，当时港英政府并没有立法禁赌，是由于当时港

---

① 番摊是香港开埠初期最流行的赌博方式，番摊是一堆摊子和一条竹枝，由庄家负责开摊。庄家先用一个摊盅，把赌台上的部分摊子盖好，过程中可给赌客知道摊盅内的摊子数目，让赌客投注，下注完毕后庄家会用竹枝将摊子四个一组分开，最后所余下的数目就是中彩号码。

② 骰宝需要用三粒骰子作赌具，放在一只碟上，碟上盖着一个盅，由摇宝者把三颗骰子摇几下，然后放在桌上，待投注人下注后，才把盅揭开，看盅内的三颗骰子开什么点数以定输赢。骰宝桌上，放了一块布，供赌博者下注之用。布上主要是有“大”和“小”两门，规定由四点至十点为“小”，十一点至十七点为“大”，一赔一。但如开三颗骰子是同样点数，例如“六、六、六”，叫做“全骰”，全骰即大小通吃。除了大小两门外，另有点数，是指三颗骰子共成若干点。三颗骰子，最多是十八点，最少是三点。各种点数的投注，每种点数的赔率各有不同。骰宝即现时的大细。

③ 白鸽票是用《千字文》中的头八十字为本的赌博活动。赌客可从这八十字中选出十个字，票厂每次开二十个字，如全中十字，便可以一毫中一千元，赔率可观，如中八至九字亦可得百多元，如中七字可得十多元，如中六字可得几元，如中五字亦可得毫半，中四字以下便全输。白鸽票以“白鸽”起名，是因为它是由白鸽会而来，在清初时期，广州每年农历五至六月会有放白鸽比赛，由鸽主将白鸽带到佛山登记参赛，之后将鸽子带到清远一个指定地点，主办方派人登记鸽子后便将鸽子放出飞回佛山，如鸽子能即日飞回佛山便是冠军，得头奖。由于当时的比赛鸽子，以六只为一号，是以《千字文》的字为号，例如天字第一号，天字第二号等。到了清末，票厂索性不用放白鸽，由票厂预先将选定的二十个字封挂在票厂门首外，让人猜测开字投注和开彩。

英政府并没有注意到当时的赌博问题，政府旨在安民，向当时的华人表明会依当时的中国法律办理香港事务。直至1844年，由于当时港岛治安变差，盗贼盛行，还有一些反英活动，港督砵典乍为整顿治安及巩固统治势力，开始设立一些整顿治安及征税的法例，其中的《禁止赌博条例》规定了对聚赌以及招人赌博者的罚款措施。但是，这些法例不是旨在改善社会不良风气，而是从罚款中增加政府收入，这样做反而令赌风更趋盛行，而政府亦可从中增加税收。1867年，香港赌馆在各地，例如上环的水坑口、大笪地、四方街、华里、东街、西街、荷李活道与皇后大道等普遍存在。

由于警察机构贪污猖獗，当时每个月总有两三次的扫赌案件，只不过是由赌馆与受贿的警员造出来的“秀”，好向政府及市民交代。受贿警员通常预先通知赌馆负责人，他们于某日某时会来扫荡赌馆，于是赌馆负责人便在事前作出准备，例如以高薪金聘请一些失业者或吸毒者在赌馆里充当赌客及赌馆职员，扮演参与赌博活动，警察到来后，便会将他们拘捕带到警署落案。由于当时参赌只是罚款而已，真正赌馆负责人替他们缴交罚款，警署便释放所有人，赌馆负责人下次又可以再聘请这些人作同样的“秀”。这种伎俩被一位立法会议员域陶（Whittell）于1867年5月22日在立法局会议中揭发，并提出需要检讨及推出全新的方式对付非法赌博活动，可是当时的总督麦当劳（Richard MacDonnell）认为并非赌博法例本身有问题，而是在执行扫荡赌博时警方不尽力所致。此外，他认为赌风如此盛行，与当时香港人生活非常艰苦有关。故此域陶提出以“开赌”形式来监管赌博活动，即将赌博合法化，赌馆缴纳税饷，便可领牌开赌，这样，一来可以扫除贪污，二来可将赌博活动纳入正轨。

麦当劳亦认为这种方法比禁赌为佳，所以他在1867年6月17日的立法局会议提出将赌博合法化，以“限制及管理”权力，由警察司及总登记官招商承投赌馆，赌商用申请书申请开赌，最后政府批准设立十二间赌馆。可是赌博合法化也未能遏制贪污及非法赌博的问题，因为除了番摊以外的其他原有的民间赌博活动例如骰宝、白鸽票等依然属于非法赌博活动。私赌就算被破获，只是罚款了事，而贪污也同时存在，所以赌博活动非常猖獗，赌饷非常可观，1870 年全年赌饷共 15 万多元，1871 年全年赌饷为 18.9 万多元。[①]

针对这种情况，一些社会知名人士及有识之士抗议政府官商勾结，纵容赌风及贪污盛行。1871 年 2 月，请愿书呈交港英政府。1871 年 5 月，请愿书再次上交英伦，要求英国政府正视香港严重的赌博问题。在这种压力下，港督麦当劳在 1872 年 1 月通知各赌商，政府不再招商承投赌馆，由 1872 年 1 月 13 日起，各赌馆均不准营业，禁绝一切私赌杂赌，警察如意图包庇行贿者，亦受最重法律处分。此后，香港进入禁赌时期。

禁赌政策推出后，香港赛马会举行合法的赌博活动，例如大马票及六合彩于稍后兴起，非法杂赌在香港渐渐自然淘汰。但是，一些非法赌博活动还是在“俱乐部”中存在，赌馆便渐渐以俱乐部形式继续运行，后来的麻雀馆和天九馆亦以俱乐部的形式营运。面对港府的取消压力，这些场所以一些自我管理措施，例如取消通宵营业，限制未成年人士进场等来进行应对，结果获得港英政府批准，并给予牌照合法经营。

一　香港彩票的产生及发展

彩票又称为“奖券”，其实属于赌博活动。早在 15 世纪，欧洲已流行彩票博彩，清末传入中国，鸦片战争后逐渐流行。赌税成为当

① 鲁言：《香港赌博史》，香港广角镜出版社，1978，第 22 页。

时政府的重要财政来源，例如清政府为充实日渐空虚的国库，公开发行彩票；民国政府初期发行彩票以解决军饷问题。政府从中收取赌税，以增加财政收入。

1. 香港最早出现的彩票——字花

字花早在清朝时，已经存在。这种赌博是用一套号码代表三十六个古人的名称，包括四状元、五乞食、五虎将等，每个古人名称一个号码，市民一般都是投注一个号码，如果中奖便是一赔三十。字花属非法经营，所以当年经营字花的大多数是以地下形式供市民投注。市民如要投注字花，都要透过“带家”落注，如果找不到带家，便买不到字花。另外，带家为吸引更多客人投注，有时会故意透露一些所谓的独家贴士，即猜会开什么古人或号码。每间字花厂有一位“师爷”，由他们决定每次字花所开的号码，他们会在一张红纸上写上号码，大多将纸卷起密封在沙煲内，到开彩时当众打破沙煲，拿出红纸，让其他人看开出什么古人或号码。图 1、2 都是和字花游戏相关的古人图样、字花花题的图样。[①]

20 世纪 50～60 年代，字花非常流行。当时市民生活艰苦，大多数市民希望碰碰运气，所以很多家庭主妇、一家老小，甚至乞丐也会参与。虽然 1872 年的《禁赌条例》将字花列为非法赌博，但字花一直在地下秘密进行。60 年代贪污风气盛行，字花得以以半公开形式经营。直至 70 年代，香港成立廉政公署大力整顿纲纪，加上市面上有其他合法赌博游戏出现，字花才被取缔。现时香港流行的六合彩与当时流行的字花有很大关系，六合彩亦称为“摩登字花”，因为早期六合彩有三十六个号码，和字花有三十六个古人及其号码完全相同，六合彩这种官办赌博设计形式完全以字花作为蓝本。

---

① 鲁言：《香港赌博史》，香港广角镜出版社，1978，第 92、107、122 页。

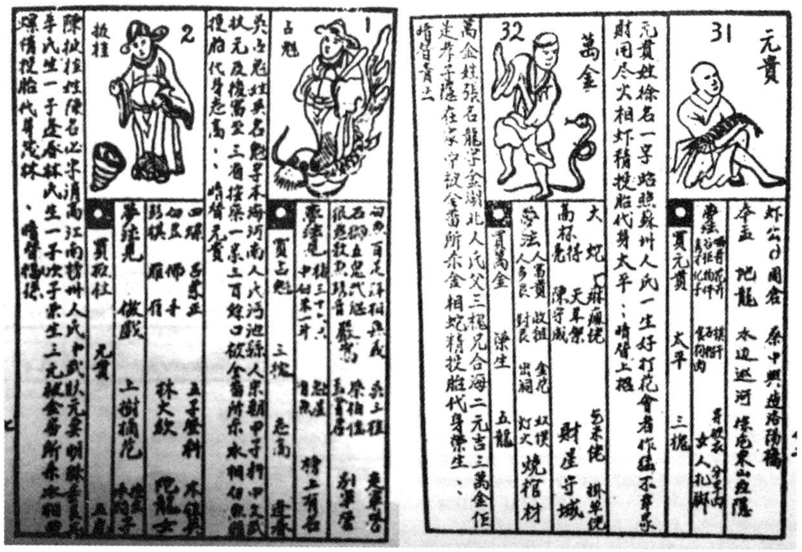

图 1　字花书中的古人图样

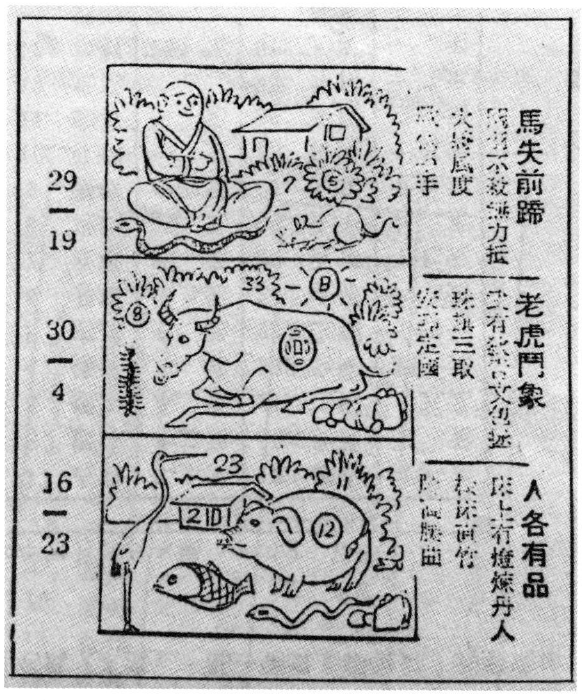

图 2　字花的花题

2. 香港最早的合法彩票——大马票（1931 ~1977年）

英国占据香港后，就将其传统赛马活动带到香港。马票又称为“大马票”，是香港最早的合法彩票博彩活动。马票最初在1929年发售，早期马票是蚀本生意，因当时马票并不公开发售，只有马会会员在博彩时才可以投注，而马会会员多是高阶层人士，当时的赌马活动是招商承办，承办商大亏本便退办。马会自办后又再度招商承办，但依然亏本。马会认为赌马活动不应只局限于上流绅士人物，而是要得到普罗大众支持才可以成功。于是，马会决定在固有的两项彩池之上，再增设一项新博彩方式，这便是马票。马票样式参见图3。①1931年马票正式公开发售，最初是1元一张，二战后改为2元一张。

图3　马票正面图案

马票其实是摇奖与赛马混合而产生中奖者的一种赌博活动，每张马票印有一列号码，开彩办法是到截止时，先由马会用搅珠方式抽出100个号码，作为入围号码；再从入围号码中，视大马票锦标赛出赛有多少马匹，再用搅珠方法，搅出相应数目的号码，用以匹

① 鲁言：《香港赌博史》，香港广角镜出版社，1978，第161页。

配大马票锦标赛的出赛马匹，赛马冠军马匹所配号码便是头奖，亚军马匹所配号码便是二奖，季军马匹所配号码便是三奖，其余的落第马匹，以及那些搅出但没有配在马匹的号码，全部中“入围奖”。因此，每次发行大马票，马票上也印明这次大马票是以哪场赛马作为开奖之用。

香港的大马票，每年举办三次，分别为夏季大马票、秋季大马票和春季大马票。大马票1931年发行，多年以后仍深受大众欢迎，市民曾掀起抢购马票的热潮。1964年3月6日全港350万张马票史无前例地被全部买清，成为战后历届春季大马票销量之最高纪录[①]。大马票成为香港彩票史上成功举办的彩票博彩活动，它还可满足大众以小博大，一中可成百万富翁、一世无忧的赌博心态。当年马票派彩非常可观，例如马会卖出200万张，比赛当天早上搅出的100个号码，称为入围奖，这100百个号码后来都有派彩。当时头奖一般有10万元奖金，足以购买两幢四层的楼宇。1931年，一般工人薪金每月只有10多元。所以当时很多人也会买张马票来碰碰运气，有些人会以“大包围”方式购买马票，提高中彩机会。

除了大马票外，马会也发行另一种彩票“小摇彩”，这种彩票在场外发行，小摇彩与马票的玩法相近，也是先搅珠选出入围号码，再以某场指定赛事结果决定中彩号码，派彩也是分头奖、二奖、三奖及数十名安慰奖，虽然小摇彩的派彩奖金不及大马票，但逢赛马日也会推出，发行数目较多，头奖奖金也相当吸引人。除了马会的马票之外，还有很多民间团体与马会合作发行马票以筹集捐款，例如东华三院、圣约翰救伤会、维多利亚会、南华会等，他们推出政府准许举办的机构马票，一般都可卖出二百万至三百万张，派彩头奖有100万元。

---

① 吴昊：《回到旧香港》，香港一本堂丛书，1999年第二版，第160页。

60 年代末期，马票开始衰败。当时马会推出六合彩，由于六合彩的赔彩率比马票更高，所以推出后不久就取代了马票的地位。1977 年，最后一期马票发行。2000 年亦曾举办过一次马票活动，这次是香港政府作为庆祝踏入 2000 年新纪元推出的慈善马票。

3. 香港首次官办彩票博彩——政府奖券（1962 ~1975年）

60 年代以后，香港人口日渐增加，政府的社会福利和医疗负担沉重，政府欲开辟新税项，增加收入来支持社会福利的开支。鉴于马会成功推出大马票，政府欲仿效马会推出奖券来筹集经费，以支持各种社会福利开支，故在 1962 年推出政府奖券，在没有赛马的月份推出，每票 2 元。政府奖券的式样参见图 4。[①]

图 4　政府奖券的正面图案

政府奖券最初由 4 位公务员负责管理，1965 年成立奖券基金。他们将总投注额抽出 40% 拨付奖券基金作为社会福利用途，其余 60% 拨作奖券的奖金，再将这笔奖金分成三份至头奖、二奖和三奖，各份占总投注额 20%。头奖每次只有 1 名，二奖每次有 10 名，三奖

① 鲁言：《香港赌博史》，香港广角镜出版社，1978，第 194 页。

每次有 100 名。这样，不同奖等的奖金便会产生出较大差别。

政府奖券最初只在马会赛马歇暑时才举办，后来改为每三星期开奖一次。虽然政府奖券只是每张 2 元，但开办初期成绩不佳，因为奖金未能吸引大众，未能满足大众中奖一次便永可享福的赌博心态。1968 年，政府将奖金重新分配，希望以巨额的奖金吸引市民投注。奖金占总投注额的 60% 不变，但改变奖金的分配。头奖的奖金占总投注额的 30%；二奖奖金占 10%，中奖人数减少至 5 名；三奖并没有改变，奖金占 20%，中奖者仍是 100 名。经过此改动后，果然吸引更多市民投注。1969 年，政府再修改派彩方式，头奖和二奖没有改变，将三奖的中奖者数量及奖金减少，三奖只占总投注额的 15%，并减少三奖的中奖者至 50 名。将三奖中剩余的 5% 增设特别奖，每次搅珠时搅出了头、二、三奖的号码外，另外搅出三个数字作为“特别号码”，如号码与特别号码相符，便中特别奖，每票得奖金 100 元。这种改变的确吸引更多人投注，因为此举可令大众认为中奖人数及机会增多。

1972 年，政府再增加奖券开奖次数，由三星期一次改为每两星期一次，并考虑全年发行，不受马季影响。1973 年再度调整奖金分配，头奖奖金增加 10% 至占总投注额的 40%，中奖名额仍是 1 名；二奖奖金占总投注额的 10%，但中奖者减少至 1 名；三奖奖金占总投注额的 10%，但中奖者改为 5 名。1974 年再调整派彩比例，增设安慰奖，获头奖、二奖、三奖及特别奖的搅珠号码前一张及后一张彩票中安慰奖。安慰奖共 106 名，每名中奖者得到总投注额 0.1% 的奖金。1975 年政府再调整奖金分配比例，将安慰奖名额增加一倍至 212 名，但奖金占比维持不变，即每名中奖者的安慰奖奖金额再减半。

1974 年，政府成立“政府奖券管理委员会”，由官守议员和非官守议员及一位秘书组成，这个委员会共有 4 人。政府奖券管理委员会犹如政府奖券的市场推广部，其主要工作是推广奖券博彩，吸引更多市民投注从而增加政府收入。虽然政府奖券管理委员会多年来不断重新分配奖金及增加中奖人数，但中奖的奖金不吸引人，未能吸引市民参与，最终于1975年取消发行。

4. 香港政府首次与马会合作的彩票——多重彩（1975~1976年）

吸取了政府奖券的失败教训后，香港政府于1975年9月1日推出“多重彩”取代政府奖券，英文为“Mark Six”。多重彩奖券的式样参见图5。①

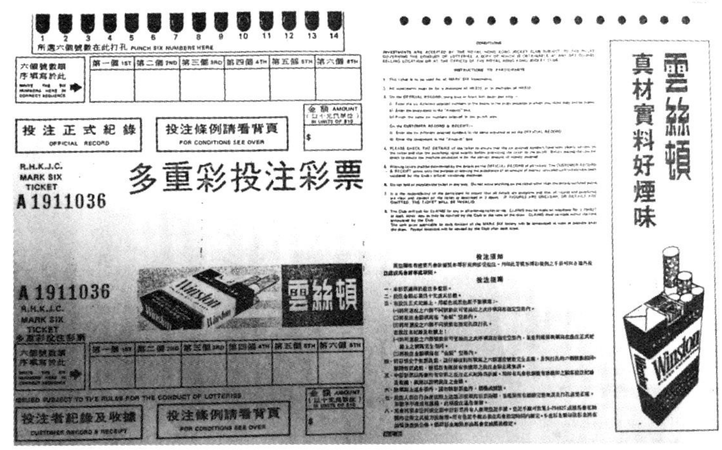

图5　多重彩奖券的正面（左）和背面（右）

奖券管理委员会看到马会举办的赛马活动“四重彩”非常成功，故效仿四重彩的玩法，于同年成立政府奖券管理局，负责推广及管理多重彩业务。这是史上首次政府与马会合作举办的官办赌博活动，政府奖券管理局由马会董事、政府库务司、警务处长及政府奖券管理委员会主席组成，委托香港赛马会以香港马会奖券有限公司的名义代理接受投注。投注彩池除了用作派彩以外，余额还拨给社会福利处的奖券基金用于慈善领域。政府发行彩票除增加税收以支持社会福利外，

① 鲁言：《香港赌博史》，香港广角镜出版社，1978，第202页。

还为了打击民间字花等非法赌博活动，防止赌博资金流向黑社会等非法集团，取缔民间非法赌博活动等。

多重彩是由四重彩演变出来。四重彩是赌马中一项场外投注方式，赌客从出场马匹中选出冠、亚、季、殿四匹赛马，如果这四匹马跑出其选出的次序便中奖。而多重彩是用十四个号码中选出六个号码来投注，能选中依次序搅出的六个号码，便算中奖。1975 年 9 月 1 日，多重彩开始正式接受投注，至 9 月 4 日截止，9 月 5 日在马会内开奖。以后每周开彩 1 次，赌客可在星期一至星期四投注，星期五下午 6 点 50 分在马场公开搅珠，由电视台及电台转播开彩情况，并由报章公布搅珠结果。多重彩设有头奖、二奖及三奖，头奖可得总奖金的 30%，如依搅珠次序选中六个号码便中头奖；二奖可获得总奖金的 30%，如依次序选中头五个号码便是中二奖；三奖可得总奖金的 40%，如六个号码全选中但不依次序便中三奖。每票只可领一奖，即中头奖者只可以得头奖，而不可得其余各奖，假如没有人中头奖，便会将头奖的奖金拨给二奖和三奖均分，如头奖、二奖、三奖也没有人中，则中四个号码并依次序的便中头奖。假如头奖多人中，二奖少人中，政府奖券管理局有权调整奖金分配，将头奖的奖金分配多于二奖的两倍，二奖的奖金亦必须分配多于三奖的两倍。多重彩推出后，反应并没有预想的那样受欢迎。政府奖券管理局作出检讨，并将多重彩由每星期开彩 1 次，增加至每星期开彩 2 次，逢星期二及星期五开彩，但结果也是反应冷淡，未能吸引市民参与，最后于 1976 年 7 月 9 日停办。多重彩的投注金额大，派彩金额低，中彩的难度很高，大部分市民不明白依次序投注的玩法，这种成本高但回报低的赌博游戏最终失败。

5. 香港最成功的彩票——六合彩（1976年至今）

为迎合大众以小博大的赌博心理，总结多重彩失败教训，政府奖券管理局于1976年7月13日推出改良后的多重彩，正式名为“六合彩”。六合彩的图案式样参见图6。六合彩有1~36的号码，每票1组号码，赌客在1~36个号码中选出6个号码，马会仍是以搅珠方式将6个号码搅出，不计次序，并仿效政府奖券，搅出1个特别号码。如果中6个号码便中头奖，派彩奖金占总投注额的30%；如选中6个搅出的号码中的5个号码及1个特别号码，便是中二奖；如中5个搅珠号码即中三奖；如选中4个搅珠号码及1个特别号码即中特别奖，选中4个搅珠号码便是中安慰奖。如没有人中头奖便将该奖金拨到下一期的头奖奖金，称为“多宝彩池”，如下一期头奖仍然没有人中奖，也是将上一期及该期的头奖奖金全部拨到下一期的多宝彩池，如果多期头奖还是没有人中，头奖的奖金便累积越来越多，头奖的奖金可高达数百万元，奖金非常吸引人，而当时的投注额每张只是2元而已。

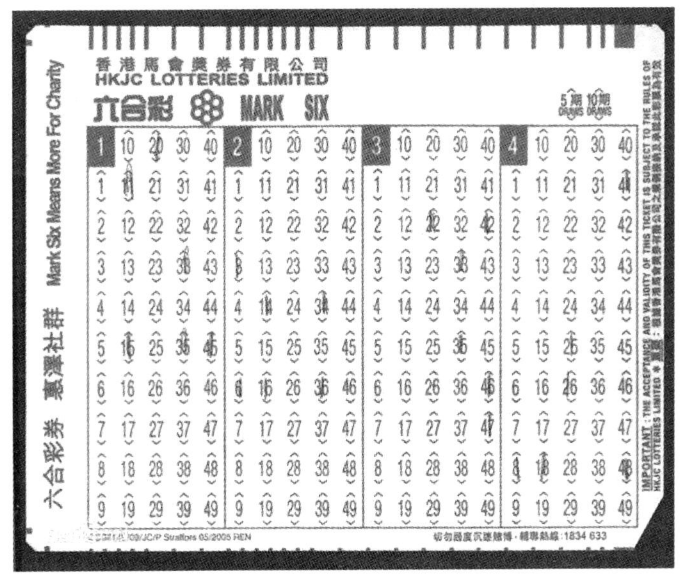

图6 旧款六合彩彩票的正面

六合彩的巨额奖金让平日不会赌的人士也想以小博大。碰碰运气，完全迎合当时大众的赌博心态，加上当时报章、电视台及电台的大力宣传，六合彩变得十分兴盛起来。六合彩的特别奖及安慰奖是固定的奖金金额，特别奖的派彩金额为100元，安慰奖派彩金额为50元，特设这些奖金主要是让大众觉得容易中奖及中奖人数较多，令市民觉得是有机会中奖的，故仍会继续投注，终有一天可以中头奖、二奖或三奖，所以六合彩变得越来越普及。

二　香港现在的六合彩游戏

现时六合彩是由香港赛马会的附属公司——香港马会奖券有限公司经办，开彩次数是每星期三次。现在六合彩的图案式样参见图7。

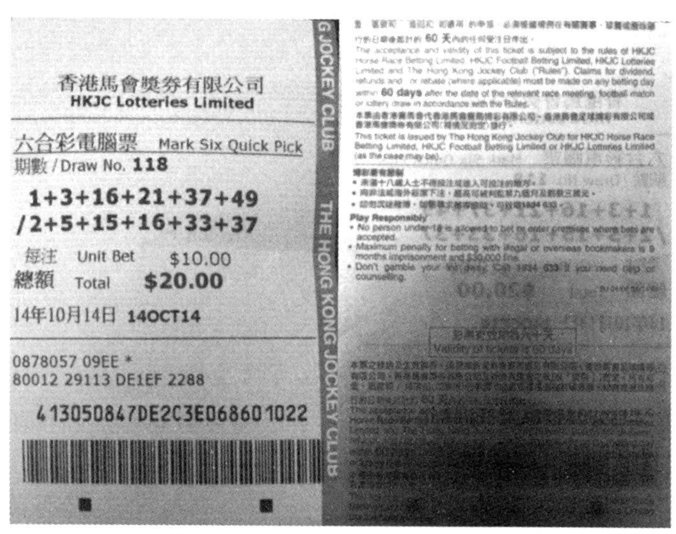

图7　现时六合彩奖券的正面（左）及背面（右）

下面对香港的六合彩游戏进行简介。

1. 六合彩的投注

六合彩的投注方式有好几种，第一种为单式投注，即赌客可从

49 个号码中选出 6 个不同号码；第二种为复式投注，即赌客可以从 49 个号码中选出 7 个或以上不同号码来组合投注；第三种是胆拖投注，赌客可从 49 个号码中选出 1～5 个号码作“胆”，再加上其他号码作“脚”来组合投注，例如投注者以“一胆拖”选出一个号码作“胆”，再在其余四十八个号码选出六个或以上作“脚”来组合投注。

2010 年，六合彩由原来每注 5 元，调整至每注 10 元，同时亦可购买 5 元的部分投注，俗称“半注”，而半注只适用于复式及胆拖投注。例如复式投注，赌客可在 49 个号码中选出 7 个或以上不同号码作复式投注，例如选出 7 个号码，每注 10 元，即投注金额合计为 70 元，半注合计为 35 元。又如，一胆拖，即选出 1 个号码作为胆，再在其余号码内选出 6 个号码作脚，每注 10 元，即投注金额总计为 60 元，半注即为 30 元。

2. 六合彩的开奖

六合彩采取搅珠机开彩，其搅珠机一共更换了四次，最近一次在 2010 年 11 月 9 日采用最新型的搅珠机。在开彩前，马会准备两部六合彩搅珠机到开彩现场，由保安及马会员工在场严格检定和测试，一部搅珠机用作现场搅珠，而另一部用作后备。每部搅珠机均有五套橡胶号码球，五套号码球中，一套用作后备，其余四套由当时监察搅珠的非官守太平绅士抽签，决定当时使用那一套号码球。每个号码球的大小和重量也会定期量度和通过 X 光机检查，确保所有号码球在搅珠前符合规格。开彩时由电视台（现时为亚洲电视台）直播搅珠过程，为表示公证，马会会邀请一位社福界人士和一位太平绅士作监场嘉宾。主持人简介嘉宾后便正式开始，以自动搅珠机搅出六个号码及一个特别号码，主持人会把搅出的号码以粤语及英语读出。每期的搅珠结果均会在电视、电台、报章、马会网页、手机应用程序及资讯热线 1835288 公布。

3. 六合彩的投注

六合彩的投注服务不断改进。例如在 1973 年外围赌马合法化以后，马会在 1974 年开设六间场外投注站，以打击非法外围赌博活动。1974 年，马会增设电话投注服务，只要已登记马会电话投注户口，便可透过电话投注，现时投注户口已超过 100 万个。1981 年将电话投注系统电脑化，场外投注站亦于 1983 年后全面电脑化。1985 年又引入电脑票，提供随机号码组合，如顾客没有心仪号码，可以在场外投注站由服务员以电脑方式随机选出号码或透过电话投注自动服务，购买随机选出的号码。顾客还可选单式或复式电脑票。从前顾客可透过电话投注热线“1881”，马会服务员会代为下注，马会于 2001 年推出网上投注服务，并在 2007 年增设“1886”电话投注自动服务，顾客以音频电话按入自选号码投注六合彩。由于近年智能电话普及，马会亦于 2011 年推出 iPhone 和 iPad 使用的投注服务应用程序，并于 2011 年 12 月推出 Android 版本，只要顾客有马会户口便可透过智能手机下注。

4. 六合彩的奖金分配

六合彩的奖金分配依法进行。根据《博彩税条例》，在六合彩的总投注额中会拨出 25% 作奖券收益税，15% 拨给奖券基金作社会福利之用，另 6% 拨给香港马会奖券有限公司作佣金，余下的 54% 作为奖金基金。香港马会奖券有限公司先从奖金基金派出所有四至七奖，之后再扣出金多宝累积奖金，剩余彩池便按比例分成头奖、二奖及三奖。头奖即选中六个号码，便得到在奖金基金减去四奖至七奖的总奖金及金多宝奖金后的 45% 的头奖奖金；二奖即选中五个号码加上一个特别号码，奖金为先由奖金基金减去四奖至七奖的总奖金及金多宝奖金后的 15%；三奖即选中五个号码，奖金为先由奖券基金减去四奖至七奖的总奖金及金多宝奖金后的 40%；四奖即选中四个号码及一个特别号码，奖金是固定派彩，每注为 9600 元；五奖即选中四个号码，奖金是固定派彩，每注为640元；六奖即选中三个号码及一个特别号码，奖金为固定派彩，每注为320元；七奖是选中三个号码，得固定奖金，每注40元，如果购买部分半注的顾客中了头奖至七奖，奖金均为一半。根据六合彩奖券规例，有关奖金基金可在必要时重新分配，如果四奖至七奖的奖金金额超过奖金基金的60%，奖金基金便会由金多宝彩池拨一部分来支付四至七奖的奖金，假若奖金基金的60%及金多宝彩池的现存总额也不足以全数支持全部四奖至七奖的总奖金额，那么，四奖至七奖的所有奖金将按比例调低。

5. 六合彩的领奖方式

六合彩的领奖方式按照顾客投注方式及中奖的金额而定。例如顾客使用现金投注，中奖少于100万元，可于各场外投注站或马场以现金或支票方式领奖；如中奖多于100万元，可到马会总部大楼以支票方式领奖，并于搅珠日期后60天内领奖；如中奖金额多于500万元，须于公布搅珠结果后至翌日下午五时致电1817热线登记，完成登记后将获安排领奖，并于搅珠日期后60天内领奖。如使用投注户口投注，中奖的奖金少于500万元，奖金会直接存入投注者的户口内，如中奖的金额多于500万元，也需要在公布结果后至翌日下午五时致电1817热线登记，完成登记后奖金直接存入投注户口内。如使用电话投注服务、智财卡（顾客用作投注的户口卡）、网上投注服务或投注户口中的“六合彩固定投注指示”投注的，不论中奖的奖金多少，均会自动派彩到投注者的户口内。

6. 地下六合彩问题

六合彩只可由香港赛马会在香港举办，并没有在香港以外地区开设投注站，也没有委托任何人进行相关投注，香港赛马会的网站亦不可在中国大陆登录，马会只可宣传六合彩的投注如何用于慈善用途而已，马会亦不接受境外投注，故此在中国内地的六合彩活动全是假冒或非法，这些地下六合彩，俗称“私彩”，由国内外的非法集团经营，他们以香港六合彩开彩为名，再加入一些新玩法，例如以生肖预测开彩结果，或声称有内幕贴士，假冒香港赛马会名义出版各类型的传单及小册子，提供假冒的香港电话号码。为增强说服力，有些甚至贴出伪造的“委托证书”，同时附上戒赌热线等伪装成正式网站。非法香港六合彩最初在广东一带盛行，由于当时的赔率有1∶40，非常吸引人，后来传入广东周边地区，令非法六合彩活动非常猖獗，虽然中国政府已大力打击地下六合彩，但仍未能杜绝这些非法活动。

三　香港的彩票及其影响

经过多年的发展，彩票已经成为香港人日常生活中的一部分，并在社会公益慈善等多方面发挥着重要影响。

1. 六合彩在香港的参与情况

六合彩从产生以来逐渐成为最受香港人欢迎的博彩活动。根据2012年香港理工大学的赌博研究，六合彩在马会的各项赌博活动中最受欢迎，有56%的受访者表示在过去1年曾参与六合彩，每人每月平均花在六合彩上的金额为130多元。但是六合彩的参与率近年有所下降，由2001年的64.2%，下降至2012年的56%，这可能与马会将六合彩投注额每注增加至10元有关，或与出现其他新的网上赌博活动有关。参与六合彩群体的典型特征包括：男性、较低学历、在职人士及年纪较大的人士等。①

六合彩被人们喜爱的原因有玩法简单、全靠运气、投注金额不大，只需10元便可参与，其最主要原因是中奖金额非常吸引人，完全符合

① 香港理工大学：《香港人参与赌博活动情况研究报告2012》，香港理工大学应用社会科学系2012年研究报告。

市民以小博大的赌博心态。中奖金额巨大，这令不少市民，甚至有些对赌博不太感兴趣的人士也会参与，碰碰运气，中奖后便可一劳永逸。2014 年 9 月 13 日，彩金积累高达 1.5 亿元，创下史上最高 348420150 元的六合彩投注额，结果开出头奖 2 注，每注派彩逾 8200 万元，二奖有 9.5 注中，每注派彩逾 170 万元。该期的巨额奖金令全城疯狂，场外投注站出现排队人潮，有人以半包围的投注形式，豪赌 38.76 万元购买一注复式 20 个数字，成为史上最疯癫的一期六合彩。

2. 香港的彩票、慈善及赛马会

1867 年香港开赌后，政府向本地赌馆征收税项，数目相当可观，但被认为是“不义之财”，遭到英国政府的反对。1869 年 7 月，理藩院副大臣蒙素尔（MR. Monsell）在英国下议院会议时承认香港政府已将赌饷列入正常税收项目，但他表示已下令港督不得将赌饷纳入正常税收项目，并指示港府不得动用这笔款项。这使得香港出台禁赌政策。

香港开埠初期，到香港的中国大陆人大多数是农村经济破产后的贫苦农民，他们来港出卖劳力，大多无依无靠，死后连后事都没人安排。19 世纪 50 ~ 60 年代以后，在香港谋生的中国大陆越来越多，这些人的疾病、死亡问题难以解决，即便是绅士捐助的义祠也难以支撑。有的义祠已成为病重者的收留场地，义祠内环境日趋恶劣犹如地狱一样，于是引起社会关注。一些华人团体催促港府兴建华人医院，港府动用赌饷共 115000 元来协助兴建华人医院，由此香港的合法赌博便与慈善开始挂钩。

香港的彩票、慈善和赛马会密不可分。1841 年，香港的英国人引入赛马运动，并在跑马地一带开辟马场。1884 年，赛马会（简称马会）成立。它是一个殖民地初期外籍人士组织的娱乐团体，以俱乐部方式运营，负责经营本地赛马活动，投注业务则交由私人会所经管，马会从中收取佣金。马会初时并非慈善机构，而是专事赛马赌博的机构，现已经发展成为香港第一间以非牟利形式营运的组织，是全

球规模最大的赛马机构之一。1955 年，马会正式决定将每年的营运盈余拨捐慈善公益计划。1959 年，马会成立“香港赛马会（慈善）有限公司”；马会可自行决定将若干利润留作基金，除去开支后才将余下部分拨予香港赛马会（慈善）有限公司，作社会福利用途。1965 年，政府根据《1962 年政府奖券条例》成立奖券基金，规定发行的奖券所得而未动用的盈余拨作社会福利之用。稍后，香港政府才规定马会将六合彩投注额的 25% 用作缴纳政府奖券博彩税，另 15% 直接拨归奖券基金支持政府各项社会福利开支。例如 2013 ~ 2014 年香港社会福利署从奖券基金所得的总额为 117.57 亿元，社会福利署共拨出 11.55 亿元，资助不同的非政府社福机构及其社会福利开支。除了社会福利署，奖券基金亦在经济上支持其他非政府社福机构，例如保良局、东华三院、香港盲人辅导会等翻新和其他大型项目。

虽然 2010 年起六合彩加价至 10 元一注使得投注受压，但是六合彩依然为奖券基金及政府税收带来可观的收益。此时马会已成为香港最大纳税机构，其每年向政府缴纳的税款接近 130 亿元。2013 年，马会直接回馈香港的金额刷新纪录，达到 207.4 亿港元。其中，马会向政府缴付的博彩税及利得税较上年度增加 9.1%，达到破纪录的 176.4 亿港元，占税务局全年税收总额的 7.3%。[①] 六合彩成为大众生活的一部分，制造超过 2700 位百万富翁，其中 350 多人更赢得逾千万港元的奖金。六合彩自开办以来，亦为政府财政带来 200 亿港元的奖券博彩税收入，并为奖券基金带来 90 多亿港元收益，资助多项社会福利计划。

香港政府只授权马会在香港经营赌博活动，其他本地庄家和未经授权的离岸赌博经营者，在香港皆属非法赌博。2003 年前，香港

---

① 香港赛马会：《周年大会选出四位董事，马会直接回馈香港逾二百零七亿港元再创新高》，赛马新闻网，2013 年 9 月 3 日，http://www.hkjc.com/chinese/pressrelease/mcs01_showhtml.asp?SelType=NEWS&filename=20130903_203029_C_NEWS.htm。

的非法足球博彩活动猖獗，特别是欧洲足球赛事的赌球。非法赌博经营活动没有纳税，也不对香港慈善公益进行捐助，反而蚕食香港的社会资源。大部分非法庄家均有黑社会背景，非法赌博是他们主要收入来源。而且非法赌博还会带来很多社会问题以及犯罪活动，例如放高利贷、洗钱、欺诈和贿赂等。为打击非法赌博，香港政府于2003年将足球博彩合法化，授权马会经营足球博彩活动。马会在增加赌博项目的同时，还建立起协助政府及社会减少犯罪的正面形象。此外，马会还推行“有节制赌博”政策，防止及减轻赌博所带来的不良影响。

3. 六合彩成为香港文化的一部分

六合彩是香港文化的一部分，在20世纪70～80年代，香港市民常发“横财梦”，希望可以在其一生中中一次六合彩头奖便可以脱贫。当年市民生活艰苦，很多人靠自己的努力白手兴家，但无横财不富，很多市民参与赌博希望可以用另一途径“赚快钱”，参与赌博或骗局才可致富成为当时的一种意识。当时非常流行的六合彩亦缔造了主持明星，例如赛马活动有“董标”，人称“标叔”，而六合彩有“夏春秋”，人称“冬叔”，他们各自代表当时香港最流行的赌博项目。

对大多数人来说，博彩是一种娱乐社交活动。有些人没有注意到赌博的负面影响，但有些人觉得赌博始终给人一种负面的观感。市民亦清楚知道赌博其实带来很多不同的社会问题，有些人过度沉迷赌博，导致不务正业、家庭关系破裂、负债累累、财政困难，以及一连串法律及情绪的问题。有些甚至赌博成瘾，成为问题赌徒或病态赌徒，欠下巨额赌债，为了获得赌本铤而走险，参与非法活动，例如打劫、协助黑社会运毒、贩卖毒品，有些更走上不归路。2012年香港理工大学《香港人参与赌博情况》研究显示，问题赌徒有1.9%，病态赌徒有1.4%，比香港理工大学于2010年的相关研究增加了0.3个百分点的病态赌徒。此外，青少年参与赌博活动也成为全球社会关注的问题，年轻人通常与亲友进行社交赌博，也参与商业博彩活动。有研究指出，青少年越早接触赌博，长大后成为问题或病态赌徒的机会越大①。

为了预防赌博所带来的各种社会问题，2001 年香港特区政府发表赌博问题的政府咨询文，其后提出要为问题赌徒提供治疗及辅导服务，并推行赌博相关公众教育。2003 年，政府建立“平和基金”，要求马会每年为该基金提供财政资助，基金资助的范围包括对赌博相关及衍生问题的调查研究，公众教育以及其他预防问题赌博的措施，给问题赌徒、病态赌徒及其他受影响者提供辅导、治疗服务以及其他治疗措施等。政府也会委托一些社会福利机构，例如明爱展晴中心、东华三院平和坊、锡安社会服务处勖励轩以及路德会青亮中心等为问题赌徒提供病态赌博辅导及矫治服务。

① Fisher S. “Developing the DSM - IV Criteria to Identify Adolescent Problem Gambling in Non-clinical Populations”. *Journal of Gambling Studies*, 16 (2000): p253 - 273.

B.8

澳门彩票发展报告

曾忠禄　梁文润　陈玉雪　黄素钧*

摘　要：早在1810年澳门就有合法彩票，1847年澳葡政府将白鸽彩票纳入了专营制度。从1848到1911年彩票对政府财政的贡献大多数时间在15%上下。目前澳门的彩票主要有中式彩票、足彩和篮球彩。2013年彩票毛收入为5.74亿澳门元，其中足彩占78%，篮球彩占21%。澳门人均彩票消费大约是内地的36倍。过去十多年来，彩票购买者占总人口的比重呈现下跌趋势。

关键词：澳门　彩票　白鸽票

一　澳门彩票的发展历史

早在1805年澳门就有有关彩票的报道：香山知县听说外国人在澳门发行彩票，指示下属立即予以禁止。虽然从1557年葡萄牙人就正式定居澳门，但鸦片战争以前，澳门在法律上仍接受内地的管辖，因此，内地禁赌，葡国人在澳门也不敢随便开赌。

1810年澳门正式发行彩票。当年葡国摄政王唐·若奥批准澳门每

* 曾忠禄，博士，澳门理工学院教授、中山大学博士生导师，《博彩与旅游休闲研究》主编；梁文润，澳门特别行政区博彩监察协调局副局长；陈玉雪，澳门特别行政区博彩监察协调局研究调查厅厅长；黄素钧，澳门特别行政区博彩监察协调局高级技术员。

年发行一次慈善彩票。同年6月，澳门正式设立了一家彩票发行站发行彩票，政府从中抽取一定博彩税用于资助澳门福利慈善机构。这是澳门发行彩票的最早记录。[①] 由于这次的彩票以“慈善”名义发行，而且发行对象并非华人，因此未受到来自清廷方面的严厉制止。[②]

1840年前后，澳门白鸽票彩票已相当发达。根据澳门历史档案馆的记载，大约在1840年，澳门就有一间名叫“和生堂”的白鸽票厂。[③] 白鸽票是中国最早的彩票形式之一，出现于清雍正年间（公元1723～1735年）的粤东地区，最初名称为“夺标”，后又称为“字标”。按有关考证，当时彩票被称为白鸽票主要是“唯是设厂远方，通报非易，然输赢之间，人望知快，遂用白鸽佩环通报，故今人俗称为白鸽票者云尔”。光绪时期又把白鸽票称为小闱姓。同治时期《番禺县志》对白鸽票游戏规则有如下描述：“取《千字文》前八十字，密点十字，令人亦猜点十字，猜得五字以上者，每一钱赢十钱，城乡各处俱开有票厂，猜票者以票投之，每日猜一次。”[④]

由于澳门发行的“白鸽票”从内地传入，因此在葡萄牙语中，白鸽票被称为“中国彩票”（Lotaria da China）。西方博彩研究文献认为，中国白鸽票是西方基诺彩票（Keno）的起源。到美国修筑铁路的中国劳工把白鸽票赌博方法带到美国，开始时因为使用中国汉字作下注号码，因此很长时间没能融入美国主流文化，仅在中国移民中流行。但到19世纪，有人对该游戏进行改进，将彩票的汉字用数字代替，于是白鸽票在美国流行起来。到1866年，白鸽票赌博在休斯敦已非常流行，游戏的名称就叫基诺（keno）。

---

① 吴志良、汤开建、金国平：《澳门编年史》第三卷，广东人民出版社，2009，第1319页。

② 胡根：《澳门早期博彩业》，香港三联书店，2011，第9页。

③ 赵利峰：《中国最早的彩票形式之一——白鸽票考述》，《西北民族大学学报》2003年第3期。

④ 吴志良、汤开建、金国平：《澳门编年史》第三卷，广东人民出版社，2009，第1624页。

1844 年 8 月 12 日，《澳门土生代理人报》刊登了澳门仁慈堂发行彩票计划：订于本年 9 月 14 日在仁慈堂写字楼出售彩票，计划发售 4000 张彩票，每张售价 5 元，设有 1016 个奖项，头奖奖金为 2000 元，其余各项奖金由 50～1200 元不等。仁慈堂可从发售彩票的总额中提取 12% 作为合法的仁慈堂经费，其余 17600 元拨作奖金。这是澳门最早彩票发行报道。从该报道可以看出，当时仁慈堂发行的彩票规模就是 2 万元澳门币，返奖率高达 88%。仁慈堂连同发行成本，才从彩票收入中提取 12%，表明当时的彩票销售基本上是“薄利多销”的原则。

1847 年 2 月，澳葡政府开始将白鸽票纳入专营制度，对经营者征税。《澳门政府宪报》所载 1887～1888 年的岁入报表中，有白鸽票专营饷项一栏，其中注释特别说明，“白鸽票赌博是应华人请求，于 1847 年 1 月由澳门总督批准设置的。”相应地在 1847 年的《澳门政府宪报》中，澳门公物会该年 1～6 月的上半年度收支明细表中，准许开设 5 个月白鸽票的收益是 720 两。这一时间被一些学者视为“澳门合法博彩业发展的历史起点”。①

澳门最早的记录是 1867 年 6 月 14 日的政府公报，公报载明 1867 年澳门有茶场 14 家，从业人数 430 人；赌馆 14 间，从业人数 142 人；中国彩票（白鸽票）的从业人数 182 人；移民公司 17 家，从业人数 163 人；白鸽彩票和赌馆合计雇用人口为 342 人。而根据澳门政府宪报，澳门总人口仅为 85471 人（1861 年），故澳门当时博彩业就业人员占澳门总人口的 0.4%，但博彩业对澳门政府财政收入的贡献率则高达 55%！博彩业俨然成为澳门最重要的行业之一。

由于彩票销售成为合法产业，于是从 1848 年开始澳门便有了政府从彩票销售获得收入情况的官方记录。1848 年澳葡政府从白鸽票

① 胡根：《澳门早期博彩业》，香港三联书店，2011，第 9 页。

获得收入为2534两，占当时政府总财政收入的5%。1849年澳门彩票收入为3096两，占政府财政收入的6%。而同年澳门赌馆收入更高达12038两，占政府财政收入的22.9%。彩票和赌馆收入合计占政府财政收入的29%，显示那时澳门博彩业已成为政府的重要收入来源，政府对博彩的依赖开始形成。

目前从中文文献能查到的比较完整、有连续性的记录始于1851年。除记录来自白鸽票的收入而外，也记录来自赌馆（番摊馆）的收入。从这些记录可见，1851～1904年，彩票收入总体保持了增长趋势，尽管其中有所曲折反复。从1904年开始，澳葡政府彩票收入开始呈下跌趋势。1911年彩票收入仅相当于1904年的63%。1851～1911年澳葡政府来自白鸽票的财政收入变化可参见图1。

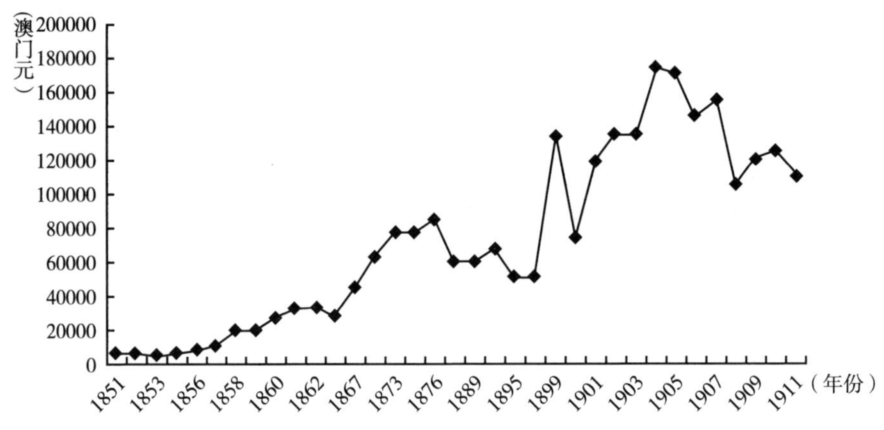

图1　澳葡政府来自白鸽票收入的变化

（1851～1911年）

从来自彩票税收占澳葡政府总财政收入的比重来看，从1848年到1911年有数据的37年中，有11年在5.4%～9.8%之间，其余26年都在10%～20%之间。37年中最低是开始的1848年，所占比重为5.4%，最高是1899年，所占比重高达20%。总体呈不断上升的趋势（参见图2）。

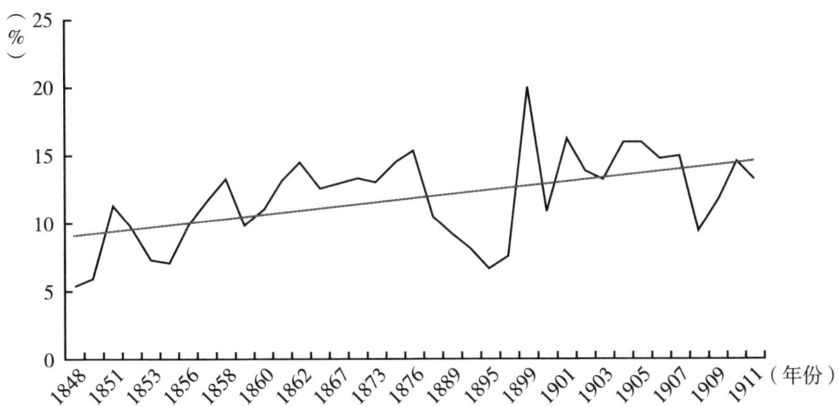

图 2　澳葡政府彩票收入占财政收入的比重（1848～1911 年）

资料来源：吴志良等编著《澳门编年史》（第四卷），广东人民出版社，2009。

如果把澳葡政府来自彩票和赌馆的收入合计起来，可以发现，1852 年以来澳葡政府对博彩收入的依赖总体呈不断上升趋势。1852 年，澳葡政府来自彩票和赌馆的税收收入占总财政收入的 30%，1911 年上升到 54%。澳门可能是当时世界上对博彩收入依赖程度最高的城市（参见图 3）。博彩的合法化和专营经营为澳葡政府带来大

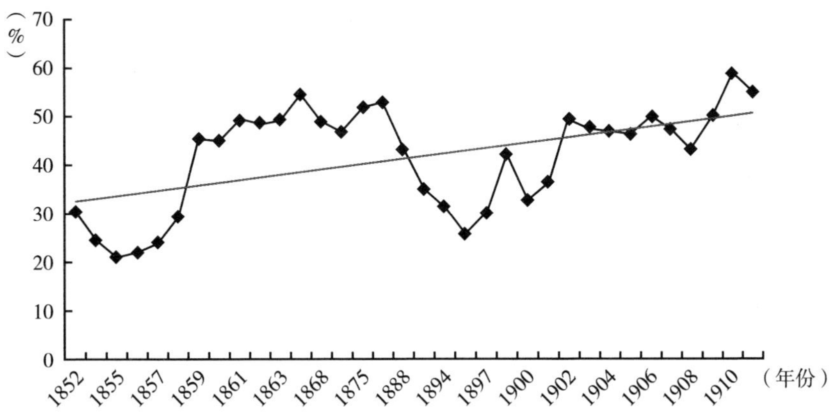

图 3　澳葡政府来自彩票与番摊馆收入占财政收入的比重

资料来源：吴志良等编著《澳门编年史》（第四卷），广东人民出版社，2009。

笔的财富，不但改变了博彩专营制度实行前的财政困难局面，还能实现每年财政都有节余，从而能够拿出大笔款项来帮助葡萄牙解决其他殖民地长期存在的财政困难。

二　澳门早期彩票发展分析

对澳门早期发行彩票的过程及其结果等进行分析，可以发现澳门早期的彩票具有如下特征。

1. 早期发行彩票以慈善和公益事业为目的

澳门最早是为慈善目的发行彩票，稍晚则有为办学筹集资金、为公共工程筹集资金发行的彩票。

澳门最早发行彩票的机构是澳门仁慈堂。发行彩票的目的是为“施药济贫”筹集资金。仁慈堂虽然是一个宗教机构，但更是一个慈善机构。仁慈堂是葡萄牙摄政女王唐娜·莱昂诺尔（D. Leonor）为推行社会服务改革于1498年8月15日在葡萄牙里斯本创建的，随着葡萄牙人的海外扩张而传播到世界各地。1568年，葡萄牙主教贾尼路在澳门创立了仁慈堂。仁慈堂在澳门开办有医院、麻风病院、育婴堂等，也是将西药传入中国的第一个机构。其早期的经费来源，除了一些富人的遗产及捐献以外，政府也从税收中给予支持。葡萄牙历史学家徐萨斯在其《历史上的澳门》中说，“殖民地的岁入全部来自海关税收。关税是以实物形式征收的，征收货物得到海关总监允许后，削价5%公开拍卖，拍卖总收入的一半给孤儿院的姑娘做嫁妆。另一半给贾尼路主教在澳门建立的仁慈堂。”[①] 由于仁慈堂是慈善机构，发行彩票为慈善事业筹集资金，因此它发行彩票不容易引起清政府的反对。仁慈堂发行彩票每年一次，自1835年10月1日起，仁慈堂的

① 徐萨斯：《历史上的澳门》，澳门东方文萃出版社，1990，第28页。

彩票发行就有完整的记录。[①] 后来，葡政府对慈善事业发行彩票逐渐形成了严格的规定。1892 年 5 月 19 日，澳督第 47 号札谕批准《澳门仁慈堂彩票开票发卖章程》，共计 19 款。其中载有，澳门仁慈堂彩票每票分为 10 则；代卖票之人如到仁慈堂赊取票根，须缴交担保银，每卖出 100 元送花红银 2 元；开票时由澳门政府政务厅及写字到仁慈堂监视等制度规范。

1847 年 8 月，澳门议事公局创办的议事公局小学开学。小学课程是早日商定的英语和法语。小学办学经费来自英国商人马地臣的捐赠和募捐。但刚开学不久就发现需要接受免费教育的孤儿太多，议事公局无力承担，议事公局于是向澳门总督请求准许发行彩票。澳门议事公局于是批准每年可发行一次彩票。[②] 1863 年 1 月，“新澳门人学校”落成开学，分设小学部和中学部，贫困学生免交学费，并为女生进行单独教育，这是澳门第一所既非官办又非教会办的民办学校。同年 2 月，澳葡政府批准学校每年发行一次彩票，集资数目定在 1200 澳门元。除了发行彩票办教育而外，后来还有为办医院发行彩票的情况，但仅限于镜湖医院。发行彩票获得的收益作为建设医疗处所科室及增加医院经费来源。

1856 年 8 月 30 日，澳门公物会为公共工程筹集款项发行彩票 2000 张，每张 2 元。

1862 年 7 月，应管理华人事务官劳伦索·马葵士的倡议，澳门议事公局召开会议讨论为纪念 1622 年反荷兰入侵的胜利拟在葡萄牙首都里斯本建立得胜花园纪念碑的设计方案。会议审议和通过了有关预算和筹资的各种意见，包括发行彩票和自愿募捐。1864 年，胜利纪念碑在里斯本建成。这显示，葡萄牙在其本土的公共工程建设时也

① 赵利峰：《中国最早的彩票形式之一——白鸽票考述》，《西北民族大学学报》2003 年第 3 期。

② 吴志良、汤开建、金国平：《澳门编年史》第四卷，广东人民出版社，2009，第 1627 页。

在澳门发行彩票筹资。

2. 澳门博彩业合法化带来彩票合法化及专营制度

澳门彩票合法化只是澳葡政府博彩产业合法化的一部分。在澳葡政府正式将白鸽票纳入专营的同时，澳葡政府也正式将赌场（赌馆）合法化，实施专营制度。当时赌场的主要博彩游戏是番摊。1847 年 10 月《澳门政府宪报》公布的澳门公物会当年 1～6 月的上半年度收支明细表中，提及客栈和合法博戏（番摊）在一起的税收，大约是银 60 余两。将客栈和所谓的合法博戏归拢在一块，显示当时的赌场是开在客栈中的。在 1848 年 7 月至 1849 年 6 月的财政年度，澳府首次把“中式博彩”即番摊税收纳入地区公共财政范畴。为保证政府能从赌馆得到尽量多的税收，澳葡政府在 1849 年 4 月要求所有的番摊赌馆都需要获得澳葡政府正式发给的营业牌照才能经营。

澳门官办彩票从初始就以专营制度运营。专营制度，又被称为承充制，是指将某一类贸易、服务的经营权进行公开拍卖，由竞得者承揽并垄断经营的制度。竞得者还可将其专营权分包给其他的经营者，从中收取“规费”，并按合同规定向澳葡政府（一般是公物会）缴纳承充金（规银），竞得者的合法经营则受到政府法律的保护。专营制度的一般操作方法是，公物会代表澳葡政府将拟承充的经营项目及其章程刊登在《澳门宪报》上，或者张贴在公物会、华政衙门的写字房里。投标者一般以暗标或明投的方式获得承充权，然后与公物会签订专营合同。当时澳门的博彩（彩票和赌馆）、鸦片、鱼盐等商品都是以专营方式经营的①。1849 年，亚马留总督首次允许在澳门设立番摊赌博。开赌成为保持澳门财政平衡的有效方式。1850 年 6 月，澳门番摊赌馆的专营承充以竞投方式招人承充，一名华商以每月缴纳 1000 澳门元赌饷获得承充 1 年的专营权。为保证专营制度的顺利实

① 吴志良、金国平、汤开建：《澳门史新编》第 1 册，澳门基金会出版，2008，226～228 页。

施，政府注意打击非法赌博。例如1849年3月，澳葡总督就命令对所有在街上设点赌博和参与赌博的中国人处以二两银的罚款。

3. 彩票经营者以及购买者以华人为主

澳门彩票的经营者和购买者主要是华人。早在1864年澳督阿穆恩就批准在离岛设立经营期为10年的“路氹闱姓厂”，经营者是澳门闽潮籍人尤胜。1870年1月16日，澳门第一届闱姓正式开始承充，华人何老贵与亚彭以每年3000澳门元的承充价码，获得闱姓3年承充权，自1869年1月16日算起。1871年9月23日，澳门第二届闱姓承充合同签订。为方便华人承充，以及考虑到闱姓博彩以科举作依据，而科举的时间按中文纪年，因此，葡文合同还专门有中文纪年，承充人是华人买办商人梁六，承充价码是每年缴纳5000澳门元，承充时间是3年。1897年9月3日，经澳门政府批准，澳门仁慈堂招人承售澳门彩票票张，押票银款1万澳门元。卢九、卢光裕与柯六合伙组成“恒和公司”以每年承充包销仁慈堂彩票善款15000银元为条件成功拿下仁慈堂彩票专营权，期限10年。恒和公司创办第一年就成为澳门商界最顶尖的“四大公司”之一，年收入在30万澳门元以上。它还在广州、香港及上海开设了分公司，其经营的澳门仁慈堂彩票成为上海外国租界中发行量最大的一只西方彩票。华商在获得赌博专营权以后，通常自行或者委托他人开设赌馆营运。因此，晚清时期澳门街头充满了华人开设的赌馆。[①]

彩票购买者也以华人为主。澳门彩票合法化以及高速发展阶段，是中国内地战争和动乱频繁的时期。1839年爆发第一次鸦片战争，1850年太平天国运动爆发，1856年第二次鸦片战争爆发。战争期间，大量内地人涌进澳门，为澳门带来了大量彩票“消费者”。第二次鸦片战争期间，澳门华人社区人口骤增，超过5万。涌入澳门的有富

① 吴志良、金国平、汤开建：《澳门史新编》第1册，澳门基金会出版，2008，233～235页。

人，也有穷人。富人有大量时间和金钱用于消费，他们除了购买彩票外，也进到赌馆玩番摊赌博。没有钱的华人逃到澳门后大都希望从澳门到外国谋生，其中很多人通过卖身获得一笔卖身费，他们买彩票或进赌馆，希望凭运气或技巧通过赌博赢得大笔钱赎身，从而能衣锦还乡。但博彩游戏的规则注定绝大多数人都无法改变输钱的命运，他们很快就输光卖身钱，然后被送上“猪仔船”送到远洋做苦工。“猪仔贸易”促进了澳门赌业的繁荣，而日趋繁荣的澳门赌业又吸引了更多内地的青壮年前来碰运气，从而进一步刺激了澳门的赌业和“猪仔贸易”。

4. 澳门彩票向内地扩散

1877～1884 年期间，澳葡政府趁内地禁赌之机，进一步扩张赌博，公开承充闱姓、番摊、白鸽票等广东人喜欢的赌博游戏，吸引大量的内地赌商把业务移至澳门。他们在澳门获得承充权之后，又透过各种方法将彩票渗入内地城乡。1895 年创建的宏丰公司获得了广东省第三届闱姓的承办权，于是其分别在广州、澳门两地注册公司。在澳门印制的闱姓票依靠水上船民组成的“艇户”售卖到粤中、粤西的沿海各地，一时对广东的彩票商形成巨大冲击。广东的闱商为保护自己的利益，纷纷在珠江水路要冲地点私设关卡，堵截澳门的彩票入境。

澳门彩票向内地扩散的高峰时期是 1898～1899 年期间。在 1898 年 4 月前，内地畅销的彩票是来自菲律宾的吕宋票。许多人都靠卖吕宋票为生，仅上海专门批发吕宋票的知名票行就有几十家。1898 年爆发的美西战争导致吕宋票暂停发行。这使得大量彩民的需求得不到满足，大量销售吕宋票的商贩也失去生活来源。于是，原先售卖吕宋票的票行赶紧寻找其他彩票来填补这个空缺。澳门彩票刚好可以填补这个空缺。澳门彩票在美西战争爆发后的第二个月创办，初时仅发行 6000 张，每张售价 3.5 元，头彩彩额 5000 元。到 12 月就增至 14000

张，每张售价涨至6元，头彩彩额也增加到18000元。1899年2月发行额再扩大到18000张，头彩彩额也增加到25000元。在不到一年时间里，发行额就增加了2倍，销售额增长近6倍，成为当时发展最快、流行最广的洋彩票。①

5. 澳葡政府博彩合法化的动因

白鸽票和赌馆被澳葡政府合法化，并通过专营制度经营，原因有外部的，也有内部的。从外部看，首先是中国国力的衰弱。葡国人入居澳门后直到1840年前后，中国政府一直对澳门拥有领土主权，也一直在为澳门制定法令、规章进行具体管治。尽管澳门民间一直存在各种形式的赌博，澳葡政府也很难公开将彩票和其他赌博合法化。但鸦片战争中国战败后，中国国力受到很大削弱。在这种情况下，葡国政府感到有能力挑战中国政府。另外，香港被割让给英国为葡萄牙树立一个榜样，葡国政府希望澳门也取得同香港相似的地位。从内部看，开放博彩可满足葡国两个需要：一是宣示主权的需要。葡萄牙政府要摆脱内地对澳门的控制，将澳门变成其“合法”的殖民地，就需要对澳门“领土、行政及税收”独立掌控。1845年11月葡女王宣布澳门为自由港，不再向清朝政府缴纳关税，以此表明葡萄牙对澳门拥有领土主权。1847年澳葡总督亚马留在澳门实施彩票专营制度，也是挑战大清禁赌令，进一步显示澳门不受大清管辖。二是克服财政困难的需要。1845年11月，葡萄牙在宣布澳门为自由港后，取消葡萄牙海关。这就使澳葡当局失去唯一的公共收入来源，澳葡政府的财政状况马上陷入困境。葡萄牙国内对澳门的经济前景也深感担忧。为获得新的收入来源，澳门总督尝试了各种办法，均解决不了财政问题。将博彩合法化一方面可以避免华人的反感，另一方面也能大幅增加政府的财政收入。于是时任总督亚马留于1847年1月批准白鸽票

① 闵杰：《论清代彩票》，《近代史研究》2000年第4期。

赌博承充专营，同年又对番摊赌博征税。从此以后，博彩税就冠冕堂皇地纳入了澳门政府的公共财政预算之中，并且占有越来越高的比例。

三　澳门彩票发行现状

现时澳门发行的彩票只有四种，即中式彩票、即发彩票、足球彩票和篮球彩票。下面简单介绍其基本情况。

1. 中式彩票

澳门的中式彩票最早包括“白鸽票”、“签铺票”和“山票”。由于“签铺票”及“山票”返还率太低，彩金不高，缺乏刺激性，逐渐被市场淘汰。目前中式彩票只剩下“白鸽票”，因此澳门人干脆称中式彩票为“白鸽票”。

白鸽票使用80个分别标有1～80号的号码球，每场白鸽票搅珠中再搅出其中的20个号码球作为中奖号码。投注者自行选择彩票形式，在表格上选取号码、投注金额以及投注场数。投注者获得奖金的金额因应投注者在彩票上选取的号码数目、投注金额、彩票形式及在所投注场次中中奖彩票的数量而确定。搅珠的场数每天最多120场。

在白鸽彩票投注时，投注者首先选择不同的投注瓣数。“普通奖”的投注者可拣选4～6个或11～15个号码进行投注；“大奖”的投注者可拣选7～10个号码进行投注；“大”投注者可选择一场搅珠结果中出现11个或11个以上编号为41～80的号码球进行投注；“中”投注者可选择一场搅珠结果中出现编号为1～40及41～80的号码球各10个进行投注；“小”投注者可以选择一场搅珠结果中出现11个或11个以上编号为1～40的号码球进行投注。投注者在选定瓣数后再选择投注的项目，可以进行单式投注，即从一场或连续多场中选择一组号码进行投注；也可以进行复式投注，即投注者从一场或连续多场中选择多组号码进行一种或者多种组合式投注。

白鸽票的投注途径有三种，投注者可以到法定的售票点填写白鸽票投注表格进行投注，也可以打电话透过电话投注系统来投注，还可通过互联网登录专营公司的法定网站来投注。“普通奖”和“大奖”每注的最低投注额为10澳门元，而“普通奖”复式每注的最低投注额为5澳门元。“大”、“中”、“小”每注的最低投注额为20澳门元。“累积大奖”由最低金额2000澳门元起进行投注，从每场售出的每注“大奖”投注中抽出15%加以累积。如果投注者投注瓣数所选的“大奖”号码全中，则获“累积大奖”，并兼获“大奖”彩金赔率表所设定的彩金。白鸽票的中奖金额除了“累积大奖”外，每场派出的最高彩金“普通奖”及“大奖”不超过30万澳门元；“大”、“中”、“小”均不超过15万澳门元；复式投注的最高不超过75万澳门元。

澳门的中式彩票目前由荣兴公司经营。荣兴公司成立于1962年，由何鸿燊、叶汉、叶得利及霍英东等港澳商人组成。1961年，何鸿燊组织财团参与政府投标，获得经营澳门的赌场娱乐场、铺票、山票及白鸽票长达40年的专营权。1962年，何鸿燊等人的财团注册成立澳门旅游娱乐有限公司（澳娱）及其子公司荣兴彩票有限公司。荣兴彩票公司专门负责中式彩票的运营业务，其每月向政府缴纳相当于毛收入20%～23%的博彩税，每年度向政府缴纳的博彩税，最低不能少于614250澳门元。

从2003年起，荣兴公司的中式彩票经营权以短期合同方式延长。每年的博彩税改为固定的溢价金，相当于特许经营费。2002年的金额为100万元，2003年开始至今每年缴纳50万元。除博彩税外，公司还需每月将毛收入的5%支付予澳门基金会，用于发展澳门的社会文化或公益慈善事业；1% 支付予公务员互助会，资助该团体活动。而每月无人认领彩金则用于设立白鸽票基金，支持社会慈善服务。从1991 年到 2013 年，荣兴公司每年为澳门基金会缴纳的金额从 3 万澳门元（1991 年）到 11 万澳门元（1995 与 1996 年）不等。2013 年缴纳的金额为 5 万元。相对而言，荣兴公司对白鸽票基金的贡献更大，2013 年，其对白鸽票基金的贡献达到 101 万澳门元，说明很多购买了白鸽彩票的彩民并没有去领彩。

根据投注额来看，白鸽票投注最好的年份是 1992 年，当年投注额达到近 3800 万，但此后白鸽票的投注额一直在下降，到 2003 年，投注额仅为 800 万。从 2007 年至今，澳门白鸽票的投注额基本稳定在 2000 万左右。2003 年以来，澳门白鸽票的返奖率大约维持在 75%，为荣兴公司带来的毛收入从 300 万到 700 万澳门元不等。

2. 即发彩票

按澳门有关即发彩票的第 12/87/M 号法律，即发彩票指“凡奖金在有关彩票发出时全部或局部订定之彩票”。即发彩票发行是为澳门基金会筹集资金。澳葡政府于 1984 年 7 月 7 日颁布第 74/84 号法令设立“澳门基金会”，组织目标是推进澳门的文化、慈善和教育。1984 年 7 月 14 日澳葡政府通过第 75/84 号法令，将即发彩票专营权批给“澳门基金会”。1984 年 11 月，澳门总督高斯达颁布第 217/84/M 号法令规定即发彩票章程。同年，澳门即发彩票公司辗转获得了即发彩票的专营权。该公司在 1986 年还推出了即发六合彩，最初在澳门十分流行，后来因为经营困难在 1986 年 12 月解除专营合同。1987 年初澳葡政府颁布了第 12/87 号法律，明确规定即发彩票的经营条件。1 月，澳门基金会将即发彩票的专营权批给新建立的澳门彩票有限公司。2 月，澳门旅游娱乐有限公司为其全资附属机构澳门彩票有限公司注册，注册资本达 100 万元，初期除即发彩票外还兼营白鸽票、泵波拿等彩票。1989 年澳门彩票有限公司正式成立，主要经营来往港澳的远东水翼船航班上即发彩票的销售。

即发彩票的玩法较为简单。即发彩票的票面印有6个方格，每个方格都由不透明的薄膜覆盖，里面是印好的银码数字。参赌者花5元钱买张彩票后，将6个方格的表层刮去，即可看到表格中的数字。如果这6格中有3格的数字相同，即赢得与此数字相同的彩金，故称之为即发彩票。按第12/87/M号法律，即发彩票的返奖率最低为每批彩票出售收入的45%。

1984年12月16日，首批即发彩票发售。1986年澳门彩票又推出即发六合彩。即发六合彩推出初期非常流行，但随后居民的兴趣迅速冷却。1990年底，即发彩票公司推出银宝即发彩票取代即发六合彩，仅在往来香港至澳门的班船上销售。从2002年7月13日开始只在澳门彩票有限公司旗下各现金投注中心售卖。

即发彩票的投注额从1992年后每况愈下。2003年的投注额不到11万澳门元，2008年起每年的投注额仅几千澳门元，表明澳门的即发彩票其实已名存实亡。

3. 足球彩票

澳门是亚洲首个开放体育博彩的地区。1998年世界杯时政府开放体育博彩，于同年6月5日颁布第49/98号行政批示，准许澳门彩票有限公司在澳门地区组织和经营足球彩票，有效期至1999年6月6日。1999年12月13日，澳葡政府与澳门彩票有限公司修改专营合约延期至2004年6月5日。期满后该公司获政府5年期限延长经营权限，最近一次续期则获延长3年期至2015年6月5日。

澳门足球彩票的投注额在1998～2002年期间是高增长时期，平均每年增长高达59%，在2003年最高接近100万澳门元。但从2004到2009年则基本上是大幅下滑时期，每年负增长平均达15%。从2009年以后则是增长和下滑互见，每年投注额在50万澳门元左右。另外，足球彩票也存在彩金无人认领的情况。从2000年开始到2013

年，每年无人认领的彩金大多在100万澳门元左右。2003年最高达到180万澳门元，最低的2011年也有88万澳门元。

4. 篮球彩票

澳门是亚洲首个开放篮球博彩的地区。2000年5月，澳门政府颁布第62/2000号行政命令，批准澳门彩票有限公司经营篮球彩票。同年12月29日澳门彩票公司开始接受网上美国职业篮球联赛（NBA）投注，成为亚洲首家合法经营NBA博彩的公司。2000～2006年，澳门彩票有限公司多次获特区政府以1年期限续期专营篮球博彩。2006年，特区政府开放本澳篮球博彩的经营权，不再实行专营制度。澳门彩票有限公司在2006年6月5日获批以非专营制度方式将篮球博彩的经营许可续期至2009年6月5日。此后都以非专营方式续期，最近一次以3年期限续期至2015年6月5日。由于篮球博彩投注额不高，很难吸引其他公司向政府申请经营权。所以，篮球博彩虽已开放经营，但目前仍只有澳门彩票有限公司经营。

篮球彩票在投注时，投注者可选择以下投注选项：标准盘，让分盘，上/下盘，单/双数，半/全场，胜负分差，锦标赛、竞赛或杯赛的优胜球队，以及晋级球队及局数。其中标准盘和让分盘又可选全场、上半场、下半场。上/下盘又可选全场总得分、上半场总得分、下半场总得分、球队最后得分。在上面的投注选项中，投注者可选择单式投注或者过关投注。在单式投注中，投注者在预先指定的篮球比赛中，只选择其中之一的投注选项进行投注。在过关投注中，投注者在预先指定的篮球比赛中，选择超过一个投注选项进行串连式投注。过关投注可在同一场比赛中以承批公司预设的不同投注选项进行配搭，也可以在不同比赛中以相同或不同的投注选项进行配搭。

澳门篮球彩票的投注可以通过公开售票的现金投注中心投注，也可以通过电话投注或承批公司设在互联网的正式网站投注。以现金投注的最低投注金额为50元澳门币或港币，以电话投注的最低投注金额为20元澳门币或港币，以互联网投注的最低投注金额为10元澳门币或港币。投注最高彩金金额规定如下：单一投注户口的，每日为500万元澳门币或港币；获接受的每注投注为50万元澳门币或港币。

2000年开始发行篮球彩票时，当年的销售额为159万澳门元，但2001年猛增到4.7亿澳门元。从2002年到2013年，篮球彩票年均增长13.2%。2013年的投注额达到了17.6亿澳门元，是2000年的1103倍，一直呈现逐步上升的趋势。在投注额高速增长的同时，无人认领的彩金逐渐增多。2002年仅有1万多澳门元，2013年则有22万多澳门元无人认领。但总体上无人认领的彩票总额不算太大。

足球、篮球彩票的相关税金规定相同。由于即发彩票、足球彩票及篮球彩票均由澳门彩票有限公司经营，按照1999年12月13日该公司与政府签署的合同，公司每年需缴交100万澳门元作为健康基金，而此基金1999年以250万澳门元启动，用作科学交流活动。另外，即发、足球及篮球彩票每月无人认领的彩金，需上缴政府作本地区居民的救济和慈善用途。

澳门的即发、足球及篮球彩票由澳门彩票有限公司（简称澳门彩票、彩票公司、SLOT，通称Macau Slot）经营。公司于1987年2月注册，1989年正式成立，法人代表是何鸿燊。它是澳门以至亚洲地区首家专营国际体育赛事的彩票公司，是澳门旅游娱乐有限公司全资附属机构。根据该公司向政府提供的公报，该公司每年的盈利大约为5500万澳门元。

综合澳门四种彩票的销售情况看，从2002年政府开始公布彩票毛收入，到2013年，澳门彩票毛收入（彩民投注金额扣除返奖金额之后的收入）呈V形变化趋势。从2002年到2007年一直呈下降趋势，2007年达到底部为3.24亿澳门元。此后开始上升，到2013年

彩票毛收入为5.74亿澳门元。从彩票毛收入结构看，澳门彩票主要由足球彩票主宰，2013年78%的彩票收入来自足球博彩，其后是篮球彩票。2013年其占澳门彩票收入的21%，中式彩票仅占彩票收入1%。

澳门的彩票市场总体规模非常小。我们将澳门彩票的投注额（销售额）同内地的销售额进行比较。2013年大陆彩票销售额达到3095亿元人民币，同期澳门彩票投注额为65.9亿澳门元。按现时1澳门元相当于0.75元人民币的比价折算，2013年澳门的彩票投注额相当于49.4亿元人民币，该金额大约占大陆彩票销售额的1.6%。这显示，相对内地的彩票市场，澳门的市场规模非常小。如果从人均投注额来看，澳门居民的彩票消费则要比内地居民的消费高很多。2013年内地人均彩票消费仅228元人民币，而同期澳门的人均消费达到了8142元人民币。

如果将澳门彩票收入同澳门整个博彩市场相比，澳门彩票收益占整体博彩收益的比例也非常小，且呈下降趋势。2002年，澳门赌权开放当年，澳门彩票毛收入占澳门整个博彩收入的比重为2.7%，随后逐年下降。2010年至今只占澳门博彩总毛收入的0.2%。

澳门开赌已有150多年的历史。长期以来，澳门法律除了对政府公务人员参与赌场赌博有限制，对未成年人进入赌场赌博有限制而外，对一般居民参与赌博都没有任何限制。尽管如此，澳门居民参与博彩活动的占总人口比重一直呈下降趋势。根据澳门大学对澳门居民的电话抽样调查，在2003年调查中，过去一年参与过任何博彩活动的居民占被调查人口的比重为67.9%；2007年该比重下降到59.2%，2010年下降到55.9%，2013年更下降到49.5%。在参与率下降的同时，问题赌博占被调查人口的比重也呈下降趋势。2007年为6.4%，2010年为5.5%，而2013年仅为2.8%。澳门居民整体参与博彩活动呈下降趋势的同时，澳门居民参与彩票的人口比重也呈下降趋势。2003 年，购买足球彩票和篮球彩票的人口大约占总人口的 20.9%，2007 年下降到 7.8%，2010 年下降到 5%，而 2013 年更下降到 4.5%。买白鸽彩票的比重也一样，2003 年为 2.3%，2013 年仅有 0.4%。

澳门彩票有着悠久的历史。早在 1810 年就有合法彩票发行，为慈善事业筹集资金。从 1847 年开始，澳葡政府将白鸽彩票纳入了专营制度，彩票经营商实施垄断经营，政府对经营者征税。早在 1867 年，彩票和赌馆对政府的财政收入贡献就高达 55%。澳门彩票的经营者和购买者主要是华人。内地的战争、动乱导致大量华人逃到澳门，成为早期推动澳门彩票发展的重要力量。

澳门目前的彩票主要有中式彩票、足球彩票和篮球彩票。在过去 10 多年间，澳门购买过彩票的人口占总人口的比重一直呈下降趋势，2013 年下降到 4.5%，显示彩票对居民的吸引力在下降。由于互联网、移动通信等技术的快速发展，人们的娱乐方式呈多元化趋势，彩票市场发展受到严重挑战，需要更多的创新来应对。

B.9
台湾彩票发展报告

刘代洋　付钧水*

摘　要：本文对台湾彩票（彩券）发展状况进行完整的介绍说明，包括公益彩票、运动彩票2013年发展概况及公益金使用、台湾彩票管理等。最后针对台湾彩票所面临的一些挑战和问题加以讨论，提出有针对性的建议。

关键词：台湾彩票　公益彩票　运动彩票

2013年台湾的公益彩票销售十分强劲，表现相当亮眼，而运动彩票的表现则不尽如人意。台湾彩票发行在现有基础上分析，未来发展前景较乐观。但是，台湾彩票的发行与管理尚有多项可改进之处。

一　台湾彩票的发展概况

2013年，台湾彩票总销售额达到1500亿新台币（相当约300亿元人民币），其中公益彩票销售金额达1380亿新台币，占比94.24%；运动彩券销售额达149亿新台币，占比9.76%。台湾彩票销售仍以公益彩票为主流。2013年，台湾彩票创造近379亿新台币

---

* 刘代洋，博士，台湾科技大学财务金融研究所所长、教授；付钧水，益彩基金秘书长助理。

的销售盈余，为公益金投注于社会福利事业、全民保健、各县市地方政府财源，以及运动事业发展等都提供了经费支持。

台湾多数彩票经销商以合营方式同时销售公益彩票和运动彩票，透过一店多营方式满足不同消费者需求，台湾公益彩票和运动彩票在销售经营上属于合作而非竞争关系。从台湾公益彩券与运动彩券的种类及玩法上看，两者玩法差异较大，不具有竞争关系。但是，单以公益彩券种类来看，其中的刮刮乐及计算机乐透彩券具有替代关系，就奖金支出率而言，两者也具有替代性的关系。

根据刘代洋2014年民众彩票购买行为专题研究的结果，民众购买公益彩券的原因大多是遇到节庆、朋友邀约或是为了炒热气氛，性质多属于娱乐性、碰运气的方式。而运动彩券投注则需要对运动赛事有研究及钻研才较容易中奖，有机会赢得奖金、和亲友拥有共同话题及娱乐、支持运动赛事及球星（运动员）等容易使他们前去购买运动彩券。购买台湾公益彩券及运动彩券的性别、年龄层、所得有所不同，运动彩券消费族群以男性为主，公益彩券消费年龄以30～59岁为主，而运动彩券的消费年龄层以20～39岁为主。

1. 台湾彩票市场的发展

台湾目前发行公益彩券、运动彩券两类彩票。其中公益彩券发行的盈余专供政府补助国民年金、全民健康保险准备以及社会福利支出之用，而社会福利支出以政府办理社会保险、福利服务、社会救助、国民就业、医疗保健之业务为限。公益彩券盈余还用于社会救助补贴，照顾弱势，让弱势族群透过贩卖公益彩券来增加弱势就业机会以及增加弱势收入。公益彩券由“财政部”主管，从2014年起10年时间，中国信托商业银行所属台湾彩券公司将继续取得公益彩票的发行权。

公益彩券有计算机型彩券、立即型彩券两种。其中，计算机型彩券的玩法较多，包含大乐透、威力彩、今彩539、宾果宾果、3星彩、4星彩、38乐合彩、49乐合彩、39乐合彩；而立即型彩票主要是刮刮乐彩票。根据“财政部国库署”的统计，2013 年公益彩票销售金额 1380 亿新台币，较上年度增长 31%。其中立即型彩票销售金额超过 500 亿新台币，其大额彩票中奖几率偏高、受到女性消费者的喜爱、简单易玩等是其畅销的主要因素。

运动彩券发行的目的是振兴体育，并筹资以发掘、培训及照顾运动人才。“教育部体育署”希冀透过运动彩券的发行，让彩民重燃对运动赛事的热情及关注，以提升运动赛事参与度。根据台湾运动彩票主管机关“教育部体育署”的公开统计资料，2013 年运动彩票销售金额达 149 亿新台币，较上年同期减少 1%。台湾运动彩票发行机构台北富邦银行届临最后一年发行期满，采取极为保守的营销方式造成发行量降低。但是，从 2014 年起的 10 年间，运动彩票的发行机构将更改为威刚公司所担任，其委托中国信托商业银行所转投资的台湾运彩公司担任受委托发行机构，外加希腊运动彩票专业厂商 Intralot 担任技术合作厂商。伴随运动彩票更换营销商，以及新增运动投注标的、新玩法以及投注站等，预期未来运动彩票将有良好市场表现。

台湾运动彩券的销售种类以投注标的赛事为区分，包含棒球、篮球、足球、网球、撞球、高尔夫球，以及 F1 赛车。投注方式及玩法则分别依照不同赛事特色而有不同，共包含了不让分、让分、大小、单双、单局不让分、胜分差、总进球数、正确比数、双胜、冠军及特别项目等。

2. 台湾彩票的管理

总体上，台湾彩票实行政府部门指导下的公司化运营管理，主管部门以公开招标的方式将彩票经营权赋予特定公司，再采取订立专营合同的方法规范双方的运营和监管行为。具体管理都依据有关制度进行，其管理制度分公益彩票、运动彩票而制定。

（1）公益彩票的管理

公益彩票管理制度包括：公益彩票发行条例、公益彩票管理办法、公益彩票盈余运用情形公告办法、公益彩票盈余分配比率、公益彩票盈余运用考核与追回款项保管及运用办法、公益彩票回馈金使用情况等。这些制度规范就公益彩票的发行、盈余运用公告、考核以及回馈金使用等进行管理。

根据《公益彩票发行条例》的规定，公益彩票的主管机关为“财政部”。公益彩票发行的种类及总额度由主管机关来核定。公益彩票发行由主管机关指定银行（发行机构）具体办理，彩票的发行、销售、促销、开兑奖作业、管理及其他相关事宜之办法，由“财政部”制定。发行机构经过主管机关的同意，可以委托适当机构来办理各类公益彩票的发行、销售、促销、开兑奖作业及其管理事宜。

公益彩票的奖金支出一般不能超过发行彩票券面总金额的75%。发行彩票销管费用支出不能超过售出彩票券面总金额的15%。售出彩票券面总金额扣除应发奖金总额及发行彩票销管费用或为发行彩票而举办各种活动费用后的余额即为盈余。盈余专供政府补助国民年金、全民健康保险准备及社会福利支出之用，并不得充抵依照财政收支划分法已分配及补助之社会福利经费。

为监理盈余分配及运用事宜，主管机关设公益彩票监理委员会，由台湾政府、直辖市政府、县（市）政府、相关学者专家及社会福利团体代表组成，其中政府代表不得超过二分之一。监理委员会负责审议发行公益彩票盈余，监督公益彩票盈余分配，监督及考核各受配机关盈余运用情形等。

发行机构在每月底需将公益彩票发行的情形制作成营业报告书，并连同损益表、奖金支出情形、盈余分配表及销管费用明细表，在次月15日之前报请主管机关备查。公益彩票经销商的遴选，应该以具备工作能力的身心障碍者、原住民以及低收入单亲家庭作为优先考虑对象；经销商雇用5人以上的，应至少雇用具有工作能力的身心障碍者、原住民以及低收入单亲家庭1人。

公益彩票的中奖者，应在兑奖之日起的三个月内，凭中奖的公益彩票与本人的身份证或其他身份证明文件依照规定进行申领，逾期未领者视为放弃领奖权利，一律不再发给；逾期未领奖金全数归入公益彩票盈余。

主管机关可随时派员，或委托专业机构，或令发行机构派员，查核办理彩票发行、销售事宜之机构及经销商之业务财务有关资料，或令其于限期内提供有关资料。公益彩票发行后，如果出现影响社会安宁或善良风俗的重大事件的，经主管机关函送“立法院”同意后，需停止其继续发行。

2001 年 1 月 29 日发布的《公益彩票管理办法》规范了公益彩票的发行、销售、促销、开兑奖作业、管理及其他多种相关事宜。该办法规定，发行机构发行彩票，应事先拟定发行计划，报请主管机关核准后才可以发行。发行机构发行传统型彩票、立即型彩票时，受委托销售机构应该为金融机构，而且经销商应该全部属于身心障碍者、原住民或者低收入单亲家庭。发行机构应该请独立公正人士监督彩票的开奖过程，在开奖前后检查各项相关设备并指导开奖作业。主管机关需要限制彩票的开奖频率、最高奖金为彩票价格之倍数及未中奖奖金累积为下期奖金的次数。

2008 年 1 月 28 日发布的《公益彩票盈余运用情形公告办法》对公益彩票盈余的使用进行规范，规定各“直辖市”政府、县（市）政府应于每季结束后 15 日内填制《公益彩票盈余分配办理社会福利事业情形季报表》（以下简称季报表），送由主管机关汇总公布于所属国库署之网站。各“直辖市”政府、县（市）政府应于每季结束后 30 日内，将季报表以因特网方式公布，并与各该地方政府网站首页连结；如有运用公益彩票盈余补助民间团体的，其补助明细亦应一并于因特网公布。

在公益彩票盈余的分配中，用于国民年金的为公益彩票盈余的

45%，用于全民健康保险的为公益彩票盈余的5%，彩票盈余的50%由各直辖市、县（市）政府自行分配用于社会福利领域。

2013 年 11 月 26 日，《公益彩票盈余运用考核与追回款项保管及运用办法》发布，使得“财政部”公益彩票监理委员会对受配之“中央机关（构）”、“直辖市”政府及县（市）政府彩票盈余运行情形进行考核。

3. 运动彩票的管理

运动彩票的管理规范包括：运动彩票发行条例、运动彩票管理办法、运动彩票经销商体育运动专业知识认定标准等。其中，新增运动彩票经销商应由具有运动专业知识者担任，超越公益彩票经销商只限定身心障碍人士、单亲家庭和原住民的规定，而该认定标准第 3 条指出六种资格条件应被认定为具有体育运动专业知识。

《运动彩票发行条例》提出其主管机关为中央体育主管机关。规定运动彩票的发行由彩票专业发行机构办理，由主管机关设置，或以公开遴选的方式择定并进行公告。经过择定的发行机构，在彩票发行期间，除非有正当理由，并报经主管机关同意以外，应依照主管机关所核定的遴选条件达到销售目标；未达到的，应该予以补足盈余。运动彩票的发行、销售、促销、赛事过程与其结果之公布、兑奖、管理及其他相关事项之办法，由主管机关定之。

运动彩票的奖金支出一般不得超过售出彩票总金额的78%。运动彩票销管费用支出一般不得超过所售出运动彩票总金额的12%。运动彩票发行之盈余，其10%拨入公益彩票盈余，并依照公益彩票发行条例来管理使用；其余90%专供主管机关发展体育运动来使用，不得充抵政府预算所编列之体育经费。专供主管机关发展体育运动之用盈余，应以基金或收支并列方式来管理运用。

发行机构应该在每月底将运动彩票发行情形制作成营业报告书，并连同损益表、奖金支出情形、盈余分配表及销管费用明细表，在次月 15 日前报请主管机关备查。

发行机构或者受委托机构办理运动彩票经销商的遴选时，应该以具备体育运动专业知识，而且通过发行机构举办之测验取得证照者或者曾经为运动特种公益彩票的经销商者为限；经销商雇用 4 人以上者，应至少雇用具有工作能力的身心障碍者、原住民或者低收入户 1 人。发行机构及受委托机构为办理运动彩票之销售，除透过经销商外，还可以利用电话、因特网及其他电讯设备来销售运动彩票。

运动彩票的中奖人，除透过电话、因特网或其他电讯设备的购买者，由发行机构主动支付奖金以外，应该在开奖之日起的三个月内，凭中奖的运动彩票与本人的身份证或其他身份证明文件向发行机构、受委托机构或经销商来领取，逾期不得再请领；其逾期未领之奖金，全数归入运动彩票盈余。

《运动彩票管理办法》提出，发行机构应于该年度发行运动彩票前两个月提出该年度发行计划，其内容应经主管机关审查并核准后据以发行。发行机构应制定受委托机构及经销商之监督管理规定，并定期办理查核作业。发行机构及受委托机构应依公司法及会审法规制订内部控制及稽核制度据以执行。

二　台湾彩票运营分析与评价

在介绍公益彩票、运动彩票运营状况的基础上，这里将重点介绍公益金的分配使用情况。

1. 公益彩票运营情况

2000 年以来，台湾公益彩票的销量一直在起伏中逐渐发展。根据 2000 ~ 2013 年公益彩票销售统计（见表 1），2013 年公益彩票销售规模达 1380 亿新台币，较前一年度增长率达到 31%，销售数字异常突出。

表 1 2000 ~ 2013 年公益彩票销售统计

单位：百万元

年度	公益彩票销售总额	年增率(%)
2000	24894	—
2001	9013	-64
2002	99074	999
2003	80184	-19
2004	86399	8
2005	71885	-17
2006	74024	3
2007	55934	-24
2008	75048	34
2009	71098	-5
2010	67768	-5
2011	89955	33
2012	105246	17
2013	138140	31

数据源：“财政部国库署”网站。

2011 年以前彩票销售统计多数介于 600 亿 ~ 1000 亿新台币之间，销售统计最好的年度，即 2002 年达 991 亿新台币，这主要是新增发行计算机彩券的缘故。2012 年的销售额已超越 1000 亿元新台币大关。彩票销售的起伏波折与彩票发行商不无关联。2002 ~ 2006 年期间，由台北富邦银行担任公益彩票发行机构；2007 ~ 2013 年期间改由中国信托商业银行担任公益彩票发行机构；从 2014 年起 10 年期间，中国信托商业银行继续取得公益彩票发行机构专营权。由此可见，台湾公益彩票销售出现向上增长的态势。另外，立即型彩票广受欢迎，销量大增也为公益彩票销量的提升做出了积极贡献。

有关统计显示，公益彩票创造共计 60617 个就业机会，其中包括计算机型彩券经销商（乙类）5782 人以及传统型立即型（甲类）

54835 人，若以保守估计平均每家彩票经销商负担 3 人的家计，则公益彩票的销售可照顾近 20 万人的生计。彩票发行让公益彩票经销商维持相当稳定的收入，也让许多弱势家庭得以拥有稳定的家庭生活来源。

2. 运动彩票发展情况

2013 年运动彩票销售金额达 149 亿新台币，较上年同期减少了 1%。其主要原因是当时台湾运动彩票发行机构台北富邦银行届临最后一年发行期间，采取极为保守的营销方式。2008 ~ 2013 年运动彩票销售统计参见表 2。

表 2　2008 ~ 2013 年运动彩票销售统计

单位：亿元

年度	发行金额	奖金费用	销管费用	可分配盈余	年增率(%)
2008	52.28	—	—	—	—
2009	139.32	—	—	—	166
2010	150.40	112.36	18.03	19.75	8
2011	128.27	96.20	15.80	16.60	-15
2012	151.46	113.60	18.54	19.65	18
2013	149.34	112.00	18.24	19.50	-1

数据来源："教育部体育署"网站。

从表 2 中可见，运动彩票销售总额平稳，整体销售趋势没有太大增长变化。台北富邦银行在担任运动彩票发行机构期间，年度销售金额介于 130 亿到 150 亿新台币之间，销售情况并不理想，该机构为台湾首度发行运动彩票付出了沉痛的学习成本。根据有关统计，在 2008 ~ 2012 年运动彩票种类销售机构中，棒球约占 50% ~ 60% 的比例、篮球约占 20% ~ 30% 的比例、足球约占 10% ~ 20% 的比例。在整体运动彩票的销售种类中棒球彩票一枝独秀。

从2014年起的十年间，台湾运动彩票发行机构将更改为威刚公司所担任。通过新增运动投注标的、新玩法、新增投注站等，估计会推动体育彩票销售的增长。

3. 彩票盈余的分配及使用情况

2013年台湾彩票仍然创造近379亿新台币的销售盈余，其中公益彩票发行盈余364亿新台币，运动彩票发行盈余15亿新台币。

在公益彩票盈余分配中，半数金额拨付给各地方县市政府供社会福利经费使用，另外45%供国民年金使用，其他5%供补助全民健康保险经费使用。而地方政府分配金额也限定用于社会福利经费项目、社会救助、国民就业以及医疗保健业务。此外，公益彩票发行机构每年尚须缴给主管机关20.868亿新台币回馈金。根据《公益彩票回馈金使用情况之办法》，回馈金主要用作各地方县市政府的社会福利经费。公益彩票自1999年12月发行以来，前后历经台湾银行、台北富邦银行及中国信托商业银行等三任发行机构，截至2013年12月底止，累计创造彩票公益盈余达到1059583百万余元。历年来公益彩票盈余的分配情况参见表3。

表3　公益彩票盈余分配及销售量简表

单位：千万新台币

项目 / 年度	盈余分配数				销售金额
	地方政府	“卫生福利部”	“中央健康保险署”	合计	
	社会福利	国民年金	全民健保准备		
2000	362	165	28	555	2489
2001	110	99	11	220	901
2002	1483	1335	148	2967	9907
2003	1130	1017	113	2261	8018
2004	1242	1118	124	2484	8640

续表

年度＼项目	盈余分配数				销售金额
	地方政府	卫生福利部	中央健康保险署	合计	
	社会福利	国民年金	全民健保准备		
2005	1018	916	102	2035	7189
2006	1018	916	102	2036	7402
2007	777	699	78	1553	5593
2008	1041	937	104	2081	7505
2009	983	884	98	1965	7110
2010	1061	955	106	2121	7869
2011	1173	1056	117	2346	8995
2012	1361	1225	136	2721	10525
2013	1804	1623	180	3607	13814

数据源：“财政部国库署”网站。

公益彩票盈余对社会福利的资金做出了突出贡献：2002～2006年，累计创造的公益盈余为120611百万余新台币，平均每年约24122百万余新台币；2007～2013年累计盈余为164000百万余新台币，平均每年约23400百万余新台币。2002年，计算机型彩票首次开卖，使得该年度销售金额达到990亿新台币，极大推高了彩票盈余的规模。后来人们的彩票购买行为渐趋理性，销售金额已难达当初规模。这造成2007～2013年间公益彩票盈余贡献数再加上发行机构所缴纳之回馈金后，仍略低于2002～2006年之平均盈余贡献数，然而公益彩票经多年发展，仍具有相当的规模及市场。从各“直辖市”及县（市）政府所报之公益彩票盈余分配办理社会福利事业运用情形来看，支用比率最高之福利项目为身心障碍者福利，约占40%；其后依次为老人福利，约占24%；社会救助、儿少福利次之，各占14%和11%；其他福利及妇女福利则不足10%。

体育彩票发行盈余的分配使用依照《运动彩票发行条例》规定，主管机关设置盈余分配委员会，以决定所有盈余分配相关事宜。从2008～2013年运动彩票公益金分配使用统计数据（参见表4）来看，过去几年体育主管机关获配15亿～18亿新台币不等的公益金，其他政府部门获配金额比较少。事实上，体育彩票经费的使用项目较多，包括补助各单项运动协会、补助各地方县市政府体育活动、补助各机关举办国际重大体育赛事等。

表4　2008～2013年运动彩票公益金分配使用

单位：亿元新台币

年度	“体委会”	“内政部”	“中央健保局”	地方政府
2008	—	3.06	0.34	3.40
2009	—	8.31	0.92	9.24
2010	17.77	0.89	0.10	0.98
2011	14.94	0.75	0.08	0.83
2012	17.69	0.88	0.10	0.98
2013	17.55	0.88	0.10	0.98

数据来源：“教育部体育署”网站。

三　台湾彩票发展的挑战及对策

1989年，台北市政府委托台北银行短暂发行3个月的爱心彩票（立即型彩票）是台湾发行彩票的开端。1995年6月4日《公益彩票发行条例》通过，赋予彩票发行的法律依据。2000～2001年，主管机关委托台湾银行发行二合一彩票（立即型彩票），以筹措“9·21”大地震灾害重建经费。2002～2006年5年间，台北富邦银行担任公益彩票发行机构正式开始发行计算机彩票，2002年首年即创造出近千亿新台币的销售业绩。2007 年起的 7 年期间（2007 ~ 2013 年）改由中国信托商业银行担任公益彩票发行机构，整体销售表现相当亮眼。在此期间，2008 年 5 月 2 日运动彩票正式上市，上市前经过近 8 年讨论准备，2008 年 5 月起 5 年间由台北富邦银行担任运动彩票发行机构，因为许多因素造成整体销售表现不尽理想。2014 年起 10 年间台湾公益彩票和运动彩票均交由中国信托商业银行，其所成立的台湾彩券公司和台湾运动彩券公司分别负责发行公益彩票和运动彩票。

目前，台湾彩票管理体制、运营机制基本形成，但是台湾彩票业还有诸多议题需要讨论，例如，设置彩票管理专责机构、公益彩票奖金支出率提高的可行性、逾期未兑领奖金的处理、公益彩票课税问题、强化责任博彩措施等。以下将分别加以评论和剖析。

1. 台湾设置彩票专责机构的可行性

台湾公益彩票自 1999 年 12 月发行以来，每年皆为政府带来可观的财政收入，并可给弱势族群提供工作机会，对于社会公益具有相当大的贡献。但是公益彩票发行至今，并未成立专责机构负责彩票管理相关各项事务。台湾公益彩票主管机关为“财政部”，“财政部国库署”管理相关事务。但是，“财政部国库署”对于公益彩票管理而言并非专门业务，所有工作人员本身尚有其他管理业务，主管单位的管理人力并不充足。

从西方国家彩票发展历程来看，设置彩票专责机构是通行的做法，台湾也应该仿效这种做法。这种主张得到一些学者的支持，彩票工会联合会的林俊福先生认为：目前“财政部国库署”本身业务本已繁重，对于 1000 多亿新台币产值的公益彩票市场之管理及发展实在力有未殆。另外，公益彩票之业务也需要具有专业背景的专责机构来管理，让非专责机构来管理可能会产生负面影响，让大家都赔钱。因此建议有专责机构、专业人才来管理，方能有助于公益彩票的永续发展。

设置专责机构的重点应是让公益彩票业越来越繁荣，把公益彩票做好。另外，经销商及发行机构的衔接也要专责机构来做。由于台湾彩票发行机构每隔一段时间重新招标，现有公益彩票发行机构难以保证下次竞标的成功，彩票发行机构就难以有效投入人力和物力以维护公益彩票品牌形象；再加上不同发行单位对于公益彩票的品牌的观点不同，两者衔接间存有落差，难以彰显公益彩票之公益品牌形象。这有赖政府专责机构持续推动及监督发行机构之相关作业，以建构公益彩票之公信力及形象。

各国彩票发行专责机构的工作内容非常多，其中包括内部稽核、法律咨询与服务、财务、人力资源、安全/执法、政府事务和彩票营运等。台湾如果设立专责机构，其具体工作职责内容应该包括：提高公益彩票公信力、防止公益彩票带来的弊端、监督彩票发行机构运营、公益彩票发展研究、公益彩票形象建设、经销商及发行机构之沟通及衔接、消费者权益保障、彩票管理政策推行等。

2. 公益彩票奖金支出率提高的可能性

公益彩票奖金支出率达 60% 是很高的，而台湾立即型彩票的奖金支出率超过 65%，如果发行金额增加过多，计算机型彩票的销售就会受到挤压。因此，如果将两种不同类型彩票的奖金支出率分开计算将会更科学，如果两者脱钩也可鼓励经销商扩展产品，让消费者有更多选择，提高销售量。这样，立即型彩票、计算机型彩票的销售额都会上扬，两者就不会再出现相互抵制的不良影响。

《公益彩票发行条例》规定公益彩票奖金不得超过发行彩票券面总金额的 75%。这就限制了传统型刮刮乐及计算机型彩票的奖金支出率。目前计算机型彩票中占较大销售比例的大乐透，奖金支出率为 55%、威力彩为 52. 5%，受限于奖金支出率上限的规定，因此发行单位在销售奖金支出率较高的刮刮乐彩票时，便受到相当多的限制，生怕发行量过大时可能会超过法定之标准，因而影响彩票之销售及发展。因此，立即型彩票与计算机型彩票奖金支出应脱钩，将两种不同类型彩票的奖金支出率分开计算，两者就不会出现相互抵制的不良影响。另外，除了需将两种彩票奖金支出率彼此脱钩、分开计算外，立即型彩票奖金支出率维持在65%，以及计算机彩票奖金支出率提高至60%左右，将对于彩票的销售预期有相当明显地帮助。美国加州彩票局亦曾有类似经验。

3. 逾期未兑领奖金之处理

《公益彩票发行条例》规定，彩票奖金逾期未领者视为放弃领奖权利，逾期未领奖金全数归入公益彩票盈余。这种参照发票兑奖的处理方式的合理性一直受到各界质疑。因为这与发票兑奖的属性十分不同。发票兑奖是政府为鼓励民众索取统一发票而自动发出奖金，并没有对价性可言。但民众购买彩票则完全不同，政府除了彩票盈余以外，已经对中奖奖金超过2000元部分进行了20%的分离课税，逾期未领奖金应属于中奖人权利，不应成为公益盈余，即使逾期也应该回归其他中奖人，建议将逾期未领奖金纳入彩池，在彩池里让饼做大。而且，大多国家皆将逾期未领奖金纳入彩池中，例如美国纽约州、路易斯安那州、亚利桑那州，中国香港金多宝的未领奖金等，这似乎已经是通行的做法。

4. 公益彩票奖金课税的问题

现行税法规定竞技、竞赛及机会中奖奖金，依所得税法规定给付单位应于给付时依规定扣缴率扣缴所得税款。当前，公益彩票中奖奖金、统一发票中奖奖金等，每联（组、注）奖额不超过新台币2000元者，免予扣缴，每联奖额超过新台币2000元者，应按给付金额扣取20%税款分离课税，且不并计综合所得总额申报，购买彩票成本不得扣除，其扣缴税款亦不得抵缴结算申报应纳税额或申报退税。

许多国家对中奖奖金都不再课税，例如，日本、澳大利亚、英国等，因政府已经获取了足够高额的彩票公益金。台湾公益彩票中政府收入已占总额的37.03%，再对中奖奖金课税，税负似乎偏高，而且总奖奖金超过2000元新台币就加以课税，也不甚合理。另外，四星彩彩票许多中奖之奖金正好介于2001～4000元新台币之间，加以扣缴20%，徒增四星彩彩票购买者的批评，也影响民众购买四星彩彩票的意愿。课税也是造成四星彩销售金额逐渐下滑之主因之一。

5. 强化推行责任博彩

彩票的长远发展离不开社会责任的承担。现行发行机构除主要借由文化宣传传递彩票玩法以及投注相关注意事项外，亦透过投注站张贴未满18岁不得投注、投注不得过量之警告标语。另外，针对问题赌博的专设机构到目前为止尚且空缺。

建议借鉴新加坡等国的做法，在责任博彩方面采取具体可行的措施。例如针对经销商进行落实责任博彩的教育训练，提高经销商对责任博彩的认识；经常举行例行性消费者责任博彩相关议题研究，保护彩票消费者的权益；提供消费者教育训练及充足的信息，防止问题博彩的产生，强化责任博彩政策的落实；对购买者年龄有怀疑的需验证顾客年龄，加强监督未满18岁未成年人的投注等。

6. 运动彩票发行制度的调整

目前发行机构须将运动彩票销售金额之10%上缴国库作为运动发展之基金。如果政府盈余采取最低保证盈余以及收入分成和利润分享的做法，则更能提高运行彩票的发行业绩。各国政府对运动彩票所课征之税率，大多采用博彩毛利法或博彩净利法。这两种方法皆为政府与发行机构利润共享或收入分成之具体做法。这对于突破目前运动彩票赔率及销售金额之困境将有显著的帮助，长期而言有助于运动彩票产业的持续发展。

台北市彩票协会代表曾经表示，若政府盈余仍采取现行做法，赔率方面无法提高，运动彩票销售业绩也就无法成长。采用收入分成或盈余共享，可提高运动彩票赔率，运动彩票销售之毛利与业绩能同步增加，政府收入亦能同步增加。发行机构所扮演之角色应为替政府发行运动彩票，双方应共同分享利润、承担风险。目前的保证盈余之做法或许较为适合乐透型彩票，但不太适用于运动彩票。

社会责任篇

Social Responsibility

B.10 中国彩票业及其社会责任

胡 薇　刘五书*

摘　要： 2013年中国彩票业实现稳步增长，彩票销量和公益金筹集都迈上新的台阶。本文在对中国彩票业发展进行梳理的基础上，对彩票市场出现的新问题和彩票履行社会责任的情况进行了概述，重点对彩票业的制度建设、公益责任履行、诚信责任履行和利益相关方权益保护等进行了分析，在此基础上对彩票社会责任所存在的问题进行了剖析，并提出了一些建议。

关键词： 彩票公益金　社会责任　利益相关方

* 胡薇，国家行政学院社会和文化教研部副教授；刘五书，中国财政经济出版社主任。

彩票的本质是赌博，是一种基于赌博的形式而达到社会目标即筹资的特殊形式博彩。彩票业存在的合法性源于其社会筹资的目的。新中国彩票业自 1987 年开始，至今已有 27 年历史。27 年来，累积发行彩票 16659.78 亿元，筹集公益金 5051.36 亿元。但是，最近几年公益金提取比例逐年下降，为 28% 左右，低于政策规定的 35%。[①]

中国彩票业的迅速发展为社会福利事业的发展做出了巨大贡献，但也逐渐暴露出一些深层次问题，例如信任危机、技术风险、问题彩民等，在一定程度上影响了彩票业的发展。最近几年，社会各界对彩票的“公益性”提出了越来越高的要求，学界对“责任彩票”和“彩票社会责任”的关注度越来越高。如何更好地发挥彩票在社会事业发展中的作用，体现彩票资金的公益性成为当前中国彩票业健康发展的重要议题。本文主要对近年来尤其是 2013 年中国彩票事业的发展进行梳理，分析彩票业的社会责任，并对其发展提出一些建议。

一　中国彩票业的发展

（一）稳步增长的中国彩票业

1. 彩票销售量再创新高

财政部数据显示，2013 年全国发行销售彩票共 3093.25 亿元，比上年彩票总体销售量上涨 478.01 亿元，增幅达到 18.28%。

从彩票种类来看，乐透型彩票的销售总量占比为 68.3%，即开型、视频型、竞猜型分别占比 11.4%、9.4% 和 10.9%[②]。与 2012 年相比，除

---

① 根据《中华人民共和国财政部公告 2014 年第 63 号》与《中国彩票年鉴 2013》数据综合计算得出。

② 财政部：《中华人民共和国财政部公告 2014 年第 63 号》，http://zhs.mof.gov.cn/zhuantilanmu/caipiaoguanli/201408/t20140829_1133302.html

即开型彩票外，其余各种类型彩票的销售量都实现较大幅度增长，特别是视频型彩票的销售依然保持最强劲的势头，说明其娱乐性、互动性受到彩民的普遍喜爱，但其所引发的负面效应也引起了越来越多的关注。

从2013年不同月份的销量来看，3、4、5月，以及10、11、12月是全年销售量最高的两个时期，其余时间销售相对低迷。对比2012年，1月份是销售低迷期，从2月份开始上扬，3、4、5月和11、12月销量较高，呈现两个波峰。从两年数据来看，整体销售高峰期是相对稳定的，也即过年前后的几个月；而夏季和过年期间，销量则比较低。有研究将这种趋势称之为“年初年末高，年中低”的走势，并认为这与居民手中可支配收入的变动情况有关。对比居民可支配收入变化即当年社会消费品零售总额的变化，可以发现较为一致的走向①，因此这个假设具有较强的说服力。

2. 公益金提取比例逐渐下滑

根据现行彩票管理制度，彩票公益金来源于彩票发行收入和逾期未兑奖的奖金。在彩票发行中，彩票公益金的提取比例根据不同的彩票品种有所不同，其中最高的是乐透数字型彩票，为35%。《国务院关于进一步规范彩票管理的通知》规定，彩票公益金比例不得低于35%，但实际上整体彩票公益金的提取比例远未达到35%。例如2013年共筹集彩票公益金877.54亿元，除去未兑奖奖金数16.03亿元外，彩票公益金提取比例约为27.85%。2012年当年筹集彩票公益金739.82亿元，计算后2012年彩票公益金提取比例约为27.99%②，数据显示提取比例比较低，且呈下滑趋势。我国彩票发行初期的公益金提取比例较高，例如1987年民政部规定彩票公益金提取比例为50%，1988年调整为45%，1989年又调整为40%，1990~2001年规

---

① 中彩网：《彩票销售淡季调研分析：可支配收入是主因》，http://www.zhcw.com/xinwen/hangyeshuju/2394207.shtml

② 中国彩票年鉴编辑委员会：《中国彩票年鉴2013》，中国财政经济出版社，2014，第258页。

定公益金提取比例上限为30%，2001年又调整为不低于35%。

实际上，未兑奖奖金并非一直都被纳入公益金。2001年，财政部颁发的《彩票发行与销售机构财务管理办法》规定：凡设置奖池的彩票弃奖收入纳入调节基金，继续用于返奖；不设置奖池的彩票弃奖收入纳入公益金，统一上缴财政专户。2009年的《彩票管理条例》与2012年的《彩票管理条例实施细则》规定，“逾期未兑奖的奖金，纳入彩票公益金”，并且“由彩票销售机构结算归集后上缴省级财政，全部留归地方使用”。

根据《中国彩票年鉴2013》的连续数据与2013年财政部的公告数据计算，可以初步估算出各年彩票公益金发行销售的提取比例（见图1）。[①] 由此可见，公益金提取比例自2002年以来呈现下降趋势。

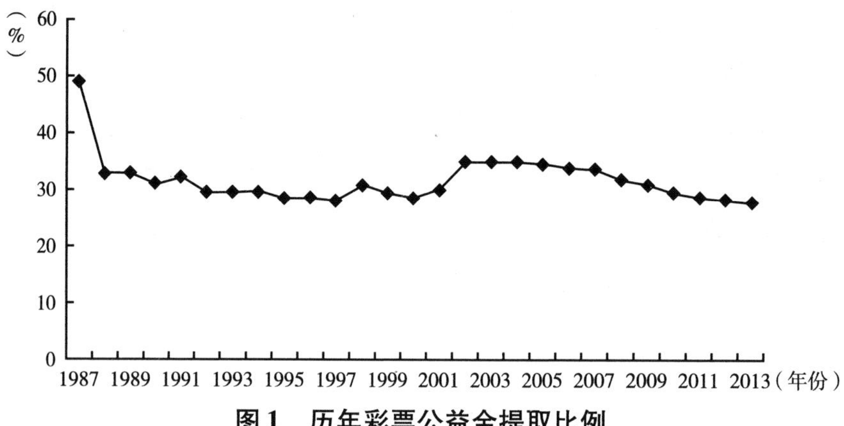

图1　历年彩票公益金提取比例

资料来源：《中华人民共和国财政部公告2014年第63号》与《中国彩票年鉴2013》。

3. 各省市彩票销售基本实现增长

除江苏省以外，其余各省市彩票总体销售量在2013年均实现增

---

① 公益金提取比例＝公益金总额/彩票发行销售收入，按照《中国彩票年鉴2013》提供的数据，当年彩票公益金是未包含“弃奖奖金”的，因此可以据此计算公益金的提取比例。但2013年的数据则根据财政部的公告将“弃奖奖金”进行了删减。

长。2013年彩票销量排名前五位的分别为广东、江苏、山东、浙江、辽宁，与2012年相比，各省的位次稍有调整。但是，江苏彩票销售出现负增长，而广东、山东、浙江与辽宁的销售量增长都在20%以下，实际增速并不乐观。从销售量的增速来看，增长最快的为甘肃（60.2%）、吉林（52.3%）、河北（48.8%）、青海（46.1%）、安徽（42.0%），销量较高除与经济发展速度有关之外，同时也与人口基数大、流动人口多有密切关系，而销售量的增速则反映了一个地区彩票增长潜力。从目前情况来看，这些彩票销售增速较高的多为中西部地区，从侧面暴露了“穷人购彩”的社会问题。

（二）中国彩票业发展的新趋势

1. 彩民构成逐渐发生转变

随着中国人口结构变化，公益观念深入人心。加之新型快开类、视频类彩票的不断涌现，中国彩票业的彩民构成正在悄然发生改变，从以往以年长人群为主正在向年轻人为主转变，女性彩民逐渐增多，高素质、高收入人群逐渐增多。

2013年12月，《公益时报》与中华彩票网、新浪彩票的联合网络调查显示，被调查的2269位彩民中，18~39岁的青年占比达到74.66%（其中有通过网络搜集样本的偏差因素），男性彩民占比达到88.89%，月收入在2001~5000元之间的中等收入彩民占54.35%，企事业单位管理人员、自由职业者、个体/私营企业业主、工人的占比之和已经超过60%。大学文化程度的彩民占比达到61.7%，研究生学历占4.45%，高学历人群增加，高中及高中以下学历彩民占比明显降低[①]。

① 公益时报：《2013年度彩票行业调查报告摘要（一）》，http：//www.china-lottery.net/news/103939.html。

彩民构成的转变是彩票市场调整的重要因素，对彩票游戏类型、投注方式、投注金额设定、返奖率等许多方面都有重要影响。年轻型彩民的增多提示彩票业应多开发一些适宜年轻人的彩票游戏，增强互动性、娱乐性，在投注方式上要积极创新，扩大网络投注和电话投注。另外，高学历人群、高收入人群的增加使彩民结构更加合理，对传播公益理念、防止问题彩民等都有重要的作用。

2. 视频型、快开型彩票受欢迎

根据财政部公布的销售数据，近年来视频型彩票的销售保持了强势增长。2013 年福利彩票中的视频型彩票的销售额同比增长 29.1%，而传统即开型彩票则缩水 7.9%，竞猜型彩票由于各项赛事影响也表现出不俗的成绩。视频型彩票的可视性、互动性和娱乐性都比较强，彩票即投、即中、即兑，方便投注、出奖速度快、玩法多，因此非常受年轻人的欢迎。

快开类游戏也受到越来越多彩民的欢迎。2012 年，全国福利彩票市场有 24 个省（市）上市高返奖快开游戏，同比增加销售额 127.83 亿元，占乐透数字型彩票销量的 23.2%，占全国福彩年销量的 16.59%。[①] 快开类游戏对市场的冲击力较大，但是销量不稳，对彩民的刺激性较强，消费速度快，可能会对彩民带来非理性购彩的影响。但是各地普遍还在上市并广泛宣传快开类的玩法，其发行规模在未来还将进一步扩大，有必要提前防范其市场风险。

二　中国彩票社会责任发展现状

“社会责任”概念来自于“企业社会责任”概念，是指“企业在自愿的基础上，将对社会和环境进行关注，并整合到公司的日常运营

---

① 中国彩票年鉴编辑委员会：《中国彩票年鉴 2013》，中国财政经济出版社，2014，第 8 页。

及与利益相关者的互动中。”① 这一定义从三个层面阐述了企业社会责任的核心：首先，企业社会责任是在“自愿基础上”履行的，因此法律责任并不是企业社会责任的全部，企业社会责任要超过遵守法律所规定的范围，超过所要求的在人力资源、环境和利益相关者等方面的投资。其次，环境和社会应被纳入企业考虑的范围之内。一个企业的运行需遵守三重底线，即必须在经济上有保障，对环境的负面影响最小化，并与社会的期望行动相一致。最后，企业社会责任强调对利益相关者的重视。利益相关者包括内部的利益相关者如员工、股东、所有者等，和外部的利益相关者如合作伙伴、消费者、地方社区、环境等。从企业社会责任的概念出发来理解彩票社会责任，也需关注彩票在法律责任之外对整个社会环境的责任，以及彩票对各利益相关方的责任。

彩票社会责任包括法律责任、经济责任、慈善责任和文化责任等。法律责任指的是彩票需依法管理监督、发行、销售、开奖、提取公益金，严禁暗箱操作、腐败等行为的发生；经济责任指的是彩票应创造税收，解决就业，带动相关产业如旅游等服务业发展；慈善责任指的是彩票应合理提取公益金，惠及社会大众，帮助弱势群体；文化责任指的是彩票应树立“社会公益”性，适当弱化博彩的色彩，引导公众正确看待中奖与捐赠。从利益相关方的角度出发，彩票的社会责任包括其对彩票管理者（即政府管理部门，包括财政部、民政部和体育总局）、发行者（即福利彩票发行管理中心、体育彩票管理中心）、行业从业者（彩票销售站点、销售大厅、网络销售平台、咨询公司、彩票的实际生产商和运输商等）、彩民、中奖者、社会公众等的责任。

---

① Commission of the European Communities：*Green Paper*：*Promoting a European Framework for Corporate Social Responsibility*. 2001. http：//eur - lex. europa. eu/LexUriServ/LexUriServ. do? uri = COM：2001：0366：FIN：EN：PDF.

2012 年，民政部李立国部长和窦玉沛副部长在 2012 年全国福利彩票工作会议上提出：“要完善以发行责任、公益责任、安全责任、诚信责任和道义责任为重点的福利彩票社会责任工作体系。”从多个角度阐述了福利彩票各环节所需履行的社会责任，实际上包含了彩票各利益相关方所应履行的责任以及彩票对各利益相关方的责任。

（一）中国彩票管理制度建设

彩票监管制度是彩票履行社会责任的基础，也是履行其法律责任的基本依据。彩票履行社会责任必须从首先遵守相关管理、发行和监督制度开始。

2012 年，我国共发布与彩票相关的各项条例细则、管理办法等四项，分别为《彩票管理条例实施细则》、《彩票公益金管理办法》、《彩票机构财务管理办法》、《彩票发行销售管理办法》。这些实施细则和管理办法进一步明确了彩票各相关利益方的权利责任、彩票公益金的收缴管理、分配使用、宣传公告、监督检查，彩票发行和销售机构的财务管理细则等，使彩票的各项法律制度进一步完善，为彩票履行相关社会责任奠定了良好的基础。

2013 年发布《中央专项彩票公益金支持精神病人福利机构项目管理办法》、《中央集中彩票公益金支持体育事业专项资金管理办法》、《彩票机构新旧会计制度有关衔接问题的处理规定》等几项重要文件，进一步明确了彩票的公益责任，对其支持相关福利和体育事业的资金使用、项目申报、公告、监督规范等进一步明确，有利于彩票履行公益责任。

（二）彩票公益责任履行情况

根据 2006 年财政部发布的《关于调整彩票公益金分配政策的通

知》，我国现行彩票公益金的分配政策为：彩票公益金在中央与地方之间，按照50∶50的比例分配；中央集中的彩票公益金，在社会保障基金、专项公益金、民政部和国家体育总局之间，按60%、30%、5%和5%的比例分配；地方留成的彩票公益金，将福利彩票和体育彩票资金分开核算，按彩票发行宗旨使用，由省级人民政府财政部门会商民政、体育部门研究确定分配比例。

1. 中央公益金使用

2013年全国共筹集彩票公益金877.54亿元。当年中央财政收缴入库的彩票公益金为425.78亿元，加上2012年结转的85.75亿元，共筹集资金511.53亿元，其中分配给全国社保基金理事会276.65亿元，分配给中央专项彩票公益金127.33亿元，分配给民政部、体育总局各23.05亿元。2013年，中央专项基金主要分配在教育、医疗、养老、扶贫、残疾人事业、红十字事业、法律援助、婴幼儿营养补助以及新疆、西藏和赣南等地区的公益事业建设等。

数据显示，在中央专项公益金支出的各项目中，排名前三位的支出项目分别为未成年人校外教育事业、扶贫事业、残疾人事业，支出分别为37.7亿元、12亿元、11.33亿元。从项目的构成来看，可以发现支出重点向农村、贫困地区倾斜，在项目种类上向教育、边疆地区公益事业建设和医疗救助倾斜。

从资金的地区分布来看，中央级的项目资金还是适度向中西部地区、人口较多地区进行了倾斜。以“未成年人校外教育事业”为例，其中河南、四川、山东、陕西、河北等地区的支出比例较高，而上海、宁夏、新疆生产建设兵团、天津、青海等地的支持比例最低（见图2），集中反映了这些地区的经济、人口特点等。

2. 部门公益金的使用

按照公益金分配的相关规定，民政部和体育总局彩票公益金的使用额度分别占中央集中彩票公益金额度的5%，民政部专项用于民政

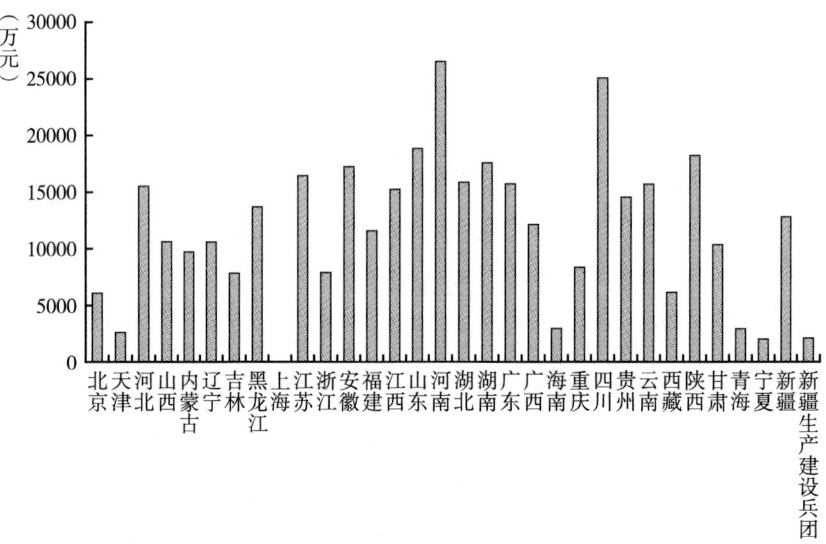

图2　2013 年中央彩票公益金支持“未成年人校外教育事业”项目资金分配

资料来源：《中华人民共和国财政部公告 2014 年第 63 号》。

社会福利、社会公益事业，体育总局专项用于群众体育工作和资助竞技体育工作。

2013 年度，民政部本级彩票公益金使用额度为 23.05 亿元，中央级项目使用 1.82 亿元，补助地方项目 21.23 亿元，补助地方项目占比较大。公益金中的 55.50% 用于资助老年人福利类项目，10.88% 用于资助残疾人福利类项目，23.91% 用于资助儿童福利类项目，9.72% 用于资助社会公益类项目，从这一分配比例来看，用于老年人福利项目的占比非常大。从中央级项目的使用来看，老年人、残疾人、儿童和社会公益类项目占比分配较为均衡，但从补助地方项目的分配来看，老年人福利项目的资金占比非常高，达到 58.46%，整体拉高了老年人福利类项目的总体支出。但与此相对比，残疾人和社会公益类项目的占比则较低，仅为 9.42% 和 8.1%，参见表 1。

表1 2013年度民政部本级彩票公益金使用情况

单位：亿元

项目	中央级项目		地方补助项目		合计	
	数额	占比	数额	占比	数额	占比(%)
老年人福利类项目	0.38	20.88	12.41	58.46	12.79	55.50
残疾人福利类项目	0.51	27.91	2.00	9.42	2.51	10.88
儿童福利类项目	0.41	22.64	5.10	24.02	5.51	23.91
社会公益类项目	0.52	28.57	1.72	8.10	2.24	9.72
总　计	1.82	100.00	21.23	100.00	23.05	100

资料来源：《民政部2013年度本级福利彩票公益金使用情况公告》。

从数据来看，民政部中央级资金的使用以培训类、信息建设类为主，而较少直接资助服务类项目。如老年人福利项目的3800万元中，用于培训的项目资金高达3000万元，而800万元则用于养老服务信息系统建设项目。这符合中央级项目的使用目的，以发展和能力建设为主，而将具体服务类项目交由地方具体操作。而从补助地方的项目资金分配来看，老年人福利类项目占据比例最大，这与我国当前社会福利需求密切相关，但占比有些过高，以后可适当进行调整，向社会公益类项目适度倾斜。此外，2013年民政部补助地方项目资金采取了"因素法分配"，即充分考虑各省份人口数量及结构、地方财力、工作任务及成效等因素，由各地结合实际情况分配使用。但是从当年信息的披露程度来看，看不出各省份具体的分配比例，建议以后能进一步披露相关信息。

2013年度，国家体育总局本级使用彩票公益金23.05亿元，其中88.39%用于实施群众体育工作，11.61%用于资助竞技体育工作。[①] 从总体分配来看，以群众体育工作为主，较为合理。

① 《体育总局2013年度本级公益金使用情况公告》，中国体彩网，2014年10月20日，http://www.lottery.gov.cn/news/11026980.shtml。

从项目具体支出情况来看，用于“援建全民健身场地设施和捐赠体育健身器材”类项目支出占比最高，为77.15%，符合体育彩票支持群众体育工作的宗旨，且较好地体现了彩票的公益性。在该类项目中，多数资金用于支持经济欠发达地区、农村地区、中西部地区的体育事业，例如“雪炭工程”、“全民健身路径工程”等，参见表2。

表2　2013年国家体育总局本级彩票公益金使用情况

单位：亿元

使用项目	项目支出	占比
援建全民健身场地设施和捐赠体育健身器材	17.79	77.15
群众体育组织建设	0.9	3.90
开展全民健身活动	1.22	5.29
开展全民健身法规、科研、宣传工作	0.49	2.12
高水平体育后备人才培养	1.67	7.24
补助国家队训练津贴	0.36	1.56
运动员创业扶持基金	0.2	0.87
全国综合性运动会办赛经费	0.08	0.35
国家队备战奥运会	0.15	0.65
军体器材项目购置维护	0.2	0.87

资料来源：国家体育总局：《2013年度本级体育彩票公益金使用情况公告（国家体育总局公告第20号)》。

尽管支出比例较小，但对竞技类体育的支持依然占据了约12%的份额。竞技类体育实际可以通过市场手段解决大部分的经费，一些运动会办赛经费、奥运会、训练津贴等也有相应的国家保障，建议适当降低该类项目在公益金中的占比，使公益金向一些非市场能解决的领域发展，例如中西部地区、边远山区、农村地区的体育事业发展。在竞技类体育中，应突出重视对运动员创业的扶持，加强对退役运动员的扶持和服务，引导中国竞技体育健康发展。

2009年国家体育总局设立了“中国退役运动员创业扶持基金”，2009年12月至2011年6月首先在吉林、江苏、湖北、福建四省开展探索试点，试点期间共开办九期创业培训班，有671名退役运动员参加培训，65名退役运动员通过扶持自主创办了经营实体，并接受从业人员664人，实现创、就业729人。第二批试点再增加天津、黑龙江、安徽、山东、广东、四川、贵州、甘肃等12个省份参加试点。这项工作是一项有利于中国竞技类体育健康发展，有利于退役运动员参与社会、自主创业的公益事业，亟须进一步加大宣传、投入，创新方式方法，扩大影响。

（三）彩票诚信责任履行情况

1. 规范开奖流程，打造阳光彩票

科学、规范、公开、公正、透明是彩票公信力的保证，也是稳定彩民市场，增强彩票市场吸引力的重要因素。为此，财政部、民政部、国家体育总局和各省份彩票管理与发行机构从制度建设、流程操作、技术手段等各个方面不断完善彩票的开奖流程，杜绝彩票腐败、欺诈等恶性事件的产生。

以体育彩票为例，体彩在全国销售截止后，数据汇集到总局中心机房，刻写在不可改写的数据光盘上，由公证员封存。开奖现场由工作人员监督摇奖，公众可报名参与观看开奖全过程，公证员对开奖进行全程监督。摇奖结束后，在公证员的监督下，总局中心开始统一计奖。计奖结束后，根据媒体提供的最早发布时段，总局中心将当日开奖公告向社会公布，彩民可通过各种媒体渠道及时了解中奖信息。一些奖项尽可能采取无人操作，以杜绝作弊的可能。体育总局的这一摇奖管理流程通过了ISO9001质量管理体系的认证，地方省市的开奖也基本复制了这一流程。

2. 加强彩民沟通，塑造品牌形象

提高彩民对彩票的兴趣，扩大彩票影响，塑造其公开、公平的形象也是彩票履行社会责任的重要方面，是彩票的文化使命之一。2013、2014 年，福利彩票和体育彩票都十分注重与彩民的互动和沟通，在接待彩民来访、来电，吸纳彩民参与观摩彩票开奖流程，组织彩民参观彩票制作过程等方面做了许多工作。

例如，福利彩民的“走进刮刮乐”和“走进双色球”系列行动，就是这方面的典型代表。“走进刮刮乐”是中国福利彩票发行管理中心主办的全国性即开型彩票营销宣传活动，活动邀请各省、自治区、直辖市福彩中心参观团来中国福利彩票发行管理中心“刮刮乐”定点生产企业——北京中彩印制有限公司，近距离观看刮刮乐生产过程。参观团成员由各省福彩中心遴选本省刮刮乐销售员、彩民和其他社会公众组成。自 2013 年以来，活动接待了湖南、西藏、深圳、湖北、山东、安徽、新疆、甘肃等各省份的参观团，有效扩大了刮刮乐的影响，增强了彩民对彩票的信心。“走进双色球”活动自 2005 年开始开展活动，欢迎各界公众到现场参观了解彩票开奖全过程，感受彩票的诚信体系建设。截止到 2009 年 5 月，双色球开奖现场共接待来自全国 31 个省区市的 470 多个参观团约 23000 名公众代表，2012 年共接待参观人员 3000 余人次。

3. 加强安全防控，防范彩票风险

彩票是一项涉及面广、参与人数多、规则复杂多样的游戏，即使是传统即开型彩票，其安全性也极易受到威胁。随着网络销售、电话投注方式的增多，以及快开类、视频类游戏的增多，彩票的安全性更加值得关注，2009 年深圳双色球 3305 万元的黑客篡改彩票数据案件将彩票网络技术安全问题暴露出来。《彩票发行销售管理办法》规定：彩票发行机构和销售机构应有发行销售系统的专用机房和灾备机房，彩票发行销售系统应当具备高标准的数据备份、数据恢复、防病毒、防入侵等安全措施。彩票发行和销售机构应当对系统开发、集成、测试、维护及运营操作等岗位人员实行分类管理，确保安全操作。

有鉴于此，福彩和体彩都不断改进技术、更新摇奖机器、加强风险防控、减少人为因素，维护彩票的安全性。以体彩为例，2012 年，体彩加强技术系统的运行与维护，完善软件和硬件更新机制，完善应急处置预案，组织应急模拟演练，全热线、高频、竞彩三个交易系统的可用性指标分别达到 99.986%、99.996% 和 99.92%。

（四）利益相关方权益保护

1. 保障代销者利益

投注站的规范建设是彩票业健康发展的基础。2012 年福彩、体彩都在投注站点的规范化建设和管理上做了大量工作。例如山东福彩投入 7000 多万元，黑龙江、江苏、陕西、四川等地分别投入 1000 多万元支持投注站的标准化、规范化建设。体彩则在网店形象改造工程上取得显著进展，截至 2012 年底，全国完成 7.5 万个网店的门面改造工作。

一些地方省份也对投注站点加强服务和管理，例如湖北省福彩近年来对获评星级的投注站给予 600 ~ 5000 元不等的形象建设补贴。2013 年 6 月，推出“减负帮扶”四项措施，免收投注机租赁费用，免收投注站热敏纸费用，减免投注站通讯费用；下放审批权限，简化设站手续，给予乡镇布点押金优惠的特殊政策；每年组织销售员强化业务培训，每年统一为全省投注站购买投注机财产险和销售人员意外伤害险等。

2. 防控非理性购彩

彩票本质上是一种赌博游戏，其市场吸引力主要来自于返奖率，如不正确引导和合理管理，极易引发不良社会效应。当前社会普遍关注的“问题彩民”现象主要源于非理性购彩，即对购买彩票上瘾、对中奖结果过于纠结、超出个人能力购彩等，严重时其行为甚至可能影响本人及其家庭的生活和工作。因此，淡化彩票的“博彩”性，倡导理性购彩和彩票的公益性是当前彩票业对彩民和全社会应履行的重要社会责任。

为防控非理性购彩，首先，应从技术上限制过量投注。2013 年，财政部在《彩票发行销售管理办法》中对多项彩票销售方式做出了新的规定，例如单张投注数不得超过 10000 注；设置多倍投注的，每注彩票的投注倍数不得超过 100 倍。又如视频型彩票单次投注总金额不得超过 10 元，专用投注卡单日充值金额实行额度控制，销售厅经营时间实行时段控制等。其次，应该做好心理防控，从基层投注站入手，加入心理疏导和防控。例如 2012 年浙江、天津等地邀请心理专家对福利彩票从业者进行心理业务培训，使之更好地了解购彩者的心理特征、心理误区和深层次需求，掌握心理引导办法，以更好地为购彩者服务。

3. 切实保护彩民利益

彩民是彩票的市场基础，只有进一步稳定并扩大彩民市场，才能从根本上推动彩票事业的可持续发展。保护中奖彩民利益，积极回馈彩民，保障信息公开，强化服务意识等都是稳定彩民基础的重要措施。

例如中福彩走进双色球活动，2012 年共接待参观人员 3000 多人次；双色球的“回馈彩民、回报爱心”两亿元派奖和七乐彩“2000 万元派奖”活动持续开展等。各地也都根据情况开展了不同程度的派奖和回馈活动。福建省福彩则以五星级站点、骨干站点为依托建立购彩者俱乐部；山西等地开展“便民服务进站点”活动，为购彩者提供增值服务等。

由于弃奖问题日益凸显，对中奖彩民的利益维护也日益成为各地彩票发行管理机构的重要工作，许多彩票发行单位都通过各种办法减少弃奖的产生。据《公益时报》报道，仅 2012 年，已有河北、广西、上海、山东、吉林、广东、宁夏等多个省市自治区福彩中心发布过寻找大奖得主的公告。[①] 2012 年，中国福彩发行管理中心印发《中国福利彩票大奖兑付和宣传工作暂行规定》，其中第七条提出：省级福利彩票销售机构应发布公告提醒中奖者及时兑奖，对于产生弃奖的，可视情况决定发布新闻统稿、召开新闻通报会等。

彩票对社会责任的履行是多方面、多层次的，有彩票运作自然达到的，如促进就业、缴纳税收、活跃市场等；也有彩票自愿主动达到的，如从事公益事业等；有彩票必须要完成的，如法律责任；也有彩票超出法定范围的，如文化责任等。

三　中国彩票社会责任问题分析

最近几年，彩票社会责任日益受到国家和社会的普遍关注。湖北省 2011 年发布了国内首个地方福利彩票责任报告，2013 年又发布《2011～2013 年社会责任报告》，浙江省也于 2014 年发布了本省第一个福利彩票责任报告《2013 年浙江福利彩票社会责任报告》。2012 年，民政部李立国部长在全国福利彩票工作会议的讲话中指出：福彩要坚持履行社会责任，要切实增强社会责任意识，全面加强以发行责任、公益责任、安全责任、诚信责任和道义责任为重点的社会责任体系建设，全面提升社会责任的履行能力和水平，并倡导推广湖北省发布福利彩票社会责任报告的做法。体育彩票在发行与运作中也逐渐树立起“责任体彩”、“阳光体彩”的理念，积极践行公益使命。但是

① 《福彩为避免弃奖措施多　何时开始寻找有要求》，《公益时报》2012 年 9 月 19 日，http://sports.sina.com.cn/l/2012-09-19/09236231142.shtml。

彩票社会责任的履行与社会发展和人们需求相比依然是相对滞后的，还有许多有待于进一步改善的地方。

（一）公益金等信息披露机制有待进一步完善

公益金的信息披露是彩票履行公开、透明、公正责任的重要基础，也是彩票合法性的主要依据。但是从历年彩票公益金的信息披露情况来看，全国范围内的公益金信息披露情况较为详细，但是民政部、体育总局的公益金信息披露还有待进一步强化，例如各省市地区公益金的具体分配情况等。而各省市公益金的信息披露更是相对滞后，许多地区并未发布本地的公益金具体使用情况，公益金的去向不明，亟须依法公开。

除公开公益金的使用情况之外，发行费、管理费也应及时向社会公开。在现行彩票资金分配中，发行费可高达 15%，这笔费用是否合理需向社会进行公开。但是从目前各级、各部门彩票信息披露情况来看，均未涉及发行费和管理费的具体信息，从而影响了彩票的诚信建设。

（二）公益金项目评估工作亟须进一步加强

目前的彩票社会责任建设基本还停留在“自上而下”的“资金投入”上，对彩票公益金使用的效果、项目设置的合理性、地区分配公平性等问题缺乏科学有效的评估，使彩票的社会责任缺乏科学的呈现。政府自上而下的责任履行方式，也使得彩票对公众实际需求的反应相对滞后。尽管当前各地普遍开展了彩票的社会责任体系建设，但对社会责任履行状况则缺少科学的评估。

有鉴于此，有必要从财政部、民政部、体育总局、第三方等多个角度对彩票公益金的使用情况进行全方位评估，重点在需求评估、立项合理性评估、项目执行过程评估、项目执行绩效评估、项目后续社会影响评估等方面，通过建立评估专家库、指标体系、评估模型等，逐渐搭建起科学规范的彩票评估体系。

（三）问题彩民现象较为突出

随着彩民构成发生转变，问题彩民情况可能有所改善，但总体而言，问题彩民依然是影响理性购彩、和谐购彩的重要隐患。当前问题彩民的现象主要集中在穷人购买比重过大、购彩成瘾等问题上。2012年北师大中国彩票事业研究中心的“中国彩民行为网络调查”显示，我国约有2亿多彩民，平均每月花在彩票上的投资约为85元，其中问题彩民700万人，43万人重度购彩成瘾。80%的被调查彩民认为自己没有社会地位，梦想一夜暴富。① 问题彩民增多有悖于彩票公益性的初衷，不利于彩票社会责任的彰显。

问题彩民产生的原因非常复杂。它首先根源于彩票本身的博彩性。彩票本身是一种投机商品，是通过奖金来吸引彩民购买的一种商品，彩票的游戏形式、返奖率、营销策略无不围绕着吸引彩民而展开；其次，问题彩民的增多与当前社会投资渠道少、投资门槛高、社会贫富分化严重等社会问题密切相关。一些问题彩民希冀通过彩票改变自己的命运往往是对自身境遇的一种不得已选择；此外，社会舆论宣传特别是对彩票不恰当的宣传也起了重要的推手作用。

为减少问题彩民现象，有必要从制度、技术、舆论宣传等多个角度加强对彩票的管理，达到既能稳定彩民，同时又倡导理性购彩的效果。此外，可以从彩票公益金中拿出一部分专项资金用于对问题彩民进行心理疏导和物质帮助。

---

① 参见北师大发布中国彩民行为网络调查，北京师范大学网站，http：//www. bnuedu. org. cn/New. aspx？ cid = 1123。

（四）弃奖问题日益凸显

弃奖的原因非常多，如粗心、不屑于小钱、害怕上当等原因都可能导致彩民弃奖，弃奖增多反映了当前彩票管理体制依然不完善的现状，从根本上影响了彩民的利益，也影响了彩票的公信力。目前中国彩票市场小额弃奖数不胜数，大额弃奖日益增多，纪录屡被刷新。2012 年全国彩票弃奖 7.8 亿元，2013 年则达到 16.03 亿元。如何防止弃奖、弃奖后如何积极寻找中奖人、如何保障中奖人的隐私权等问题，成为当前彩票业需要解决的难题。目前围绕弃奖的讨论主要集中在“实名制”和“弃奖奖金进入公益金”等两大问题上。关于实名制的讨论，有研究者认为实名制可以有效避免弃奖，且可监控投注金额来源等，国外的经验也证明具备可操作性。但也有争议认为实名制会增大彩票运行成本，且不利于保护彩民隐私。

关于弃奖的奖金进入公益金有一定的争议，当前政策规定预期未兑奖的奖金被纳入公益金，留作地方使用。对该政策的争议是认为弃奖奖金也属于回报彩民的奖金，应被纳入奖池，而现行留归地方使用的规定可能会加大彩票腐败的风险，潜在地促进弃奖出现。

（五）彩票的公益性和市场性需进一步平衡

彩票是一种市场行为也是一种公益慈善，应该说它是以市场为手段达到公益目的的一种政府特许行为，彩票最终的合法性来自于它的公益目的。但在实际运行过程中，彩票的市场性或者说赌博性恰恰会破坏其公益性，而这恰是彩票发行不可或缺的市场动机。这种公益性和市场性之间的悖论从彩票诞生之日就已开始。彩票要扩大营销、稳定市场就必须增强游戏的刺激性、回报性，从而会加大其投机性的成分，对彩民形成不良影响，从而损害其公益性。

由于彩票是一项投入少、收益巨大的产业，对政府来说可以迅速聚集公益事业的发展基金，因此极具诱惑性。每年各地、各级政府都要发行各种不同类型的彩票，在市场宣传上更是不遗余力，甚至通过促销、返奖活动来扩大影响，这种行为方式是极具“市场性”的，如果缺乏规范、发展过度就会损害其公益性的目的。有鉴于此，需要通过进一步完善法律和相关的政策体系，规范彩票的市场化运作。而财政部作为全国彩票的监管机构，民政部和体育总局作为彩票的管理机构也应该依法履行相关的管理监管责任。2014 年，民政部李立国部长在全国福利彩票工作会议上指出，要重视和正确处理好政府和市场的关系，在福利彩票发行中，要发挥市场的决定性作用，而在发行管理工作中，则要发挥政府作用。但是，如何落实需进一步研究制定具体规范。

B.11

中国彩票企业发展及展望

樊义鹏　梁道兵　刘程萍*

摘　要：中国彩票企业伴随着中国彩票的产生而出现，并对其发展起到了支撑推动作用。中国彩票企业已经走过即开票时期、电脑票时期以及互联网时期，涵盖整个彩票产业链，并逐渐在彩票游戏的设计研发、彩票系统服务、彩票的运营以及销售渠道四个方面形成较为成熟的商业模式。近年来，互联网技术的兴起，尤其是移动互联网的勃兴以及智能手机的普及，使得彩票走向休闲娱乐化。这推动中国彩票业发展进入新时期，也给彩票企业的发展带来挑战和机遇。

关键词：中国彩票　彩票企业　商业模式

中国彩票业已有27年的历史。在此期间，我国彩票逐步走向成熟，品种不断增加、技术不断革新、销售网点逐步专业，彩民群体日趋成熟。而中国彩票企业正是伴随着中国彩票的产生而出现的，同时也对中国彩票的发展起到了积极推动作用。

---

* 樊义鹏，工商管理硕士（EMBA），北京国金彩业科技有限公司CEO兼首席市场官、河南财政法大学彩票研究所副所长；梁道兵，益彩基金专家；刘程萍，益彩基金公益项目市场调查分析员。

一 中国彩票企业的发展

（一）中国彩票企业发展概况

对于彩票企业来说，彩票市场的最大利润点来自彩票发行费。彩票发行费约为销售额的15%（不同彩种游戏发行费稍有不同），包括上游（彩票品种的研发以及彩票管理信息系统的建设）、中游（生产环节）和下游（销售环节）三个环节。上游和中游的分成比例约为1%~4%，下游销售环节是大头，佣金比例通常有8%。

目前，中国的彩票企业已经形成涵盖整个彩票产业上、中、下游的产业链（参见图1），呈现良好发展态势。整个彩票行业的价值链包括彩票政策制定、彩票品种和彩票游戏的研发、彩票管理信息系统的建设、彩票生产（包括彩票印制和设备供应）和彩票销售（分为实体销售渠道和无纸化销售渠道）等环节，更多的彩票企业有机会参与到产业链的利益分成中来。

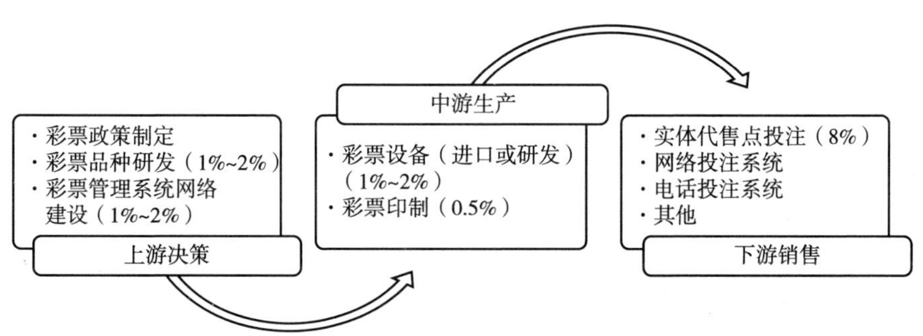

图1 中国彩票产业链概况

从产业上游看，民政部下属的国家福彩管理中心和体育总局下属的国家体彩管理中心控制了彩票的发行权，财政部负责对他们的行为进行相关监督。从行业价值角度来看，一般企业能参与的只有在彩票研发以及彩票管理系统网络环节的一些辅助工作，整体市场份额不是很大。

对彩票行业中游来说，产业链价值主要体现在彩票设备以及彩票票据的印刷。从彩票设备上看，主要就是彩票代售点终端设备的供应，但除非技术进步或者出现重要革新，否则目前市场已经呈现一定的饱和。而从票种印刷角度来看，主要分为电脑彩票的预制票据以及即开型彩票印刷。即开票主要是由福彩中心和体彩中心自己专门的印务公司完成，而电脑彩票主要包括热敏纸以及投注单，这两种均采用定点印刷制度，由国家福彩中心和国家体彩中心通过对印刷企业进行各方面的资格核查后确定9家定点印刷资格企业。随着未来对互联网销售彩票的开放，预计印刷这一块仅仅能保持与实体彩票销售规模大致相当的速度。

对行业下游来说，主要就是彩票销售。根据彩票品种的不同，受欢迎程度不一，据此可以获取不同的销售分成。目前主要分为实体渠道和无纸化渠道。实体渠道就是彩票销售大厅和投注站。2012年，《公益时报》报道，当时全国投注站总数已达30万个，其中大部分为个体经营性质。而视频彩票的销售渠道只有中福在线，无纸化渠道包括互联网、手机、电话和IPTV等。对于一个国家垄断的行业来说，这一部分目前也是普通人可以进入并且有较大比例利润规模的部分，无纸化后由于不需要店铺成本以及印刷以及投注设备等，因此可能获得更高的分成比例。

（二）中国彩票企业的历史发展概况

回顾中国彩票企业的发展历程，按照时间顺序可以划分为三个阶段——即开票时期、电脑票时期以及互联网时期。

1. 即开票时期

即开票是以购买者购买彩票后即刻知晓是否中奖结果和即刻兑奖为特点的一种彩票类型。即开型彩票按销售组织设奖方式不同划分为两种：固定设奖和灵活设奖。

固定设奖即开型彩票，是指根据规则预先设计确定彩票奖组数量、奖级、奖金、奖符结构和游戏规则，而预先印制的彩票，销售组织者不得变更设奖结构和游戏规则。

灵活设奖即开型彩票，是指彩票在设计印制时，只预先印制奖组数量和奖符结构，不确定奖级和奖符对应的奖金，而由销售组织者因地制宜地根据奖组、奖符设计确定奖级和奖符所对应的奖金，并事先公布设奖方案后，组织销售的一种即开型彩票。购买者根据事先公布的设奖方案核对所购买的彩票是否中奖并即刻兑取相应的奖金。[①]

即开型彩票按购买者获取中奖结果方式的不同又可分为撕开式、揭开式、刮开式和电子卡片式四种。其中，撕开式彩票，是将印有数字符号的彩票进行折叠缝制或封装，由购买者按撕开线撕开后，将彩票符号与公布的中奖符号进行核对是否中奖；揭开式彩票，是用两张卡纸粘贴印制而成，由购买者揭开一层纸，露出符号，以核对是否中奖；刮开式彩票，是在印制彩票时用一层特制油墨覆盖游戏符号区，由购买者刮开覆盖的油墨，查看彩票游戏符号是否中奖；而电子卡片式彩票，2004 年由美国发明，该类彩票应用现代电子技术，将设计好的游戏符号芯片预制在电子卡片中，由购买者打开操作，核对是否中奖。

中国最早的彩票企业产生于印刷行业。中国彩票业在发展起步时

① 中国福利彩票发行管理中心：《即开型彩票简介》，中福网，2013 年 6 月 13 日，http：//www. beidoulian. com/Details/588。

期，发行的彩票基本为需要印制的传统型彩票，因此当时的彩票企业主要为印刷彩票的几家公司。当时彩票印刷主要采用定点企业的做法，除了天津人民印刷（印钞）厂、北京印刷二厂、广州东方红印刷公司外，还有石家庄胶印厂、北京光彩印制中心等单位。

1987 年 6 月，中国社会福利有奖募捐券发行中心正式成立。当年 7 月其印制发行中国社会福利有奖募捐券。当时的首批募捐券是由天津人民印刷（印钞）厂印制的，采用的是通用设备胶版印刷。1988 年 5 月，广州东方红印刷厂研发中国首批即开型刮开式福利奖券，其首次使用丝网印刷技术进行多层覆盖油墨的印刷、平版胶印奖券图案、多版印刷对奖奖符等技术。1988 年，香港印制公司受发行中心委托印制了第一批即开型揭开式福利奖券，这在当时传统票主导的彩票市场中独树一帜。

1995 年，中国福利彩票印制开始从即开型揭开式彩票向即开型刮开式彩票转轨，彩票奖符制作逐步改为计算机控制的随机喷墨印刷，对彩票原辅材料的质量要求提高。而中国福利彩票发行中心自己的印制厂——北京中彩印制有限公司也在当年投入使用。1996 年后，大奖组销售模式的不断发展，对彩票印制设备、技术改造提出更多要求，推动着彩票印制技术的提升，推进了彩票印制企业的持续壮大发展，中国彩票的印制质量及防伪措施等方面都接近国际先进水平。

随着即开票的不断发展，为适应网点分散销售方式，福彩发行管理中心决定采用信息系统和二维条码技术实现即开票的信息防伪，并对即开票的印制、发行、销售、验奖、数据统计、资金结算等业务进行信息化管理。2003 年 6 月，中国福利彩票发行管理中心与北京戈德利邦科技有限公司（以下简称“戈德利邦”）签订协议，委托戈德利邦提供即开票技术改造项目的整体技术解决方案，完成即开票印刷厂技术改造、即开型福利彩票发行与销售系统（以下简称“即开票系统”）软件开发和实施、即开票专用终端设备研发和生产等技术工作。

2003 年 10 月，中国福利彩票网点即开票在上海举行首发仪式。随后福彩管理中心从 2004 年起向全国推广即开票系统建设。即开票系统包括网点即开票物流管理系统、与网点即开票信息管理系统相匹配的即开票销售管理系统、物流管理子系统、仓库子系统、地方中心的仓库子系统的建设，为覆盖全国的即开票销售站点提供了专用终端，并提供了技术系统的升级开发和维护服务。这一系统建设有效地解决了保障即开票安全健康发展所必需的物流管理、销售统计、兑奖结算等关键问题。

2. 电脑票时期

即开票高速发展以后，中国彩票迎来了一个新的发展阶段，开始进入电脑彩票时期。先进科学技术的介入，使得彩票产业链得到了进一步充实提高，推动了彩票销量的稳步增长。在此期间，逐渐有更多的彩票企业涌现出来。

1992 年，中国社会福利有奖募捐发行中心等合资成立北京乐透电子技术有限公司，开始研制生产计算机销售管理彩票系统。1993 年 4 月，第一套由福彩中心批准、自行研制的可销售乐透型彩票和数字型彩票的电脑彩票销售系统通过专家评审。之后，运用计算机销售管理彩票的概念和做法开始普及推广。

电脑彩票最初被称为“计算机管理发行传统型社会福利彩票”，后被简称为电脑彩票，并一直沿用至今（其实它应是一种彩票发行销售的方式）。1995 年，随着全国首张乐透型福利彩票——“上海风采”的成功发行，民政部决定在全国推广电脑彩票。2001 年 10 月，随着西藏电脑福利彩票销售系统的建设，全国省级电脑福利彩票销售系统全面建成，“风采系列”电脑福利彩票遍布全国各地。

伴随电脑彩票的建设发展，中国的彩票销售出现爆发式增长，首先就是带动着彩票印刷企业的发展，使得防伪、印刷等各环节具有了更严格的制度规范。电脑彩票的预制票据，包括电脑彩票的热敏纸和投注单的印制得到发展壮大。其次，电脑彩票的出现和发展，也带动了更多技术公司进入彩票行业。由于电脑彩票需要实体投注站或者远程方式购买后出具纸质彩票或在彩票数据中心进行录入，一些公司开始进入彩票数据系统和彩票终端机两大领域。

3. 互联网时期

彩票企业进入互联网时代是彩票下游产业集中爆发的结果，其背后的主要动力是销售渠道的拓展和丰富。目前主要分为实体渠道和无纸化渠道。实体渠道就是彩票销售大厅和投注站，目前，全国约有18万个福彩销售网点①和13万家体彩销售网点②，大部分为个体经营性质。而视频彩票的销售渠道只有中福在线（全国约1000多个），无纸化渠道包括互联网、手机、电话和IPTV等，其中以互联网（包括移动互联网）的发展最为迅速。

通过互联网销售彩票和其他电商一样，本质上都是利用互联网渠道去卖货（互联网彩票的销售流程参见图2）。只不过互联网彩票与传统电商销售货物相比减少了仓储物流成本，同时基于彩票的特殊性、同质化特点，互联网彩票企业的收入主要来自彩票中心返点。

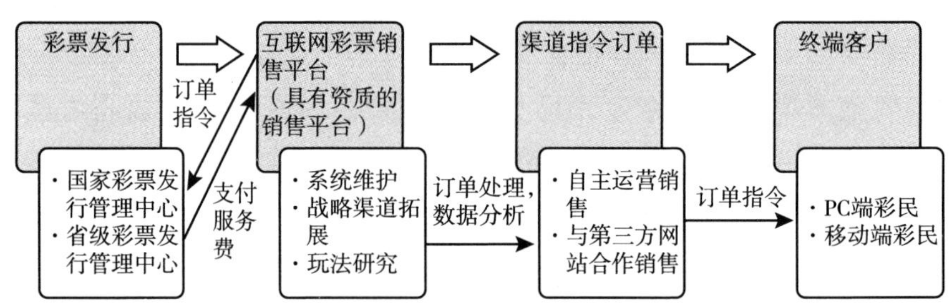

图2　互联网彩票的销售流程

---

① 民政部：《中国福利彩票累计销量过万亿元》，中国新闻网，2014年3月18日，http：//www.chinanews.com/gn/2014/03－18/5966076.shtml。

② 《20年·20问（四）：有多少个站点》，《中国体彩报》2014年4月22日。

2001 年 10 月，中国足球彩票上市发行。同期，深圳易讯网络开通了 500WAN 彩票网；同年 11 月，中国足彩网上线运营；12 月，500WAN 彩票网、中国足彩网率先开通彩票的网络代购，开启国内彩票互联网销售之先河。此后几年，许多门户网像新浪、淘宝、网易、搜狐、腾讯等部纷纷开设彩票销售平台，更有一些专业网站像彩票大赢家、爱彩票（后更名为爱彩网）、从赢爱波、澳客、时时彩等网络售彩公司也涌现出来。

通常来说，不管是专业彩票投注网站还是作为互联网平台子频道的彩票业务，其所提供的服务一般包括彩票销售服务、信息与数据服务、分析工具、彩民信息及技巧交流论坛等。

2008 年以来，财政部曾多次发文强调未经批准，不得开展互联网销售彩票业务，并在 2012 年对网络售彩公司进行整顿。2012 年 9 月，财政部批准中国体彩管理中心委托中体彩彩票运营管理有限公司、深圳市易讯天空网络技术有限公司开展互联网代理销售体育彩票的业务试点工作。

2005 年，互联网彩票的年销量突破 1 亿元。2013 年，则达到了 420 亿元，同比增长 82.6%。互联网彩票的市场占有率也从 2005 年的 0.15%，增加到 2013 年的 13%。2014 年巴西足球世界杯期间，互联网彩票市场迎来了前所未有的爆发式增长。预计伴随互联网和移动互联网渗透率的不断提升，互联网售彩有可能成为彩票销售的重要渠道之一。

（三）中国彩票企业主要商业模式

伴随着中国彩票业的突飞猛进，中国的彩票企业也在迅速成长。不管从数量还是质量上看，相对起步时期，中国的彩票企业都已经有了长足的发展和进步。目前，这些企业遍布彩票产业的上、中、下游，并逐渐在彩票游戏的设计研发、彩票系统服务、彩票的运营以及销售渠道四个方面形成了主要的商业模式。这四种商业模式分布于不同的层面，形成了上小下大的“彩票生态链金字塔”（参见图3）。

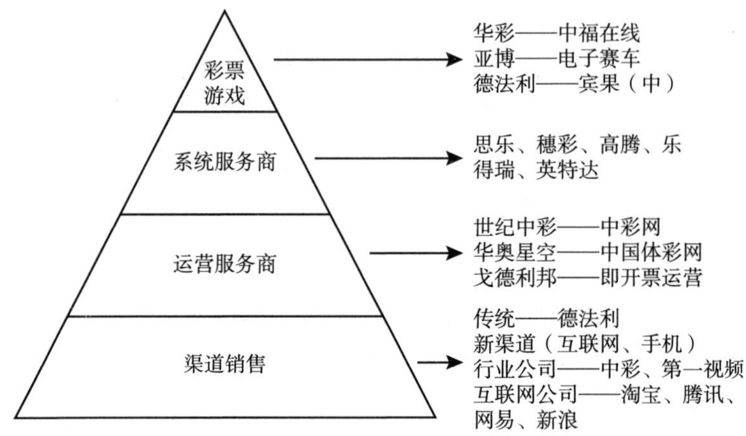

图3　中国彩票企业的主要商业模式

1. 彩票游戏研发

彩票游戏的设计和研发位于彩票产业的最上游，决定了一个彩票游戏的从无到有。这就要求参与其中的彩票企业具有深厚的技术背景和强大的研发能力，当然也决定了这种商业模式下的企业并不是很多。目前参与到游戏设计研发的代表性企业有华彩控股有限公司、亚博科技控股有限公司和德法利集团等。

2. 彩票系统、设备服务以及票据印刷

继传统即开票大奖组销售获得高速发展后，中国彩票又迎来了一个新的发展阶段，进入电脑彩票时期。1993 年 4 月，电脑彩票销售系统通过专家评审后，电脑彩票开始快速发展。十几年来，无论是即开票还是电脑票，中国的彩票发行管理和销售的软件和硬件系统都得到了很大提高，并催生出众多的专业彩票系统服务企业。

其中彩票系统服务商包括北京中彩在线科技有限责任公司、中体彩科技发展有限公司；彩票设备服务商，例如深圳思乐数据技术有限

公司、深圳市穗彩科技开发有限公司、广州市三环永新科技有限公司、深圳市博众信息技术有限公司等，体育彩票设备服务商，例如广州洛图终端技术有限公司、北京英特达系统技术有限公司、广州乐得瑞科技有限公司、深圳市穗彩科技开发有限公司、希腊因特拉洛公司（INTRALOT）等；彩票印刷服务商，包括福利彩票印刷服务商，例如北京印刷集团北京印刷二厂、重庆市鸿海印务有限公司、厦门安妮股份有限公司、石家庄市胶印厂、广州东方红印刷公司、北京中彩印制有限公司等，体育彩票印刷服务商，例如北京中体彩印务技术有限公司、福建鸿博印刷股份有限公司等。

3. 彩票运营

彩票运营在产业链中发挥着承上启下的重要作用，就在电脑彩票刚起步时，深圳中航计算机系统公司就开始给电脑彩票的销售提供改良的非热线系统。凭借着先进的技术系统，国内也出现了众多实力雄厚的彩票运营商。例如北京戈德利邦科技有限公司、北京华奥星空通信有限公司、北京世纪中彩网络科技有限公司等。

4. 彩票分销

目前彩票分销主要分为实体渠道和无纸化渠道。实体渠道就是彩票销售大厅和投注站，目前全国共有投注站 30 万个左右，大部分为个体经营性质。而视频彩票的销售渠道只有中福在线，无纸化渠道包括互联网、手机、电话和 IPTV 等，其中以互联网（包括移动互联网）渠道的发展最为迅速，其收入主要来自彩票中心的返点。这部分业务板块的参与者最多，范围最广，其中既有传统型的实体渠道企业，也有借助互联网渠道的企业。尤其是后者，已经爆发出越来越惊人的潜力。另外，随着彩票销量的不断提高，彩票的配送也纳入彩票企业的业务范围中来。

说到销售渠道，其中传统型企业的代表就是德法利集团，该公司在全国有 20 多个分公司，为传统的实体渠道，以规模化和公司化的手段进行彩票销售。不过，随着互联网日益走进人们的生活，互联网及移动互联网彩票销售新渠道越来越成为彩票企业的发展重点，同时也愈发吸引更多的企业跨界涉足彩票。

在互联网彩票销售中，垂直网站类包括深圳市易讯天空网络技术有限公司的500WAN彩票网、中体彩彩票运营管理有限公司的中国竞彩网、第一视频集团的第一彩、深圳市中网彩网络技术有限公司的新浪爱彩、人民网的澳客网（即人民澳客频道）、北京盈彩畅联网络科技有限公司的彩票大赢家、北京乐和彩科技有限公司的百度乐彩、北京数码视讯科技股份有限公司的慈彩网、北京乐彩网科技有限公司的乐彩网等；电商平台类网站包括阿里巴巴集团的淘宝彩票、京东商城的京东彩票等；门户类网站包括腾讯公司的腾讯彩票、网易公司的网易彩票网、搜狐公司的搜狐彩票等；产业链延伸类网站包括鸿博股份的彩乐乐网、厦门安妮股份有限公司的中大奖网、广州日报传媒股份有限公司的云彩彩票、上海大智慧股份有限公司的大彩网等；而具有彩票实体代销资格的公司包括新华都实业集团股份有限公司、汇银家电（控股）有限公司、湖南友谊阿波罗商业股份有限公司等；具有手机投注业务的公司有拓维信息系统股份有限公司等。此外，还有从事彩票配送业务的深圳市御泰中彩投资有限公司、北京辅仁伟业投资有限责任公司等。

二　中国彩票企业发展展望

1. 中国彩票业的增长会继续推动彩票企业发展

中国彩票企业的发展有赖于彩票业的持续发展壮大。估计未来中国彩票市场潜力依旧巨大，这给中国彩票企业的持续发展奠定了坚实的基础。中国彩票业发展速度虽然很快，但与国际彩票业的平均发展水平相比还有相当大的差距。根据世界彩票年鉴的统计数据，截至2012年底全球彩票行业销售额达到2750亿美元。2012年彩票销售额占全球 GDP 比重约 0.38%，这一比率过去十年基本稳定。2012 年中国彩票销售额已占 GDP 比重约 0.5% 左右。但与绝大多数国家不同，彩票在我国是唯一合法的博彩形式，因此我国这一比例会稍有提升，彩票销量仍然会维持一段时期的快速增长。此外，彩票游戏种类不断更新和多样化是全球彩票业的发展趋势。中国彩票玩法虽然有长足的发展，但玩法的创新与世界水平相比还有不小的差距。伴随彩票游戏创新，彩民参与规模还会扩大，这对提高销量有着深远意义。

互联网彩票的发展为中国彩票企业发展提供了难得的机会。彩票行业发展离不开科学技术的支撑。彩票行业原有的彩票投注站点销售方式已经不能满足市场需要，新的投注方式作为吸引其他群体的推动力将给行业带来新的增长。目前，电话投注、互联网投注以及自助终端投注规模占比较小，但由于各自均有自身独特的优势，其发展速度较快，尤其是互联网投注，凭借着随时随地方便快捷的优势会给彩票行业带来颠覆性改变。

2. 彩票企业的竞争将会白热化

随着网络售彩政策的逐步开放，企业间的竞争将会进入白热化。对互联网彩票企业而言，其成本主要包括人才成本、营销成本、基础运营成本（硬件、行政费用）等，扣除这些成本后净利空间在 5% 以上。这意味着互联网彩票完全是规模经济，规模越大，边际效益越高，盈利也就越多。因此，互联网彩票行业新一轮的竞争难以避免。最后行业内拥有资本实力和客户资源的电商巨头会脱颖而出，成为行业的霸主；而同时老牌的专业彩票网站通过兼并重组保证其市场份额，最终形成数家寡头相互对垒的行业格局，而大批中小和新进入的彩票公司会被淘汰出局。

3. 彩票营销的 O2O 模式将会出现

互联网售彩的本质是利用互联网（包含移动互联网）渠道去销售货物。O2O 模式作为一种可能，必将或者说已经影响着互联网彩票的发展。O2O 即 Online To Offline，将线下商务机会与互联网结合在一起，让互联网成为线下交易的前台。线上包括彩票网站、客户端等售彩形式，通过 O2O 服务系统将线下投注站营销和服务结合起来，面向彩民、投注站点和彩票中心三个层面提供服务，帮助和引导彩民理性购彩，进而提升投注站和彩票中心销量。

彩票 O2O 的优势在于把网上和网下的优势完美结合。通过线上展示，把互联网与地面投注站完美对接，实现互联网售彩落地，让彩民享受在线支付便捷及增值服务的同时，又可享受线下投注站实物出票的安全。彩票 O2O 模式还可以对投注站主的营销效果进行直观统计和追踪评估，规避了传统彩票投注站营销模式的推广效果不可预测性，将线上购彩订单和线下投注站出票相结合，所有的购彩行为均可以准确统计，进而吸引更多的线下投注站进入，为彩民提供更多优质的购彩享受和服务，从而为彩票企业带来新的扩展领域。

4. 高频视频彩票带来更多的市场机会

2013 年，伴随全国彩票销量突破 3000 亿元大关，高频快开彩票游戏、视频彩票成为彩市最大亮点。福彩的高频快开游戏占电脑福利彩票销售总量的 40%，而体彩高频型游戏销量占比达到 62%。[①]

此前，国内彩票游戏更多是借鉴国外成熟的游戏，例如双色球、大乐透等。随着国民经济的持续增长，彩民群体不断扩大，娱乐需求更加多样化，原有的彩票游戏显然已经无法充分满足这些要求。通过引进和自主研发更多、更好的视频彩票游戏已经成为中国彩市优化彩票游戏结构的重要手段，这也是国内彩票企业未来的重点发展之路。

---

① 王海宇：《2013 年彩票销量破 3000 亿，快开高频成增长点》，中彩网，2014 年 1 月 16 日，http：//www. zhcw. com/xinwen/hangyezixun/2705586. shtml

B.12
中国责任彩票评估指标体系

马福云　荆宇虹*

摘　要：伴随彩票业的发展，彩票所带来的负面影响开始出现。这呼唤着彩票业担负其社会责任，走向责任彩票。本文立足利益相关方的视角分析了责任彩票的基本涵义，并对彩票业及其利益相关方的社会责任进行了分析阐释，建构起责任彩票评估的指标体系框架。

关键词：彩票　责任彩票　评估指标

自从1987年社会福利彩票发行以来，中国彩票的发展已经有20多年的历史。彩票销售所筹集的公益金对我国社会事业的发展发挥了积极推动作用。但是，彩票销量及公益金并非衡量彩票业发展的唯一指标，彩票发行所导致的负面影响也应予以关注，例如彩民过度购彩、非理性购彩、彩民购彩成瘾所引发的各种社会问题等。大众媒体吸引人们所关注的是购彩中奖、中大奖等诸多偶发事件，彩票的公益目标、彩票中奖概率超低等却在各种媒体上鲜有科学解读。而高频彩票游戏、视频彩票游戏的问世更是激发了彩民的

* 马福云，国家行政学院社会和文化教研部副教授，兼任社会治理研究中心副主任；荆宇虹，益彩基金副主任兼秘书长。

赌博心理以及过度购彩行为，从而使得彩票逐渐堕落为赌博行为。这进而对政府部门、彩票行销人员、彩民等彩票利益相关方产生较大影响。因此，从彩票发行的公益目标出发，引导彩票利益相关方将彩票的社会责任放在首位，构建彩票社会责任评估体系，对于推动中国彩票业的可持续发展，并将其导向社会公益具有积极的社会意义。

一　责任彩票评估的相关概念

（一）利益相关方

利益相关方的概念是在企业管理领域所提出的，这一理念改变了传统“资方至上”的观点，推动了对企业不同利益主体的关注。1984 年，弗里曼（Freeman R. E.）从企业管理的视角提出：“企业利益相关方是指那些能影响企业目标的实现或被企业目标的实现所影响的个人或群体。”[①] 他认为任何企业、公司等组织发展都离不开多个利益相关各方的投入或者参与，例如股东、债权人、雇员、供应商、消费者、政府部门、相关社会组织和社会团体、周边社区及社会成员等，这些都属于利益相关方，因他们都和组织相关，并拥有其特定利益。布莱森（Bryson J. M.）和克洛斯比（Crosby B. C.）从发生论的视角提出，利益相关方是“受一件事的原因或者结果影响的任何人、集团或者组织”。[②] 这种观点不仅把影响企业运营的个人和群体看作利益相关方，还把受到企业运作过程及后果影响的个人和群体也都看

① Freeman R. E.: *Strategic Management: A Stakeholder Approach*. Boston: Pitman Publishing Inc, 1984, p. 17.

② Bryson J. M., Crosby B. C.: *Leadership for the Common Good: Tackling Public Problems in a Shared-Power World*. San Francisco: Jossey – Bass, 1992, p. 108.

作是利益相关方，将社区、政府、环保认识等纳入利益相关方的范畴。布莱森认为除股东外，企业还存在多种利益相关方，例如管理人员、企业员工、供应商、顾客、政府、社区、环境等，同股东相类似，企业对他们都有着不同责任，或者说与他们之间都存在着有所差异的“社会契约”。

将利益相关方的分析理念扩大到其他社会组织、整体产业或行业，我们也可以发现这种视角依然适用。利益相关方是指影响组织或行业运行发展，同时又被组织或行业经营活动所影响的组织或行业内部或者外部的个人与群体等。从这一概念出发可见，利益相关方可以是组织或者行业内部的，例如组织的出资方、管理方、雇员等，也可以是组织或者行业外部的，例如组织的服务对象、合作伙伴、政府部门、所在社区甚至自然环境、社会等。

（二）社会责任

社会责任是针对以往企业片面强调经济责任的情况而提出的。它要求企业要将社会效益纳入企业管理框架中，与经济效益一起考虑，处理好企业与社会的关系。企业社会责任强调企业不能仅仅被视为一种纯粹的经济制度安排，企业既是经济性的，也应该是社会性的；企业运行管理在关注经济利益时，还必须关注其运行对社会所造成的影响，对社会期望的各种理性预期进行必要的反馈，做出反应。

从企业社会责任涵义的界定来看，社会责任从字面上理解是指企业对整个社会所应负担的责任，它表明一个组织、机构在其运行过程中应该对社会承担应有的责任和义务。社会责任概念的提出，说明任何社会机构或者组织在开展活动时不仅要追求自身目标和利益，而且要考虑其对整个社会所承担的责任，要考虑对社会、环境的影响，要符合社会道德伦理标准，并满足社会可持续发展和生态环境保护的需要。

（三）责任彩票

伴随对企业社会责任的重视，社会责任的理念开始进入更为宽泛的领域。尤其是在一些彩票业比较发达的国家、国际彩票组织等，已认识到彩票业与企业、行业类似，也存在着承担社会责任问题。基于社会责任以及责任博彩的理念，有关责任彩票的规范开始出现，并要求彩票管理、运营机构在彩票发行及管理中予以遵守，树立负责任彩票的理念，推动彩票业承担其社会责任。

责任彩票是指彩票业以及彩票利益相关各方承担必要的社会责任，在推动彩票业发展的同时限制其所带来的消极影响，并将其负面效应降低到社会可以接受的程度。利益相关方理论、社会责任理论都可以作为彩票业社会责任分析的理论基础，这主要基于如下考量：彩票作为一种特殊的商品，同样具备一般商品所有的价值和使用价值，而彩票的发行管理正是对这种特殊商品的垄断性经营而构建起来的，因此，彩票不是一般意义上的准公共产品。彩票发行管理机构，无论其运营管理模式参照企业，抑或参照政府机构，都具有其特殊的一面。此外，彩票业都服务于社会，在整体上承担社会责任，以奠定其存在的合理性基础。同时，彩票行业运行还需要满足政府、服务对象等各个利益相关方的不同需求，做到对各个利益群体负责，而这就需要相关利益方承担各自不同的社会责任，以推动其相互协作，共同推动彩票行业的持续稳定发展。

责任彩票的概念包括如下涵义及特征：首先，不仅彩票行业整体要承担社会责任，彩票各利益相关方也要承担各自的社会责任，从而形成彩票的社会责任体系。其次，构成彩票社会责任基础的，如法律责任、经济责任，大多是规范性的，而彩票社会责任为较高层级，如慈善责任、伦理责任，更多的是基于社会价值观念和道德规范的。再次，和卡罗尔提出的企业社会责任的金字塔模型结构不同，在彩票社会责任中，慈善责任居于金字塔的底部，向上排列依次是伦理责任、经济责任和法律责任，这是由彩票行业特征所决定的。

二　责任彩票评估指标体系的构建过程

基于责任彩票的基本涵义，从整体彩票业的社会责任、彩票利益相关方的社会责任出发，我们可以选取评估指标，来对其承担社会责任状况进行综合评价。责任彩票指标评估体系的构建，首先应明确彩票业及各个利益相关方的基本法定责任，在此基础上才能提出界定其他经济、慈善、伦理的社会责任。依据科学性、系统性、操作性以及独立性的指标构建准则，参考目前国内外有关企业社会责任评估的指标体系，我们从理论分析入手，围绕责任彩票的基本理念，初步构建出彩票业及彩票利益相关方的基础性体系指标。这一指标体系包括彩票业、彩票利益相关各方为推动责任彩票而应承担的有差别的社会责任。

为了改进责任彩票评估指标体系，益彩基金邀请彩票管理、彩票运营、彩票企业、彩票研究等不同领域的专家学者、实务工作者召开研讨会，对所提出的指标体系进行讨论座谈，提出修改意见及建议。在研讨会上，参会人员对责任彩票评估指标体系构建的目标、方式、侧重点进行了深入讨论，对评估指标体系的具体指标提出了许多改进性意见及建议。经过会议讨论，我们吸收了与会人员的诸多建设性意见，对责任彩票评估指标体系进行总体修改，补充完善了其中的一些不足与欠缺。

三　中国责任彩票评估指标体系

责任彩票评估指标体系基于利益相关方的分析视角，以社会责任理念为基础而构建。这一指标体系更偏重于理论分析，偏重于围绕责任彩票、整体彩票业及其相关利益各方应该承担的社会责任。这些社会责任可以为责任彩票建设提供分析依据，也作为对其社会责任进行实务分析的立足点。在此，我们简介彩票业及其相关利益方社会责任的基本内容。

（一）彩票业的社会责任

中国彩票业出现的最初动因是筹集社会福利、社会公益事业的建设资金，弥补其资金短缺。因此，筹集彩票公益金是其基本的社会责任。但是，伴随彩票业的发展壮大，其所引发的社会问题和负面影响开始表现出来。彩票业要取得持续发展，还需要普及科学的彩票知识，弘扬彩票公益文化，应对彩票业运行发展所带来的社会问题，尤其是对过度购彩引发的问题彩民进行预防矫治。

1. 筹集彩票公益金

发行彩票的基本目的就是筹资，无论所筹资金如何分配和使用。彩票发行，发挥其筹资作用是彩票业得以存在发展的合理性之所在。但是，彩票筹资并不能说越多越好，如果彩票业一味追求筹资数量的最大化，反而会带来更多负面影响。因此，彩票筹资存在合理的规模限制。其合理的规模在于筹集一定量资金前提下，所带来的社会风险最低。

2. 引导民众理性购买彩票

彩票消费群体的存在，是彩票业得以稳定增长的基础。如果缺乏理性的彩票消费者，或者彩票消费存在过多的非理性因素，彩票的赌博属性凸显，就会削弱其社会效益，最终也将危及彩票业的持续发展。彩票消费群体的理想构成应是中高收入者占多数；理想消费形态则是小额、经常购买，购彩资金开支不影响其他正常消费。当然，这也需要彩票运营监管部门的引导规范，例如优化游戏设计，采取限购、限投措施等，这可以降低彩民的上瘾风险，保障消费群体的健康心态，防止非理性购买行为产生。

3. 应对彩票带来的社会风险及问题

伴随彩票业的发生、发展，彩票行销所带来的社会风险，以及多种社会问题也难以避免。这些风险、问题与彩票业发展相关联，表现在社会生活的多个方面，例如处于“地下”状态的非法彩票、非法赌博，处于网络虚拟社会中的网络赌博，过度购彩所引发的问题彩民，彩票游戏所引发的赌博心态等。彩票业所引发的社会问题加大了彩票运行的社会成本，放大了彩票业的负面效应，需要有针对性地采取措施予以应对。

4. 普及彩票相关知识

彩票管理部门、行销机构有责任宣传普及彩票知识，引导彩民形成科学的彩票观念，提醒彩民认知彩票游戏的随机性及风险，引导彩民知晓、理解彩票游戏的特征。大众媒体在彩民中有着深远的影响，更要引导彩民理性购买彩票，尤其是要更多宣扬彩票的公益性，注意新闻标题、内容的诱导性，防止过度追踪报道中奖成为变相广告，防止新闻宣传诱使彩民形成赌徒心态，预防彩民非理性购彩。

5. 弘扬公益彩票文化

彩票筹资的公益性使用分配是彩票业得以持续发展的伦理基础。彩票业发展须立足社会福利目标，保持公益慈善的取向，彩票运营机构及媒体要通过多种方式和渠道，宣传彩票的公益用途，提高彩票业的责任形象；要引导公众了解彩票业存在的宗旨和意义，教育民众购彩体现的奉献精神，告诫彩票并非投资手段，摒弃购彩一夜暴富的诱导性宣传，以公益性为彩票业的可持续发展赢得更多社会支持。

（二）彩票利益相关方的社会责任

采取利益相关方分析的方法，可以把彩票利益相关方划分如下：

彩票规制方、彩票管理方、彩票行销方、彩票购买方、彩票受益方和彩票协作方。它们在彩票业中处于不同地位，扮演不同角色，所担负的社会责任也各不相同。

1. 彩票规制方的社会责任

一般说来，彩票规制大多建立在彩票相关法律法规基础之上。彩票规制方是指通过制定彩票运行管理等相关法律法规等来规范彩票运营、管理及其监督体制的立法机构以及政府管理部门。在中国，彩票规制主要通过行政法规及政府职能部门间协作来进行，政府特许彩票发行，基于彩票行政管理法规，建构彩票运营管理体制，界定彩票行销机构及其行为，并对彩票公益金使用、分配等进行管理，从而构建彩票运行、管理及监督框架。分析各国彩票运行管理的法律规范，可以发现作为彩票规制方的法定职责及其社会责任包括如下。

（1）构建彩票运行管理框架。世界各国的彩票管理大多采取法定特许经营、政府依法管理和企业垄断运营的管理框架。彩票立法及监管法律法规构成彩票运营框架及其对彩票业监管的基础，也是彩票规制方所承担的基本法定责任。中国彩票业运营监管框架采取国务院批准发行、政府部门类别化管理、事业单位企业混合化垄断运行的基本方式，这奠定了我国彩票业运营监管的体系基础，也以此构建起彩票业运行的基本规范。

（2）规范彩票运营监管体系。彩票运营监管体系主要是对包含彩票发行、销售、抽奖等彩票运营系统相对而言。彩票发行销售具有明显的垄断经营特色，需要适应彩民的购买偏好，同时还需考虑不同彩票品种、类型之间的竞争，因此对彩票运营系统的管理监督不可或缺。这就需要建立独立于彩票运营机构的彩票管理及监督体系，规范彩票运营机构及人员行为，规范彩票发行、销售、开兑奖等运行关键环节，控制彩票运营风险，保障彩票业社会目标的实现。

（3）规范彩票资金的筹集调配。国家发行彩票的基本动机是筹资，也就是利用彩票将人们购彩的小额资金聚集起来，将其中的部分返还彩民后，筹集社会公益事业资金，补充政策财政拨款的不足，以促进社会公益事业等的发展。为此，需要规范彩票资金的筹资、调配及使用。具体说来，需要对彩票资金中用于返回彩民的奖金，用于社会福利、慈善的公益金，以及用于彩票发行销售机构的管理费用三者间的资金配置进行规范，对彩票公益金的使用范围、项目、方式等进行规范。

（4）规划限制彩票的负面效应。彩票本身就是赌博或者博彩的一种形式，彩票筹资的公益性使用并不会改变其所具有的赌博属性，因此，国家在发行销售彩票，发挥其筹资作用，致力于社会福利、公益慈善的同时，还要策划应对其所带来的不良作用，将其不良影响限制在社会可以接纳的最小限度内。为此，应该切实梳理责任彩票的理念，提倡负责任和有理性的科学彩票观念，策划应对彩票发行所带来的非法博彩、赌博心理、购彩成瘾以及问题彩民等社会问题，推进彩票公益使命与社会责任之间的平衡。

2. 彩票管理方的社会责任

彩票管理方是指基于彩票管理相关法律法规，负责彩票运营管理监督的政府职能部门或者为此而设立的专门机构。彩票管理方负责对彩票运营的各个环节进行管理监督，以保证彩票业按照预定规则运行，筹集分配彩票资金，以及将彩票公益金用于社会福利、公益慈善事业。中国的彩票管理监督实行的是政府职能部门间分工协作、中央地方不同层级间职责有别的复合型管理模式。在政府职能部门之间，财政部门负责彩票运营的统一监管，而民政、体育部门分别负责福利、体育彩票运营管理；在政府层级之间，中央机构负责彩票整体性运营监管，地方机构负责本行政区域范围内具体管理。彩票管理方的社会责任主要包括如下。

（1）确保彩票体系规范运营。彩票管理方立足彩票发行的基本宗旨和目标，对彩票体系的运营进行管理监督，促进彩票运营与管理、监管各方相互合作，在彩票管理法律体系内规范各方的职责行为，促进各方担负起应尽的法定义务，为彩票运营创造必要的外部条件，保障彩票体系依法运营。同时，彩票管理方还需要针对彩票运营及管理中存在的问题，主动与相关各方进行沟通协商，及时处理，确保彩票行销体系的有序运营。

（2）推进不同部门机构的协作。彩票运营监管在不同政府职能部门之间、中央和地方之间存在工作重心的相对区分，中央级职能部门集中于全国彩票行销系统管理、彩票发展规划以及制度建设，而地方省市主要负责区域内彩票销售及其监督管理。因此，要推动不同运营及监管部门之间的沟通与协作，推动中央和地方不同层级职能部门之间的相互协作，以在集中统一管理和地方自主之间保留适当弹性，推动相互间的分工合作与良性互动，推动彩票业的依法运行。

（3）推动彩票游戏的多元互补。彩票发行由不同机构负责，而不同机构在彩票游戏类别间缺乏统一规范时，很容易造成产品同质化，进而导致同质化产品之间的恶性竞争。基于彩票社会责任视角，管理方要强化不同机构在彩票游戏类型之间的互补，通过彩票游戏产品的差异化推进彩票类型的创新，或者针对购彩人群进行市场细分，按不同细分市场匹配相应的彩票游戏种类，从而提高彩票游戏类型间的异质性，避免彩票游戏的同质化及恶性竞争。

（4）确保彩票资金的规范配置。彩票发行的基本目标是筹集用于社会福利、体育等社会公益事业的资金，弥补政府财政投入的不足。在彩票资金筹集过程中，要强化彩票资金的筹集、配置及使用管理，要对彩票资金的筹集、分配及其使用的各个环节进行监管，保障彩票资金在彩民奖金、公益金和管理成本之间配置的科学性，保障彩票公益金在不同领域和公益项目之间分配的科学合理，保证彩票资金合理、合规地予以配置和使用。

（5）推动彩票信息公开和问题应对。彩票公信力建立在信息对称基础上，当人们了解彩票业相关信息，了解到彩票业的运营及监管，知晓彩票大奖的抽取及兑付，理解彩票公益金的用途后，对彩票业的信任才会建立起来。因此，彩票管理方要推动彩票信息的公开，让人们客观地看待彩票、购彩中奖，充分了解应该了解的信息，防范潜在的“彩票黑幕”问题。同时，为确保彩票业立足责任与公益，管理方还要采取措施应对彩票带来的负面影响和问题，矫治问题彩民，防治购彩成瘾，支持打击非法博彩，杜绝谋取其利、放任其弊的现象发生。

3. 彩票行销方的社会责任

彩票行销方是彩票发行与销售的具体承担机构和人员，彩票的发行、销售方是任何国家发行彩票时必须建立起来，并由其承担具体彩票销售的组织工作。在世界大多数国家，彩票发行销售是通过招标、特许经营、特别授权等方式来委托专门机构或者公司集团等来承担的。在获得彩票委托权后，受托机构往往需要在国家或者特定行政区域范围内进行统筹布局，建构彩票发行销售站点及网络来销售彩票。彩票行销方是彩票运营销售终端环节的具体承担者，其运行及管理绩效对彩票业实际运营、彩票市场稳定乃至持续发展具有重要影响。彩票行销方的社会责任主要包括如下。

（1）确保彩票行销运营安全。彩票发行、销售、开奖、兑奖以及彩票资金归集等各个环节都隐藏着风险。而彩票发行规模的扩大、销售网络的拓展、彩票种类的增多等都对彩票发行销售、信息传递以及资金管理等提出更高的要求。彩票行销方在构建彩票销售站点和网络时，必须清醒地认识到彩票运行中所蕴含的各种风险，制定风险防范预案，采取各种防范措施，来确保彩票参与各方的利益，确保彩票发行风险处于可控状态，保障彩票系统的安全运营。

（2）强化彩票运行技术体系。伴随通信、信息技术的发展，彩

票游戏越来越向信息化、网络化方向发展，彩票的互联网销售、网络化运营对彩票运营的技术支撑体系提出更高要求。而彩票游戏品种研发、运营风险预防、发行销售监管、开兑奖管理等各个关键环节及其数据存储管理等都离不开彩票技术体系的相应支持。彩票行销方要对不断提高的相关彩票技术保持高度关注，强化彩票技术平台的投入及规划建设，确保彩票技术体系运营管理的高水平，提升彩票技术体系运行的安全稳定性，保障彩票运营管理数据的准确及安全。

（3）保障彩票游戏的规范化运营。彩票游戏及市场运营大多是由彩票行销方所主导的，这尤其表现在各种彩票游戏及品种的玩法设计、运行规则、中兑奖方法等多由彩票行销方制定执行。而作为彩票消费者的民众要参与彩票游戏，就只能遵从这些游戏规则。但是，彩票消费者对游戏规则的公平、诚信及娱乐的认可却必不可少，否则其可以选择退出。彩票行销方须确保各种彩票游戏按照事先确认的规则规范化运行，才能营造一个规范运营的彩票市场，给彩民以购买的乐趣和信心。

（4）强化彩票游戏的研发储备。满足不同民众对彩票游戏娱乐的多样化需求，并以此来筹资推动社会公益事业发展，是由彩票业本身特点所决定的。而创新彩票游戏、进行彩票品种开发，满足不同彩民的需求等是彩票行销方所担负的职责。否则，当彩票游戏品种、玩法的发展不能满足民众的需求时，就会产生各种非法替代产品，例如私彩、黑彩、地下彩票、境外彩票，甚至出现公彩私玩的现象。因此，彩票行销方必须加强各种彩票游戏品种的研发以及储备，丰富彩票游戏种类玩法，满足彩票市场需求，借此来推进社会公益。

（5）矫治彩票的违规行销。彩票发行销售方往往是彩票市场运作的主体，彩票游戏设计的科学性、彩票限购限投的措施切实执行情况等问题对非理性购彩、问题彩民等的产生具有重要影响。为降低彩票业所带来的负面影响，防止部分彩民过度购彩、非理性购彩带来危害，彩票发行销售机构、销售网点应对未成年人购买彩票，彩民过度购买彩票等采取恰当的限制措施。彩票行销机构要强化彩票销售人员培训，采取措施防止单纯为追求市场销量而放松限买、限购措施的执行，更要防止彩票行销网点代销非法彩票，涉足非法彩票游戏。

4. 彩票购买方的社会责任

彩票购买方，也就是彩票的购买对象及消费群体，主要指经常购买彩票的广大民众，我国将其称为“彩民”。除公民个人以外，其他社会团体组织等也并非不能购彩，它们也可以是彩票购买方。只有当彩票消费者做出实际出资购买行为时，彩票销售才得以实现，彩票筹资才有了可能。从此意义上说，彩票购买方是彩票发展的最终依托，也是推动彩票业健康、持续发展的源头动力。彩民相对处于弱势地位。中国彩民没有组织起来，没有成立彩民协会等组织，而彩票相关规范也没有保护彩民权利的条款，彩民在很大程度上是个体性的。然而，彩民在彩票业发展中的社会责任依然不可或缺。

（1）购买合法彩票。在一些国家和地区，除国家发行的合法彩票以外，还或多或少地存在一些处于“地下”状态的非法彩票、非法彩票游戏，甚至非法博彩活动等。例如，地下“六合彩”已经遍及中国大多数省份，在少数地区非法彩票玩法出现了私彩半公开化、公彩游戏非法玩的局面。近年来，网络赌球、网络博彩等也进入我国。这些博彩活动以宣称有较高的回报率来吸引人们参与。彩民对这些非法彩票、博彩活动要有清醒认识，不参与、不购买，从正规途径购买合法彩票。

（2）理性购买彩票。一些彩民之所以购买彩票，其基本动机就是中大奖。中低收入人员在购彩群体中占大多数，正是这种暴富心理使然。而购彩中奖、投机暴富心理会制约彩票业的持续发展。彩票赌博性质以及中奖低概率特点决定了彩民陷入危机的可能性，彩民要正确看待彩票，理性购买彩票。购买彩票要用零花钱，要量力而行，要控制购彩资金量，不能因为购彩而影响正常职业及社会生活，以奉献或者娱乐的心态来购彩，才能在奉献爱心时播种一份希望，享受到购彩的乐趣。

（3）科学认知彩票。彩民要对彩票具备基本知识，正确认知彩票，树立科学购彩理念。基于公益筹资目的而发行的彩票，其突出特征就是投入低、中奖概率低，远非流行的赌博游戏。和其他博彩游戏相比较，彩票所带来的成瘾可能性要更低一些。这也是彩票被世界上大多数国家所接收的基本缘由所在。彩民要知晓、理解彩票的特征，认识到彩票游戏的随机性及风险。彩民要了解彩票中奖号码随机产生，中得头等奖的概率为千万分之一，预测中奖号码基本不可能，倍投百余注基本没有意义等。

（4）关注监督彩票运行发展。作为彩票业发展的支撑者，彩票业的持续发展、彩票市场运营监管等都离不开彩民。广大彩民需要关注彩票业，对彩票市场运营予以有效的监督。在彩票市场上，彩票游戏的品种、玩法、中兑奖规则等多由彩票行销方来设定。但是，这并不意味着彩民仅仅遵从这些彩票游戏规则，彩民还要对游戏规则的公平性进行必要的监督，发现问题及时向有关监管机构反映。彩民对彩票运营、彩票市场的关注与监督，有助于提升彩票业运营的规范化，有助于提高彩票行销、公益金使用的透明度，也有助于彩民自身利益的保护。

5. 彩票受益方的社会责任

彩票受益方是指因彩票业筹集公益金支持社会福利、公益慈善事业发展中受益的弱势群体或者普通民众。彩票业大多发端于社会福利公益事业发展对资金的需求，国家彩票以其公益金的福利性分配、社会共享而与非法彩票区分开来，彩票公益金取之于民、用之于民，投向由于政府财政限制、无法或者很难完成的社会救助、社会福利以及公益慈善事业等领域，最终由社会弱势群体以及广大民众所分享，从而构成彩票受益方。近年来，彩票所覆盖的社会公益事业的范畴越来越广，涉及受益对象越来越向弱势群体乃至普通民众扩展。彩票受益方共享彩票业发展成果，其社会责任主要包括如下。

（1）发挥资金使用效益。彩票公益金在使用过程中，有的直接用于困难或弱势群体的生产生活救助，例如残疾人辅具配置、灾民生活救助等；有的则用于建设社会福利、公益服务型设施设备，例如，建设福利院、康复医院、全民健身场所，修建体育健身设施，购买体育健身器材等。但是，无论是直接用于弱势群体生活救助，还是公共服务型设施设备，都需要彩票公益金的受益方予以重视，合理使用救助资金，爱护公共设施设备，以发挥资金使用效益。

（2）关注支持彩票业持续发展。作为彩票筹资的直接受益对象，社会弱势群体以及广大民众有伦理责任来关注和支持彩票业的发展。可以从自己切身受益的例证中来支持彩票的公益慈善宣传活动，关注支持彩票业的持续发展。为此，受益方应该增加对彩票基本知识的了解，对彩票公益金筹集使用的关注，在把握彩票的公益属性基础上，向周围群众宣扬彩票公益特性，纠正人们对彩票的错误认知，关心支持彩票业发展。

（3）努力给社会以回馈。弱势群体十分需要社会关系的支持及救助，但是，这并不意味着弱势群体自身没有回馈社会的能力。被救助的弱势群体也要抱有奉献、感恩的心态，在自己力所能及的前提下来回报社会。广大民众在享用彩票所带来的福利服务、体育健身设施时，也需要对社会有所回馈，例如承担必要的爱护责任，关心帮助其他人，推进形成社会互济、互助、共享的和谐氛围。

6. 彩票协作方的社会责任

彩票协作方是指关注彩票业发展，对其发展具有影响力的彩票相关教研机构、社会组织以及大众传媒等相对独立的主体。其中彩票教研机构可以由政府、协会等多方建立，主要从事彩票业相关的教育、科研、培训等工作，以培养彩票管理等从业人员，提高其处理实际问题的能力，预防和矫治病态赌博等问题彩民的出现。社会组织介于政府、市场和民众之间，同时在各方之间发挥着资源再分配，以及信息交流、组织沟通、冲突调和的作用。大众传媒通过报刊、电视、网络等途径，普及彩票知识，宣扬彩票业的运营监管及公益理念，对推动彩票业发展具有重要影响。彩票协作方处于中立地位，可围绕彩票利益方共同关注的问题建构起沟通交流的平台，从而可以沟通协调各方的立场与利益，通过信息共享交流来促进彩票利益相关各方之间的合作共赢。彩票协作方的社会责任主要包括如下。

（1）协作推动彩票业发展。彩票业的健康发展涉及政府部门、发行销售机构、彩民和社会各界的切身利益，彩票利益相关各方的核心诉求不同，利益有别，通过沟通、协调找到共同观念和利益才能共谋发展。协作方因其相对独立性，更能贴近彩票业发展实际，对彩票所涉及的领域和内容较容易形成自己独立的理解和把握。同时，彩票协作方还能够秉持相对中立的视角，成为政府、机构和民众之间的沟通交流平台，通过多方协作，共同交流信息，协调多方利益，推进彩票行业的健康发展。

（2）推动彩票教育科研。彩票业的顺利发展离不开对彩票理论的理解以及对彩票业发展现状和问题的把握。彩票协作方可以从不同侧面发挥各自优势，推动彩票的教育、研究和宣传。例如，彩票教研机构更多关注彩票发展理论的研究培训，行业协会则更多贴近彩票行销方、彩票企业以及彩民群体，问题彩民矫治组织能更多地了解和把握病态彩民的心理和行为。通过开展教育科研，协作方还可以为政府规划彩票业发展，为彩民不当行为矫治提供必要参考，还可协助监管部门改进彩票监管规范，推动建立行业良性运行和高效管理相结合的机制等。

（3）监督彩票体系运营。彩票业存在的合理性就是其资金筹集使用的公益性。彩票协作方因其相对独立的地位、科学专业知识以及在社会大众中的影响力而可以成为对彩票运营、监管等体系进行外部监督的有效力量。协作方要对彩票运营、管理、监督过程中的问题保持敏感性，要通过理论和实地研究为彩票业发展、彩票发行销售规范化管理、彩票公益金配置及使用等提供改进意见建议；要基于彩票业持续发展和彩民需求，推动公益金使用范畴的拓展，推动彩票公益金高效合理的使用。

（4）普及彩票相关知识。尽管彩票业发展已经近 30 年，但是人们对彩票认知依然存在较大偏差。特别是大众媒体对彩票大奖夸大其词的鼓吹和宣传掩盖了彩票中奖的低概率，成为诱导人们购彩的工具。彩票协作方对彩票知识的认识和把握更为客观，也有责任在社会公众尤其是在彩民中普及科学的彩票知识，倡导彩票的公益文化，防止新闻标题、内容的诱导性，防止过度追踪报道中奖的投注、倍投方法等，防止彩票宣传成为购彩宣传，防止借科普名义诱使民众购彩。

专题研究篇

Thematic Research Articles

B.13

世界彩票业发展及其对中国的启示

唐德龙　张　莉*

摘　要：世界各国的彩票业由来已久，其发源甚至可以追溯到古罗马时期。不同国家的彩票业有着不同的发展历程，但都有着共同的特征和趋势。本文以英国、美国、法国、日本为例，回顾世界彩票业发展的历程及现状，并归纳其共性特征及趋势，将对中国发展彩票业具有重要的启示意义。

关键词：彩票业　彩票发行　彩票管理

* 唐德龙，博士，北京科技大学公共管理系讲师；张莉，益彩基金管理委员会主任助理。

博彩业包括彩票、赛马、赌场游戏等活动，这些活动集娱乐性、竞争性与投机性于一体，充分利用了人们对赌博的需求，刺激人们投资来实现最终收益。其中，彩票的发展由来已久，长盛不衰，其发源甚至可以追溯到古罗马时期。回顾世界彩票业发展的历程，梳理其发展现状，并归纳其共性特征及趋势，将对中国彩票业发展具有重要的启示意义。

一　世界彩票业发展历程及现状

彩票业是一个特殊行业，不同国家有着不同的发展历程，而不同的发展历程又决定了其发展现状。现以英国、美国、法国、日本为例，追寻世界彩票业的发展历程，介绍世界彩票业的发展现状。

（一）世界彩票业的发展历程

从彩票的起源来看，在欧洲，古罗马国王为增加节日氛围和筹措经费，曾利用节日和大型活动进行博彩游戏。1530 年，意大利佛罗伦萨出现了世界上第一个彩票发行机构。1566 年，英国女王伊丽莎白一世为修建港口和弥补其他公用，曾经批准发行彩票。18 世纪欧洲工业革命的兴起也带动了彩票业发展，彩票最初由私人或企业发行，后来由立法机关颁发许可证。此后，荷兰、丹麦、西班牙、葡萄牙、奥地利等普遍将彩票发行视作政府收入来源。在美洲，美国 1776 年建国后，曾经发行彩票，用以筹集资金促进公共事业发展。墨西哥从 1769 年开始发行国家彩票，波多黎各、哥斯达黎加、尼加拉瓜、洪都拉斯和阿根廷等国的政府从 19 世纪开始接受发行彩票的做法。委内瑞拉 1926 年开始发行彩票，这些国家的彩票收益也多用于发展公共事业。在亚洲，1936 年，泰国成立政府彩票办公室；1945 年，日本成立住友银行彩票部。20 世纪 60 年代末期，韩国、马来西亚和新加坡等国的彩票开始发行。现代彩票在中国的发行始自20世纪30年代，而真正发展则要到20世纪80年代。[①]

世界主要国家彩票的发展历程，具体如下。

1. 英国

在英国，彩票一般被视为“众多人为获得中奖机会而通过购买活动形成的小概率的奖金分配游戏”。英国彩票发展历史悠久，主要可以分为四个阶段：①1569～1826年。这一时期是形成与早期发展阶段。1569年，英格兰政府发行国家彩票，用以资助肯柯（Cinque）港口的修复，此后100年间，彩票主要应用于公共事业。1698年，英国议会统一控制彩票发行，并将其收益列为国家的经常性开支。②1826～1934年。这一时期是禁止发行阶段。针对非法彩票盛行，并造成赌博投机等现象，1823年《彩票法》禁止发行彩票，1826年停止发行最后一支国家彩票，一直延续到1934年。③1934～1993年。这一时期是非国家彩票的发展阶段。1934年《博彩业法》允许发行“小型彩票”（small lottery）和“社会团体彩票”（private lottery），1976年《彩票与娱乐业法》强化彩票的公益性，规定了合法的四种彩票，即：小型彩票、社会团体彩票、社会公益彩票（society lottery）和地方公益彩票（local authority lottery），且这些彩票的销售和发行均由英国博彩业委员会（the Gaming Board for Great Britain）统一管理。[②] ④1993年至今。这一时期是多元化彩票发展阶段。根据彩票发行主办方的不同，英国彩票类型包括国家彩票、社会团体彩票、地方公益彩票、偶发的非商业彩票、顾客彩票和私营彩票。英国对国家彩票单独立法，由议会批准发行，主要为艺术、体育、慈善、国家遗产、千年庆典和新健康、教育、环境等公益事业筹集善款。依据法

① 崔振南：《我国彩票管理与博彩探索研究》，天津大学博士论文，2003，第4～5页。

② 王薛红：《博彩业发展与中国政府政策选择》，中国财政经济出版社，2008，第48～49页。

案主要包括 1993 年的《国家彩票法》、1998 年的《国家彩票法》、2004 年的赛马投注和奥运彩票法以及 2006 年的《国家彩票法》等。英国国家彩票及其监管机构基于 1993 年的《国家彩票法》建立。[①]

2. 美国

美国彩票起源于 17 世纪，其发展历程可以分为三个阶段：①1865 年以前。这一时期是彩票自由发展阶段。当时的殖民地当局或私人为了筹集资金，开始发行彩票，用来资助移民、创办大学、建设公共工程等。1776 年，美国联邦政府为筹措独立战争资金，也积极发行彩票。1800 ~ 1865 年期间，彩票发行种类繁多，成为公共事业与私人企业发展的重要筹资方式。②1865 ~ 1964 年。这一时期是彩票发行的衰落阶段。美国彩票业屡现营私舞弊、欺诈等行为，而特别在 1865 年南北战争之后，金融业繁荣发展，彩票业的筹资功能渐渐弱化，1890 年，美国联邦政府开始禁止各州发行彩票，一直持续到 20 世纪 60 年代。③1964 年至今。这一时期是政府彩票垄断市场规范发展的阶段。1964 年，新罕布什尔州开始发行政府彩票，此后，纽约州、新泽西州等 30 多个州和华盛顿特区也开始发行彩票，从此，彩票逐渐在美国形成产业。[②]

3. 法国

法国彩票最早出现于 16 世纪，国王弗朗索瓦一世在巴黎创立了第一家官方彩票机构，[③] 目的在于取代黑市彩票，并保障国家财政。此后，法国的统治者由于宗教和社会观念的冲击，对彩票发行数度开停。1933 年，为抚恤一战的士兵及其家属，法国政府特许法国退伍军人协会发行彩票，为军人抚恤筹集资金。同年，法国国家彩票公司

① 甄光皓、陈欢：《英国国家彩票如何在法案框架下实现监管》，《中国社会报》2013 年 12 月 9 日第 B03 版。

② 王薛红：《博彩业发展与中国政府政策选择》，中国财政经济出版社，2008，第 60 ~ 61 页。

③ 王晓玫：《中国彩票工作》，北京大学出版社，2008，第 32 页。

正式成立，发行彩票用以资助退伍军人及受灾人员。20 世纪 60 年代，彩票发行机构联合成立统一的名为“佩罗”的企业。1975 年，希拉克政府特许发行“六合彩”，并由“佩罗”运作。1978 年，法国政府收回“六合彩”发行权，合并国家彩票公司和“佩罗”，成为国家彩票和“六合彩”公司，并于 1991 年更名为法国国家游戏集团。[①]

4. 日本

在日本，彩票称为“宝签”，前身为“富签”，发端于 16 世纪的室町时代，兴起于江户时代，所筹资金用于修建寺院庙宇。明治维新之后，日本政府取缔了“富签制度”。[②] 1945 年 7 月，日本为筹集军费，打破百余年的禁令，发行“胜札”彩票，但未等开奖，日本就宣布投降了。1945 年 10 月，日本政府为募集资金解决战争遗患，开始发行彩票。1946 年，日本中央政府允许地方政府出售此类彩票，并建构起来遍布全国的销售网络，其销售收入成为各地方政府的重要财政来源。[③] 1948 年，日本制定《附带中签金的证票法》（彩票法），规范彩票销售和管理，该法经过多次修改，一直沿用到今天。[④] 1954 年，日本废除政府彩票。同年 12 月，全国首次发行“自治彩票”。此后，各地“自治彩票”蓬勃发展。

（二）世界彩票业的发展现状

随着现代社会的发展，彩票发行、运营及管理也随之发展。彩票通过合法、公平的方式，实现社会闲散资金的再分配，以促进社会关系的改善。从世界范围来看，很多国家和地区都在发行彩票，且销量

---

① 王薛红：《博彩业发展与中国政府政策选择》，中国财政经济出版社，2008，第 63～64 页。

② 马黎明：《日本的彩票集资》，《现代日本经济》1987 年第 3 期。

③ 崔振南：《我国彩票管理与博彩探索研究》，天津大学博士论文，2003，第 12～13 页。

④ 张超：《有法可依的日本彩票市场》，《法制日报》2009 年 10 月 27 日第 9 版。

稳步增长。2012 年，全球彩票总销量达到 2752 亿美元（不包括视频彩票 VLT），视频彩票（VLT）共销售 245 亿美元。[①] 通过发行彩票，进行筹资，并将其用于社会福利、公共卫生、教育、体育、文化等公共事业，几乎是这些发行彩票国家的共同目标。

具体来说，世界主要国家彩票的发展现状如下。

1. 英国

从市场结构上看，英国彩票市场以国家彩票为主导，多种彩票相竞争。以 1993 年《国家彩票法》为基础，确立国家彩票的法定地位，实现以国家彩票为主、其他类型彩票为辅的市场结构。所发行彩票以乐透型为主，不同彩票机构发行的彩票在玩法和规则上类似，票种之间存在竞争，且全国发行彩票与区域发行彩票间也存在竞争。从彩票运营模式上看，英国的彩票包括国家发行的彩票、博彩公司发行的彩票（主要是体育彩票）两大类。国家彩票的发行由国务大臣任命国家彩票总监管理彩票，并通过招标形式招聘彩票的经营者，并颁发彩票经营许可证。彩票运营商与零售商及邮政系统等组织合作，建立起全国范围的国家彩票销售网络。[②] 从监管体制上看，英国的彩票监管机构包括地方政府、博彩委员会和国家彩票委员会等机构，它们之间有相对分工。其中地方政府负责小型福利彩票的监管。博彩委员会隶属于内政部，负责监管慈善机构发行的大型福利彩票、地方政府发行的福利彩票和足球彩票、大型社会公益及所有地方授权的彩票以及其他非彩票类的博彩行为。国家彩票委员会隶属于文化、传媒、体育委员会，主要监管国家彩票。博彩委员会和国家彩票委员会隶属于国务大臣，其总监直接对国务大臣负责。英国彩票分配

① 《中国彩票年鉴》编辑委员会编《中国彩票年鉴（2013）》，中国财政经济出版社，2014，第 522 页。

② 蒋俊锋：《中国彩票市场发展研究》，中国财政经济出版社，2009，第 113～114 页。

基金委员会负责彩票公益金的分配，主要用于公益领域。[①]

2. 美国

从市场结构上看，基于联邦制的国家体制，美国彩票市场是一种以州为发行单位的区域垄断式结构。彩票发行权由各州独立行使，并由州议会批准州彩票公司独家发行。各州只允许一家彩票公司经营彩票业务，而彩票公司则通过发放牌照，建立本州的垄断式彩票销售。20 世纪 80 年代以来，各州之间的彩票经营走向竞争化，跨州彩票开始出现。从运营模式上看，美国大多数州采取政府主导、公司协作的彩票运营模式。允许彩票发行的州，多有州彩票公司和州彩票委员会，彩票公司经理（执行董事或总监）由州长来任命，需经州彩票委员会通过，并对州长负责，实现对本州彩票的直接监督和领导。[②] 美国彩票运作比较完善，彩票发行以州为单位，各州自己设计彩票，彩票种类多样。[③] 从监管体制上看，依照各州的彩票法，建立州彩票委员会，该委员会由部分州参、众两院的议员和州长任命的公众代表委员组成。该机构独立于行政系统，行使彩票监管权，监管州彩票公司和销售商。彩票公司将公益金上缴给州彩票委员会，由州彩票委员会再依据相关规定，将其拨付给当地公益事业，或部分作为政府财政收入。[④] 目前，美国发行彩票的州掌握彩票业的经营权和所有权，以严格的监管机制、高端的彩票发行技术、多样的彩票产品，推动了彩票业的发展，从而促进了各州公共事业的进步。[⑤]

3. 法国

从彩票发行主体来看，法国国家游戏集团是法国唯一合法的彩票

---

① 郁菁：《美英法三国彩票管理体制比较与启示》，《社会福利》2012 年第 10 期。

② 蒋俊锋：《中国彩票市场发展研究》，中国财政经济出版社，2009，第 115、120 页。

③ 严立新：《世界经济情况欧美各国彩票业发展历程、现状与趋势以及对我国的启示》，《世界经济情况》2006 年第 18 期。

④ 郁菁：《美英法三国彩票管理体制比较与启示》，《社会福利》2012 年第 10 期。

⑤ 徐再荣：《美国彩票业的发展及其对公益事业的作用》，《史学集刊》2014 年第 6 期。

发行机构，这是一种典型的全国垄断型彩票市场结构。法国国家游戏集团是国家控股的经济实体，它通过批发商控制全国的零售商，而零售商则通过法国国家游戏集团的许可证进行经营。从运营模式上看，法国国家游戏集团作为专业的彩票公司，制定市场策略，设计和生产产品，为彩票运营提供规则，并监督资金支付。[①] 从监管体制上看，法国国家游戏集团董事长兼总经理由政府总理来提名，由总统任命。主管机关是法国国家预算部，预算部代表法国政府，进入董事会，并派驻国家监督员，对彩票经营活动进行监管，以保证彩票业的安全运作及操作透明。此外，法国国家游戏集团还需接受审计法庭、行政法院以及有关财政金融法令的监管。法国内政部的游戏警察专门负责检查博彩作弊行为。[②] 法国彩票销售收入除去奖金和运营成本，都纳入国家财政预算，用于支持社会公益事业。[③] 近年来，法国彩票玩法异常丰富，销售网络逐渐成熟，营销手段日益科学，开奖方式更加专业，技术支持非常先进，发展态势有序适度。

4. 日本

从市场结构上看，1948 年日本颁布的《附带中签金的证票法》（彩票法）规定，都道府县和人口超过 50 万以上的指定都市政府有权发行彩票。日本刑法禁止私彩。目前，日本形成“全国自治彩票”、“东京都彩票”、“关东、中部、东北彩票”、“近畿彩票”及“西日本彩票”等若干家大型彩票发行机构。从运营模式上看，在地方议会许可的前提下，地方政府向总务省提出发行彩票的申请，并获得总务大臣批准。彩票运营由专门金融机构承担，政府向社会发出公告，金融机构根据公告向政府提出申请，获批之后，根据地方政府计划，制作、发行彩票。彩票兑奖期限过后，金融机构要向政府交付收

① 蒋俊锋：《中国彩票市场发展研究》，中国财政经济出版社，2009，第 114 ~ 115 页。

② 方仁祥：《法国彩票业考察及几点思考》，《浙江财税与会计》2003 年第 3 期。

③ 郁菁：《美英法三国彩票管理体制比较与启示》，《社会福利》2012 年第 10 期。

益金。专门金融机构的彩票业务被要求单独结算，其销售款的投资、放贷不能随意而为，而必须在总务省规定的范围之内。从监管体制上看，专门金融机构每月向地方政府提交报告书，如有需要随时提交。地方政府每年都要现场检查彩票业务，并将检查结果上报总务大臣，而总务大臣有权要求进行整改。[①]

二　世界彩票业发展的共性特征及趋势

由于国情、历史传统和经济水平等不同，世界不同国家的彩票业发展也有很多不同，但彩票业发展也具有共性特征及趋势。具体如下。

（一）世界彩票业发展的共性特征

围绕立法、政府监管、市场化、专业人才培养及文化传统，能够看出世界彩票业发展的共性特征。

1. 以立法为基础，强化政府监管与引导

立法是世界彩票业管理的通行手段。目前，世界上发行彩票的绝大多数国家和地区都通过颁布《彩票法》、《博彩法》或相关法律法规等方式，对彩票的政府监管、市场秩序、筹集资金的定位等进行规范，从而保证彩票的公正性。具体来说，发行彩票的国家和地区的立法条款主要包括：彩票发行目标和宗旨；彩票发行的审批、程序及主管部门；彩票经营机构的设立、组成和经营方式；彩票的面值、种类和玩法；奖金设置、奖金等级、奖金金额、彩票收入的分配比例和使用原则；彩票零售网点的许可与佣金比例；彩票有效性的确认及仲

---

① 《日本彩票有法可依 政府监管严格 摇奖完全公开》，中彩网，2014 年 12 月 12 日，http：//www. zhcw. com/xinwen/quanqiucaifeng/494578. shtml。

裁；彩票业管理制度及协调关系；财务审计、经费开支办法；对主办单位工作人员的纪律要求；引进购买彩票设备批准程序，等等。[①] 由此，世界上大多数国家都重视彩票业的政府监管，均制定较为详细的法律规范，并不断修订和补充。大多以国家垄断和授权经营为基础，统一监管机构，监管与运营相分离，合理、有效配置权力，健全监管政策，强化外部监督，严格资金管理，以确保彩票的公益性和市场良性发展相结合。

2. 以市场为导向，实现多样化经营与差别化竞争

西方发达国家一般都重视市场的竞争性。首先，注意避免同质化竞争。不同彩票在规模、层次和市场细分上，都有侧重，能够吸引不同的消费者。注意彩票发行区域和场所的限制，规避彩票发行机构在同一地域上的竞争，避免恶性竞争，充分细分市场，提高发行效率。其次，坚持集中管理。英国通过确立国家彩票地位、美国通过区域垄断、法国通过收归国有等方式，加强集中管理，推动彩票市场从分散到集中、从无序到有序，加之彩票发行系统存在规模经济问题，彩票发行的国内市场一体化也实现了国内资源的整合。最后，以市场运营为主导。发达国家的彩票发行多为企业运行，例如英美的政府授权许可模式，法国设立国有公司经营模式，这样符合市场经济规律，容易理顺彩票市场的法律关系，区分行政行为和经营行为，促进彩票市场的专业化、规范化和以市场为导向。[②]

3. 发挥行业协会的作用

世界很多国家为保证彩票业的公正和内部协调，都成立了由彩票经营者组成的彩票协会，它们致力于向消费者提供更多的获奖机会，促进相互信任，与政府实现公平对话，进行彩票资源和信息的整合

① 张占斌：《博彩业与政府选择》，中共中央党校博士论文，2000，第108~109页。

② 蒋俊锋：《中国彩票市场发展研究》，中国财政经济出版社，2009，第111~126页。

等。依据地域，彩票协会可以分为两类：一是区域性彩票协会，例如世界彩票协会、北美彩票协会、亚太彩票协会等。其中，由各国彩票运营商、技术设备供应商等组成的世界彩票协会（World Lottery Association，简称 WLA）具有很高的权威性，实行会员制，它是全球性信息交流的媒介、彩票业的资源中心、管理培训学校、彩票和体育竞猜业的全球发言人。二是国家内部的彩票协会，如德国彩票协会、美国州际彩票协会。德国彩票协会是最早成立的彩票协会，其成员包括各洲的彩票公司，参与制定彩票游戏。美国州际彩票协会董事会由各成员州彩票业总裁组成，每个季度进行会商，执委会由成员选举产生。①

4. 重视专业人才的培养

彩票专业人才的培养将增进社会对公益理念的理解，有助于实现专业化的彩票管理模式。随着彩票业市场需求增多和技术进步，彩票从业资格的要求越来越高，专业人才培养提上议事日程。首先，专业教育。国外有些大学的工商管理硕士（MBA）设置专业博彩，已经呈现规模化、专业化、特色化的培养模式。其次，日常培训。世界上的很多彩票组织正在对彩票从业人员特别是管理者进行培训。例如，北美彩票协会从 1971 年就开始为成员组织进行培训，对象主要为中层管理者，内容涉及彩票历史、应变性管理、演示、新产品开发、政策敏感性、广告以及计算机模拟案例等。世界彩票协会也从 1989 年以来成立管理培训学院，以案例教学为基础，培养学生的实际工作能力等。②

（二）世界彩票业的发展趋势

彩票业发展越来越得到世界各国的重视，由此也带来彩票业发展

① 王薛红：《博彩业发展与中国政府政策选择》，中国财政经济出版社，2008，第 42 ~ 46 页。

② 王薛红：《博彩业发展与中国政府政策选择》，中国财政经济出版社，2008，第 46 ~ 47 页。

繁荣。随着经济全球化、市场化、民主化、信息化浪潮的推进，世界彩票业发展也呈现全球化、法制化与管理的间接化、网络化与技术化、娱乐化等趋势。

1. 全球化

随着经济全球化的不断推进，世界彩票业也迎来巨大的机遇和挑战，国家和区域间合作不断增强。在此宏观背景下，单一国家的彩票发行无法满足社会需求，国与国、地区与地区的彩票联销成为一种大趋势，彩票市场将不断扩大，彩票手段将不断更新，彩票竞争将更直接和更激烈，彩票奖池的额度将不断扩大，刺激性、娱乐性和吸引力将不断增强。例如，2004 年，英国、法国和西班牙推出“欧洲百万”，这是一种跨国联销彩票。此后，奥地利、比利时、爱尔兰、卢森堡、葡萄牙和瑞士先后加入，目前已成为世界最著名的彩票游戏之一。[①]

2. 法制化与管理的间接化

世界各国都较为重视彩票业的监管，多以立法实现国家对彩票业的控制。近年来，法制化和管理间接化趋势明显。其一，彩票业发展的法制化（前文已述）。其二，管理的间接化。政府单一监管模式出现松动迹象，正出现由政府直接监管转向间接参与控制。由于彩票业的特殊性，为加强监管，彩票的发行一直由政府实行直接控制，甚至彩票发行一度被中止，而一些国家的彩票业则实行国有化经营。随着世界彩票业的持续发展，国有彩票和私有彩票在一些国家开始同时存在，国家对彩票的直接监管逐渐转向以法律为主导的间接控制，即公司发行和运营彩票，而国家占据绝对控股的地位。[②]

① 《欧洲百万开出第二大奖 14.8 亿 巨奖花落英国》，中彩网，2014 年 12 月 12 日，http://www.zhcw.com/xinwen/quanqiucaifeng/2387653.shtml。

② 王薜红：《我国彩票业发展趋势及对策研究》，《中国财政》2014 年第 1 期。

3. 网络化与技术化

包括彩票在内的世界博彩业发展与现代科技的联系日益紧密。目前世界各国纷纷利用现代科学技术手段，改造传统博彩业，促进现代博彩业发展，特别是以光机电一体化技术更新博彩手段、项目和工具，使博彩更具有高科技、吸引力和娱乐性。[①] 对于彩票来讲，电子科技的迅猛发展，极大程度地改变了传统交易形式，以网络彩票、手机和视频彩票为代表的无纸化彩票逐渐进入人们的视野，任何时间、任何地点都可以进行交易。网上彩票运营的成本低，能够提供全天候即时、便捷、准确的服务，吸引了大量年轻彩民，大有取代传统彩票的趋势。进入新世纪以来，彩票网站增多，网上彩票交易可观。同时，新技术不断被应用到彩票运营系统，摇奖结果难以被操纵，增强了彩票的安全性。

4. 娱乐化

彩票本身就是一种兼具竞争性、刺激性、投机性、娱乐性和偶然性等特点的游戏，它吸引着人们广泛参与。近年来，世界各国彩票业发展不断推陈出新，彩票游戏种类多样化，彩票购买者的参与度增加，彩票的娱乐性增强。在不断追求彩票娱乐性的过程中，彩票类型多种多样。除了“摇奖”这类传统型彩票外，世界上的很多国家和地区还开发了即开型彩票（即开即兑）、乐透型彩票、数字型彩票和透透型彩票等多种彩票。在此基础上，世界各国的彩票经营者们将产品再细分，针对不同顾客的需求，不断开发新产品，增加新玩法，推出新游戏，还重新设计票面、奖金和游戏规则等。甚至有的国家和地区将现行彩票与旅游业、传媒业发展相联结，与观光、文化、度假相融合，深度开发潜在的历史、人文等资源，从而带动相关产业的融合发展，促进经济的腾飞。

---

① 邹小山：《国际博彩业发展的新趋势及其监管》，《国际经贸探索》2004 年第 3 期。

三　世界彩票业发展对中国的启示

自20世纪80年代以来，中国彩票业积极探索，取得了长足的进步。但是，中国彩票业也存在着彩票公信力下降、彩票市场秩序混乱、公益金分配上的正当性缺失等问题。[①] 为此，有必要积极吸取世界彩票业发展经验，为我所用，适应全球化浪潮与本土化需求，确保彩票业可持续发展。

综上世界彩票业发展，给中国带来的启示主要包括：加快立法，科学监管，积极引导，建设专业队伍，推动可持续发展等。具体如下。

（一）加快制定《彩票法》，推动政策管理向依法管理转型

世界各国彩票发展的成功经验说明，彩票业的健康持续发展有赖于管理法律体制的健全。“先立法后发行”是世界发达国家彩票业发展的通则，而我国则是“摸着石头过河”，“先发行后立法”。目前，我国彩票监管主要以2009年颁布的《彩票管理条例》、2012年颁布的《彩票管理条例实施细则》为基础，但《彩票管理条例》只是行政法规，《彩票管理条例实施细则》也只是实施细则说明、解释和补充，位阶较低，无法满足现实需求。要通过立法，改变政策管理模式，理顺和规范彩票管理体制，明确相关组织的权利与义务，加强彩票运营监督，严厉制裁彩票违规违法行为，实现彩票管理的有法可依，推动中国彩票发展的规范化、专业化和制度化。

（二）科学监管，实现行政监管转向国家监管

对于彩票监管，世界许多国家的通行做法是，建立不隶属于任何

① 朱新力、唐明良：《政府对彩票业的法律规制——问题、成因及和谐社会理念下的制度面应对》，《浙江大学学报（人文社会科学版）》2006年第2期。

行政部门的独立的监管机构。彩票发行要改变“政出多门”、“九龙治水”的局面，彩票管理要实现从分散走向统一。目前，我国彩票监管以行政监管为主，独立性不强，效率低，公信力缺失。为此，有必要建构国家层面的“国家彩票监管委员会”，实现国家监管，管办分离，监管与经营分离，从而摆脱行政监管、分散监管、利益寻租等问题的掣肘。就现实而言，推动监管体制变革，必须解决三个层面问题：梳理财政、民政和体育等部门职责，实现彩票管理的权责对称与清晰；推动财政、民政、体育、公安、税务等部门协调，促进部门间的分工与合作；推动学术机构、媒体、彩民和社会公众的有效参与，建立起一整套行而有效的监督机制。①

（三）推进事业单位改革，实现市场化经营

参考世界发达国家彩票业发展模式，重新定位和重组现有福利彩票和体育彩票管理机构，国家权力退出市场化经营，解决政社不分、政企不分、官办不分等问题。从现实考量，其一，推动彩票经营的市场化。在现有福彩和体彩管理中心的基础上，进行事业单位改革，充分“去行政化”，尝试成立彩票公司，独立于政府管理部门。其二，推动彩票利益的相分离。将各个相关机构形成彼此独立的利益主体，实现监管机构与经营机构相分离，经营机构与国家利益相分离，进而实现经营与监管相分离。②

（四）积极引导，做到筹集公益金与防范社会问题并重

在西方国家，彩票是筹集社会闲散资金、进行社会福利和公益事业建设的重要手段，彩票公益金收入也是国民收入再分配、社会关系

---

① 王薛红：《制定我国彩票业发展战略规划必须解决的十个问题》，《财政研究》2011 年第 10 期。

② 许力攀、刘文涛：《彩票监管机制研究》，《中国行政管理》2004 年第 12 期。

协调的特殊杠杆。彩民通过“微笑纳税”方式，娱乐自己，反哺社会。从世界彩票业发展来看，多数国家都经历了从放松到禁止再到开禁的过程。彩票发行是一个双刃剑，它既能筹集丰厚的公益金，但也能带来社会问题。对于中国而言，彩票业是朝阳产业，正处于上升和大发展阶段。要积极引导，有效筹集社会闲散资源，吸引不同收入水平的成年人群参与，加大对彩民权益的保护，向问题彩民提供专业服务和宣传教育，避免“少数人多购买”，实现“多数人少购买”，最大限度地减少负面问题的出现，实现筹集公益金与防范社会问题的并举并重。

（五）建设彩票专业人才队伍，促进彩票发展的专业化

彩票业的发展带来了职业选择的机遇。而彩票专业人才的培养，事关彩票业的社会形象和公信力，事关彩票业的工作效率，更事关彩票业发展的总体水平。发达国家对彩票专业人才的重视，提示中国彩票发展必须以人才队伍建设为优先战略。为此，要改革创新办学体制机制，探索进行彩票专业学位教育，开展高校、高专彩票类专业人才教育，加强彩票专业人才培养，加快制定建设彩票专业人才队伍的相关政策。进行职业设计，加强彩票专业人才招聘、薪酬、绩效考核、道德素质建设，进一步完善各类彩票专业人才的培训体系，促进彩票管理和发行队伍整体素质的提高。支持高校、科研院所加强彩票行业、捐助和募款、彩票公益金使用等研究，促进彩票法律法规体系的建立健全，掌握彩票劝募机理与策略，建立彩票公益金使用的科学指标体系，推动彩票业的健康发展。促进民间参与，引入社会监督，积极发挥行业协会作用。同时，扩大交往，推进国际交流，支持引进和吸收国外先进的彩票管理体制、运营方式、销售网络和策略、人员培养及技术支持等经验。

B.14 中国彩票筹资的分配使用机制分析

周战强 张怀志*

摘 要： 彩票发行的基本目标是为社会公益事业发展筹资，彩票资金的分配使用反过来影响彩票事业的健康发展。彩票资金在彩票奖金、发行费用和公益金之间的分配存在相对稳定的比例关系，但在发行费用、公益金分配使用、项目管理制度与监督机制方面存在一些问题，本文经过分析后给出了相应建议。

关键词： 彩票资金 公益金 资金分配

从1987年至今，我国彩票业逐步发展壮大并呈现强劲增长势头。截至2012年底，彩票销售额达到2615亿元，筹集公益金达到740亿元。这些“取之于民”的资金能否“用之于民”，是全社会共同关注的敏感问题。本文对彩票发行筹集资金，即彩票资金的分配使用情况进行分析，为改进和完善其分配使用提供建议。

一 我国彩票资金的分配

根据2009年颁布实施的《彩票管理条例》的规定，我国彩票资

* 周战强，中央财经大学副教授；张怀志，中央财经大学国民经济学专业博士研究生。

金由彩票奖金、发行费和公益金三部分构成，其总体构成比例由国务院决定，但它在不同彩票品种中的具体构成比例，由财政部门按照国务院的规定予以确定。彩票资金构成比例确定了其资金分配比例。

（一）我国彩票资金的构成

我国彩票资金的构成包括奖金、发行费和公益金三部分。具体构成情况参见图1。

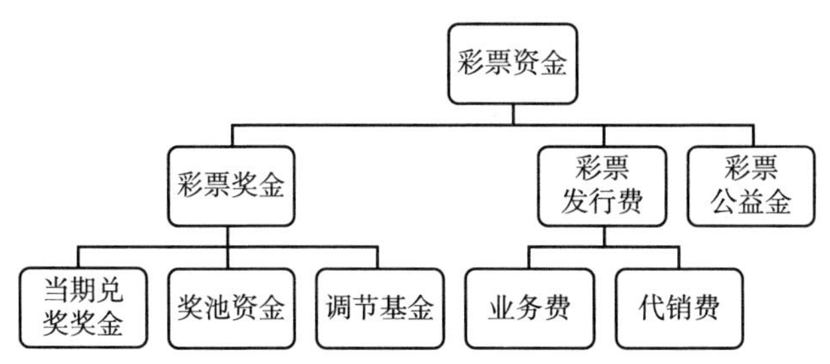

图1　彩票资金的构成情况

资料来源：中国福利彩票发行管理中心网站。

1. 彩票奖金

彩票奖金是用于支付彩票中奖者的资金。彩票是一种机会游戏，一般来说，返奖比例越高，对彩民的吸引力就越大，彩票的发行量也越大，因而彩票返奖比例的高低对彩票发行有决定性的影响。根据财政部修订的《彩票发行销售管理办法》，彩票奖金由当期兑奖奖金、调节基金和奖池资金组成，但不是所有彩票都设置调节基金和奖池资金。调节基金包括按照彩票销售额的一定比例提取的资金、逾期未退的票款和浮动奖取整后的余额。

2. 彩票发行费

彩票发行费是发行彩票所产生的各种费用的统称，主要包括业务费和代销费两部分。从某种意义来说，彩票发行费是彩票发行的成本和运行费用。

3. 彩票公益金

从彩票筹集资金中提取出来上缴给国家，用于社会公益事业的资金被称为彩票公益金。国家发行彩票的主要目的在于为社会公益事业筹措公益金。彩票公益金的存在体现了彩票的公益属性，也是国家彩票与“非法私彩”的重要区别。它主要包括三项来源：从彩票销售额中按不低于一定比例提取的资金、公益金利息收入和弃奖收入。[①]

彩票奖金是决定彩票发行销售数量的关键因素，发行费是彩票发行销售活动的必要保障，而公益金是彩票发行的主要目的和彩票公益性的体现，彩票资金三个构成部分的存在都有其内在逻辑。三者之间分配比例合理，才能更好地实现发行彩票的目的。

（二）我国彩票资金的分配

从世界各国彩票资金分配的实际情况看，决定彩票资金分配比例的因素包括多种。一个国家彩票资金分配比例的确定，应综合考虑其文化传统与消费习惯，并以适应经济发展和购买者需求为前提，不断调整和变化。[②]

我国彩票发行历史较短，彩票发行的市场经验还不足，根据市场需要和政策目标，我国政府先后出台多项政策文件，对彩票资金分配比例进行调整（见表1）。

尽管彩票相关政策规定彩票资金的构成比例有一定灵活性，但在实际执行中，从1987年到2004年，我国对所有彩票实行较为统一的资金构成比例：彩票奖金占50%，发行费占15%，公益金占35%。[③]

---

① 章新蓉、刘小芳：《彩票行业的资金分配与福利效应》，《开发研究》2011年第5期。

② 易继元：《从国际经验看我国彩票资金的分配比例》，《时代财会》2002年第8期。

③ 中国福利彩票发行管理中心：《彩票资金是如何构成的》，民政部网站，2012年9月3日，http：//fczx. mca. gov. cn/article/cjwtjd/201209/20120900352434. shtml。

表 1　彩票资金分配比例变化

时间	相关文件	彩票类型	返奖率（%）	公益金比例（%）	发行费用比例（%）
1987	《发行社会福利有奖募捐券试行办法》	1 元面值传统型福利彩票	35	50	15
1990	《关于调整即开型社会福利奖券资金分配比例，统一全国结算办法的通知》		50	30	20
1988		福利彩票即开型彩票	40	45	15
1989			45	40	15
1990	《关于调整即开型社会福利奖券资金分配比例，统一全国结算办法的通知》	2 元面值传统型福利彩票	55	30	15
1994	《中国福利彩票管理办法》	福利彩票	不低于 50	不低于 30	不高于 20
1994		体育彩票	50	30	20
2001	《国务院关于进一步规范彩票管理的通知》	所有彩票	不低于 50	不低于 35	不高于 15
2001	《中国足球彩票发行与销售管理办法细则》	足球彩票	50	35	15
2005	《财政部关于调整足球和网点即开型彩票资金构成比例的通知》	足球和网点即开型彩票	65	20	15
2009	《彩票管理条例》	所有彩票	彩票品种中彩票资金的具体构成比例，由国务院财政部门按照国务院的决定确定		

在彩票发行最初的几年间，彩票发行品种较为单一，实行统一的彩票资金构成比例具有一定可行性。但随着彩票业的持续发展，彩票发行种类越来越丰富，不同类型彩票的资金分配比例有所不同。目前彩票游戏主要包括以下四类：一是以双色球、超级大乐透、3D、排列三等为主的乐透数字型彩票，其中大部分游戏的奖金、发行费和公益金提取比例分别为50%、15%和35%；二是即开型彩票，三者之间的提取比例分别为65%、15%和20%；三是以中福在线为主的视频型彩票，三者之间的提取比例分别为65%、15%和20%；四是以足球彩票为主的竞猜型彩票，其中大部分彩票游戏三者之间的提取比例分别为69%、13%和18%。[①]

以2013年的彩票资金为例，中央财政当年得到的彩票公益金为425.78亿元，2012年结转收入为85.75亿元，合计511.53亿元。经全国人大审议批准的中央财政彩票公益金支出为450.09亿元。其中分配给社保基金、中央专项基金、民政部和国家体育总局的公益金分别为276.65亿元、127.33亿元、23.05亿元和23.05亿元。

二　我国彩票资金的使用及其效果

（一）我国彩票资金筹措状况

2004年前，由于我国彩票发行缺乏经验，彩票发行数额和公益金有所波动，但2004年之后，我国彩票发行走向正轨，彩票品种越来越多，彩票销售额和公益金数量稳定增长，逐年扩大（见表2）。

① 财政部：《中华人民共和国财政部公告2014年第63号》，2014年8月3日，http：//www.mlr.gov.cn/xwdt/bmdt/201408/t20140830_ 1328474.htm

表 2　1987～2012 年彩票销售额和公益金筹集情况

单位：万元

年份	福利彩票销售额	福利彩票公益金	体育彩票销售额	体育彩票公益金	销售额合计	公益金合计
1987	1739.50	855.00			1739.50	855.00
1988	37627.76	12425.97			37627.76	12425.97
1989	38315.65	12624.83			38315.65	12624.83
1990	64731.22	20027.84			64731.22	20027.84
1991	77388.04	24927.29			77388.04	24927.29
1992	137550.03	40599.30			137550.03	40599.30
1993	184288.52	54543.30			184288.52	54543.30
1994	179823.77	53441.60			179823.77	53441.60
1995	573023.46	169349.30	100000.00	22542.33	673023.46	191891.63
1996	647521.50	191068.40	120000.00	28747.06	767521.50	219815.46
1997	363751.40	101126.70	150000.00	42718.79	513751.40	143845.49
1998	631990.40	195896.20	250000.00	75951.70	881990.40	271847.90
1999	1044448.50	304496.90	403551.00	121112.60	1447999.50	425609.50
2000	898847.26	242272.50	911400.00	274591.80	1810247.26	516864.30
2001	1395735.16	419204.71	1492928.39	447963.59	2888663.55	867168.30
2002	1679925.25	587973.84	2177313.99	762059.90	3857239.24	1350033.74
2003	2000569.58	700199.35	2013453.28	704708.65	4014022.86	1404908.00
2004	2263753.30	792313.67	1541963.48	539787.65	3805716.78	1332101.32
2005	4112077.66	1436803.80	3026557.94	1036167.42	7138635.60	2472971.22
2006	4596759.24	1715494.56	3236292.90	1060581.24	8193052.14	2776075.80
2007	6315902.51	2157081.86	3851370.97	1270607.78	10167273.48	3427689.64
2008	6039795.23	1990153.58	4561530.35	1370178.14	10601325.58	3360331.72
2009	7560580.05	2462888.24	5687306.97	1652085.75	13247887.02	4114973.99
2010	9680238.56	2976353.01	6944604.20	1919428.58	16624842.76	4895781.59
2011	12799719.93	3820400.40	9378464.56	2528261.03	22158184.49	6348661.43
2012	15103223.19	4460523.45	11049195.92	2937641.59	26152419.11	7398165.04

资料来源：《中国彩票统计年鉴 2013》。

（二）我国彩票资金的使用

在彩票资金中，不但奖金、发行费和公益金三者比例有明确规定，而且每个部分都有各自用途。

1. 彩票奖金的使用

在彩票奖金中，当期兑奖奖金支付给了中奖彩民。调节基金专项用于支付各种不可预见的奖金风险支出和开展派奖，其提取比例根据不同彩票游戏的特征和彩票市场发展需要确定，最高不得超过彩票销售额的2%。奖池奖金用于归集彩票游戏计提奖金与实际中出奖金的资金余额。①

2. 彩票发行费的使用

发行费用于维持发行机构运转、支付代销机构费用、保障彩票顺利发行和销售。发行费中的业务费纳入各级财政部门专户管理，专项用于彩票发行销售活动的经费，主要包括彩票的印制、运输、仓储、检验，电脑彩票投注单和热敏纸，广告、宣传、技术开发支持、系统运行维护、专线通讯费、公证费、代销点经费、尾票核销等费用。②代销费是支付给代销人员的费用。

3. 彩票公益金的使用

在彩票资金的使用中，最受人们关注的是彩票公益金的分配和使用。筹集公益金是彩票发行的主要目的，公益金的分配使用关系彩票事业的发展及成败。

彩票公益金的使用管理，不同国家采用的模式并不相同。从各国的实践来看，主要有三种基本模式：一是集中筹资、统收统支的管理

---

① 财政部：《彩票发行销售管理办法》，2013 年 1 月 15 日。

② 中国福利彩票发行管理中心：《彩票资金的分配比例和发行费用的管理使用规定》，民政部网站，2011 年 9 月 2 日，http：//fczx. mca. gov. cn/article/cjwtjd/201109/20110900178886. shtml

模式。采用这一模式的有法国、韩国等。这种模式的运作十分简便，但不能体现彩票公益金的特殊属性。二是集中筹资、分项使用的管理模式。采用这一模式的有日本、瑞士、澳大利亚、巴西等。这类模式的优点是重点突出、见效快，能较好体现彩票的公益性，但运作复杂，管理难度较大。三是集中筹资、混合使用的管理模式。这种模式是前两种模式的综合。我国现行的公益金使用管理模式类似于第三种模式。我国民政部和国家体育总局分别成立了中国福利彩票发行管理中心和中国体育彩票管理中心，管理福利彩票和体育彩票的发行与公益金筹集使用。

（三）我国彩票资金的使用效果

彩票资金在促进社会公益事业、拉动消费需求、带动相关产业发展、创造就业机会以及增加税收等方面发挥了重要作用，收到了很好效果。

1. 促进社会公益事业发展

我国彩票公益金主要用来发展社会福利、体育等公益事业，彩票发行为这些事业发展提供了大量资金。例如，从 1994 年到 2013 年，国家体育总局及地方体育部门共使用体彩公益金约 735.90 亿元。其中国家体育总局本级使用体彩公益金约 138.19 亿元，集中支出约 133.60 亿元用于全民健身、奥运争光计划，为体育事业发展和全民建设做出了重要贡献。民政部仅在 2013 年就安排中央级项目 1.80 亿元，补助地方项目 21.23 亿元，这些资金投入老年人福利、残障人福利、儿童福利和社会公益四大类项目，直接受益人达到 2284.45 万，间接受益人达到 9017.82 万（见表 3）。

另外，彩票资金是政府财政的有效补充，是缩小社保资金缺口的重要资金来源。中央支配的彩票公益金有 60% 用于充实社保基金，补

表3　2013年不同受益对象的福彩项目成果统计

项目	项目数量（个）	建筑面积（万平方米）	床位数（万张）	添置设备（万台）	直接资助（万人）	间接受益（万人）
老年人福利类	17449	2836.39	110.55	16.15	722.27	2053.6
社会公益类	11128	1253.12	39.27	5.16	1513.57	6939.4
儿童福利类	1434	157.05	4.4	0.91	10.18	17.59
残障人福利类	960	77.75	1.94	3.29	38.43	7.23

资料来源：福彩管理中心内部资料。

充社保资金缺口。2013年彩票公益金分配给全国社会保障基金理事会276.65亿元，占财政拨款的49.91%。

2. 拉动消费需求

彩票对消费需求的拉动作用主要表现在直接和间接两个方面。直接拉动作用主要体现在彩票奖金上。彩票奖金在彩票资金中的比例最大，中奖彩民会把这些奖金中的相当大比例用于衣食住行等方面的消费，一定程度上刺激消费需求。间接作用体现在部分彩票资金转化为信贷资金，支持居民消费。[①]

3. 带动相关产业发展和就业

彩票发行带动和促进相关产业的发展，例如新闻、出版、印刷、信息技术、广告、服务、金融等，以福利彩票为例，2013年，福彩公益金中专门支出251.73万元，用于福彩站点建设、站点规范化建设、福彩宣传、福彩公益金铭牌设计制作等，这些都直接促进了相关行业的发展。[②]

发行彩票对扩大就业的作用，主要表现在以下方面：一是彩票发行是一项庞杂的工作，从印刷、宣传、发行到销售、兑奖等环节都需要大量人员参与，创造了更多就业机会；二是彩票公益金的使用可以

① 董玉飞、孙健：《彩票的经济效应》，《经济与管理》2003年第1期。

② 民政部：《中国福利彩票累积销量过万亿元》，中国新闻网，2014年3月18日，http://www.chinanews.com/gn/2014/03－18/5966076.shtml

直接为相关领域带来就业机会；三是中奖者用奖金消费，可以在相应领域创造就业机会。以福利彩票销售为例，截止到2014年3月，福利彩票销售建成各类网点18万个，福彩视频票销售厅1000多个，拥有销售人员40多万人。[①]

4. 增加政府税收

彩票增加税收主要有两个途径：一是个人所得税，主要来自中奖奖金部分。我国税法规定，彩票中奖的偶然所得税，以每次收入额为应纳税所得额，不扣除任何成本费用，税率为20%，因此彩票销售促进了税收增加。从2002年到2012年，彩票中奖缴纳的所得税额除了2004和2005两年有所下降外，大体呈稳步增加趋势（见图2）。这期间，我国彩票中奖缴纳的个人所得税由19.97亿元增长到52.04亿元，增加了1.6倍。二是增值税。彩民中奖后大部分奖金会用于消费，公益金使用也会促进相关行业企业生产和居民消费，因此彩票资金中相当部分最终会用于商品购买，这促进了增值税增长。随着彩票经济的不断发展，其创税功能将发挥越来越大的作用。

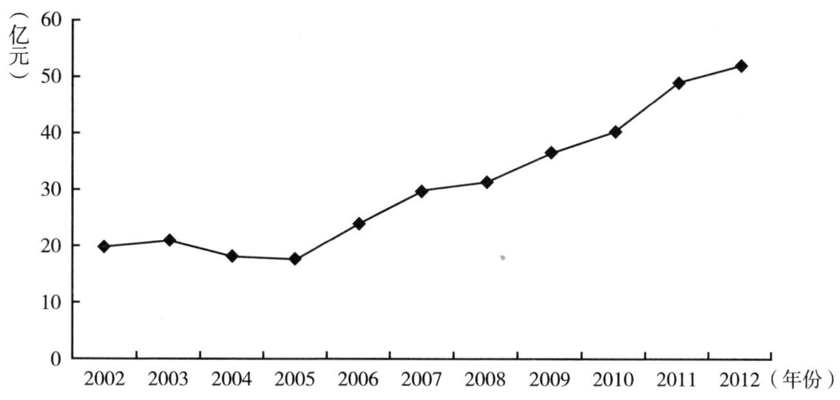

图2　2002～2012年全国彩票机构代扣代缴中奖奖金个人所得税

① 民政部：《中国福利彩票累积销量过万亿元》，中国新闻网，2014年3月18日，http://www.chinanews.com/gn/2014/03-18/5966076.shtml。

三　我国彩票资金分配使用中存在的问题

（一）发行费用占比略高

一般来说，随着彩票发行规模的扩大，发行及管理边际成本递减，因此发行费用占比应该有所下降。但是，由于我国彩票发行方式尚未完全市场化，发行机构也不同于独立经营、自负盈亏的企业，对于彩票发行过程中的相关成本控制未引起足够重视，也不够擅长。而且，两家发行机构之间的同质竞争不可避免要消耗一定成本。尽管《彩票管理条例》中规定，随着彩票发行规模的扩大和彩票品种的增加，可以降低彩票发行费用比例，但在我国彩票发行费用比例长期维持在15%左右。大部分国家和地区彩票发行费用占彩票资金的比例基本在6%～15%之间。可见，我国的彩票发行费用占比高于世界平均标准。

（二）公益金的分配使用不够合理

中国彩票业经历了一段较长时间运行探索后，奖金返还率已逐渐固定在一个合理范围内。但是，彩票公益金的分配使用尚不够合理，这主要表现在以下方面。

一是中央集中的比例过高。目前中央和地方彩票公益金分配比例为50∶50，地方所占比重与承担责任不符。首先，地方承担了大量具体的彩票发行与监管工作，却没有在分配比例上得到倾斜；其次，财权与事权要匹配，社会公益事业大多属于地方政府事权范围，地方获得较多分配比例是合理的，而现有分配比例并没有体现这一点，长期来看势必影响地方积极性，也不利于我国彩票事业和社会公益事业的发展。

二是用于社会保障资金比例过大。根据彩票公益金的分配政策，30%的彩票公益金分配到全国社会保障基金。这有违体彩、福彩发行的初衷，挤占了社会福利和体育事业应该分配的份额，造成了彩票公益金使用方向的偏离和扭曲失衡，影响了公益金的使用效果。①

三是公益金使用范围过窄。目前民政部和国家体育总局是发行和管理彩票的两大机构，筹集的公益金主要集中用于社会福利事业和体育事业，其他公共部门，例如教育、环保、公共卫生等尽管急需资金，却难以合理分享彩票收益。这使得公益金不能充分体现其服务于全社会公益事业的特征。

四是公益金使用效率有待提高。在我国现行的彩票管理体制和公益金分配机制下，个别地方彩票公益金当年投放率不高，出现大量资金结余，导致资源浪费；项目经费自上而下进行分配，在这个过程中，经费被层层削减，造成大部分资金用于项目运行管理方面，而真正使用到受助群体上的资金较少，导致管理成本过高和公益金使用效率不高。

（三）公益金项目管理制度不完善

随着公益金数量的持续增加、资助项目的增多和使用范围的扩大，公益金项目管理制度中所存在的一些问题逐渐凸显出来：项目审批程序繁琐，期限长；擅自扩大彩票公益金使用范围，或者随意更改用途，套取公益金用于其他项目；公益金项目管理不规范，存在申报资料不全、账目混乱、重复申报和绩效评价制度缺失等现象；彩票公益金的使用不够公开透明，信息公开的内容主要集中在某些大类项目的资金使用上，概括性和模糊性较强，个别内容缺失，公布时间约束

① 焦佳凌：《福利彩票公益金管理之策》，《社会福利》2010年第12期。

力不强，公布渠道和方式比较单一。这严重影响了我国彩票业应有的公信力，带来了群众对政府的不满和不信任。

（四）彩票资金监督机制不健全

自发行彩票以来，我国对彩票资金监督机制不断完善，但是随着市场的不断扩大和深化，现有监督机制的不适应之处逐渐显现：一是国务院规定财政部是彩票的监管部门，但是由于民政部、国家体育总局是彩票发行、经营的主体，履行着彩票管理、经营、监督职能，因此彩票监管实际上是一种自我监管，财政部很难切实有效地对彩票资金分配和使用的全过程进行监督。二是在彩票方面政策法规的规范层次较低，在彩票的发行管理、公益金的分配使用、违规问题的处理等方面都缺乏明确的法律依据，使得彩票运营管理过程无法可依、无章可循，管理弹性大，监管执法处罚力度不够。三是由于彩票公益金分配使用不够公开透明，普通公民很难掌握和了解公益金使用信息，导致外部监督不能很好实现。[①]

四　改进我国彩票资金分配使用的建议

（一）降低发行费用

为减少发行费用支出，可从以下三个方面努力：一是整合民政部管辖的福利彩票系统和国家体育总局管辖的体育彩票系统，组建成完全独立自主经营、自负盈亏的经济实体，实现在全国范围的垄断性统一经营。[②] 二是实现彩票发行的规模效应。彩票发行也存在规模经

---

① 蒲俊利：《我国彩票公益金使用法律制度研究》，《西南财经大学学报（社会科学版）》2013 年第 11 期。

② 白宇飞：《刍议彩票公益金管理》，《中国经贸导刊》2010 年第 20 期。

济，一般发行规模越大，发行费用比例相对越低，因此可以逐渐放开彩票发行的区域划分。三是进行彩票管理机构改革，提升管理人员水平和管理效率，减少行政费用开支。[1]

（二）合理规划彩票公益金的分配使用

一是合理划分中央和地方之间彩票公益金的分配比例。应适当增加地方留用的彩票公益金比例，实现财权与事权相匹配，充分调动地方积极性，同时明确地方用于社会福利事业和体育事业的最低比例，维护彩票发行使用宗旨的严肃性。

二是缩减用于社会保障基金的公益金比例。彩票购买者多为中低收入者，很多为进城务工的农民工，而社会保障基金主要受益者为城镇有固定工作的职工，因此用彩票公益金补充社会保障基金，对没有固定工作城镇居民和广大农民而言并不公平。为保证彩票使用的公平性，彩票公益金应该缩减用于社会保障基金的比例，适当向这些弱势群体倾斜。

三是适当扩大公益金的使用范围。这样可以使得彩票公益金的投放范围更广泛，受益人群更多。

四是提高彩票公益金的使用效率。要通过科学论证，把有限的彩票公益金投放到最适合的领域中；在彩票资金投向正确的前提下，要确保资金使用过程中不出现浪费，同时确保资助项目的后续支持；减少资金沉淀，充分提高资金的利用效率；尽量减少资金拨付过程中的中间环节，减少行政费用支出。[2]

（三）改进公益金项目管理制度

要严格规范公益金项目的申报评审程序，建议可在中央、省、区

---

① 郭一娟：《中国福利彩票的社会福利效果研究》，《学习与实践》2009 年第 10 期。

② 郭一娟：《中国福利彩票的社会福利效果研究》，《学习与实践》2009 年第 10 期。

级部门单位建立专门福利彩票公益金评审委员会和体育彩票公益金评审委员会，由评审委员会评审把关，并将通过评审材料报财政部门审批，同时引入“听证制度”，使评审委员会工作透明化。提高彩票公益金的透明度，各级彩票公益基金管理机构要严格按照规定时间，定期公布公益金的筹集、资助项目的评定、资助金的投放以及资助项目的执行情况和效益，对公开内容如项目资金规模、时间长度、实施情况、实施效果、剩余资金情况等要做出详细规定，采取多种渠道进行信息公开，以便查阅;[1] 建立绩效评估制度，在项目完成后对其经济效益和社会效益进行科学评估。

（四）完善彩票资金监督机制

首先，可借鉴西方一些国家的监管经验，建立一个与彩票公益金筹集、分配和使用等完全没有利害关系的独立机构——国家彩票监督管理委员会，从根本上避免和消除部门间的利益冲突，使其能够独立进行彩票监管工作。[2] 各地再设立彩票监管的分支机构，作为国家彩票监督管理委员会的派出机构，对彩票运营进行全面监督。

其次，尽快出台彩票相关法律，以法律形式将彩票发行和彩票公益金的使用确定下来，用法律约束和规范我国彩票事业。具体到资金使用领域，需要用法律制度明确的是彩票资金的分配使用制度，例如彩票资金的预算比例，管理、审计和监督制度，公益金的使用方向和分配比例，责任追究制度等。

再次，加强政府监督和社会监督。在政府监督方面，国家审计机构和财政监察部门要认真执行审计监察职责，对发行彩票机构在彩票资金筹集、分配及使用过程中的财务收支及有关经济活动进行审核、

---

① 蒲俊利：《我国彩票公益金使用法律制度研究》，《西南财经大学学报（社会科学版）》2013 年第 11 期。

② 白宇飞：《刍议彩票公益金管理》，《中国经贸导刊》2010 年第 20 期。

评价和监督。在社会监督方面，通过社会各界，尤其是媒体，实施对彩票资金管理、分配、使用过程中的行为合法性、合理性进行监督、检查和纠偏。①

五 结束语

发行彩票是政府为满足特定的社会公益事业需求所采取的辅助性筹资手段。随着我国经济的发展，彩票筹资规模不断扩大，彩票资金的分配使用也越来越受关注。在彩票资金中，奖金、发行费和公益金的分配比例相对较为稳定。彩票发行销售以及公益金的使用，创造了就业机会，拉动了消费需求，推动了社会公益事业发展，也带动了相关产业的发展，增加了政府税收。但是，彩票资金分配使用也存在发行费用稍高、公益金分配使用不合理、项目管理制度不完善和监督机制不健全等问题。只有认真解决这些问题，才能更好地发挥彩票资金尤其是公益金的作用，保证彩票业有序稳定发展。

---

① 赵建成：《彩票的经济贡献及市场管理》，《统计与管理》2009 年第 4 期。

B.15 问题彩民的预防与矫治

马福云*

摘　要：伴随中国彩票业规模的不断扩展，其所带来的社会问题开始呈现，其中过度购彩、购彩成瘾所带来的问题彩民出现，所造成的负面影响不断显现。问题彩民的教育水平、收入水平较低，期望购彩中大奖，其购彩投入较大从而带来家庭及社会问题。对此，需要彩票利益相关各方协同努力，预防和矫治问题彩民的购彩成瘾行为。

关键词：彩民　问题彩民　非理性购彩

中国彩票业是在改革开放的背景下，为弥补国家财政资金短缺，发展社会福利公益事业而产生的。作为彩票消费主体的广大彩民，支撑起了每年上千亿的巨大彩票业，为其持续发展做出了巨大贡献。但是也不排除伴随彩民购买行为的持续，其中少数彩民由于各种原因而成为问题彩民。

一　彩民与问题彩民

1. 什么是彩民？

彩民，在中国大陆地区一般是指购买彩票的人（Lottery Player），

---

* 马福云，国家行政学院社会和文化教研部副教授，兼任社会治理研究中心副主任。

在其他全面开放博彩业的国家和地区也可以指参与博彩活动的人（Gambling Participation）。[①] 在中国，与此含义相近的词语包括“博彩者”、“彩票消费者”、“彩票购买者（购彩者）”等。其中，博彩者和博彩行为相联系，泛指参与各种博彩活动，例如彩票、赛马等竞猜游戏、娱乐场游戏等的群体。在中国大陆地区，合法存在的博彩形式仅有彩票，因此这种更为泛化的称谓使用比较少。彩票消费者则强调购买彩票是一种消费行为。这具有一定的合理性，但是人们对于购买彩票属于消费，还是投资、投机一直存在较大争议。消费品直接满足人们生活需要，而人们购买彩票时，大多数人更看重购买行为活动背后所隐藏的中奖预期，或者慈善、娱乐等行为活动，和消费存在较大区别。彩票购买者描述的是做出购买决策与实施购买活动的客观行为，却没有考虑到购买的出资人。因为彩票购买者可能是本人购买，也可能代替他人购买，而彩票销售者为购买人垫资代购也是个难以解决的问题。

“彩民”伴随我国彩票行业的出现而产生，并在和上述多个词语的竞争中逐渐得到广泛认可。1995 年 1 月，中国社会福利奖券中心更名为中国福利彩票发行中心，中国社会福利奖券更名为中国福利彩票。在彩票发行系统内部发行刊物《有奖募捐工作》的 1995 年第 21 期刊登有《泰山彩民的感觉：奉献者甘心　幸运者放心》的文章，“彩民”已然出现在标题中。稍后，伴随电脑型彩票的推广，彩票投注站点建立，彩票销售网络建构起来，彩票稳定的行销方式、固定的开奖周期逐渐形成。这不仅极大提高了彩票的信誉，也使得彩票购买

---

① 博彩，即赌博的中性称谓，两者除词义的褒贬色彩外涵义基本相同。博彩业一般可以划分为三类，即彩票（Lottery）、竞猜游戏（Bet Game）和游乐场（赌场）游戏（Casino）。大多数国家发行具有公益性较强和博弈性较弱的彩票游戏，后两类游戏由于赌博性较强，仅有少数国家、地区有限制地开展。与此相应，博彩者在不同国家、地区因参与游戏类别不同，问题彩民的指称范畴也会存在差异，尤其在国际比较时，本文对此不做详细区分。

群体变得相对稳定，彩民群体逐步形成，而彩民一词就更多地出现在人们视野中。

1999 年，“彩民”出现在学者研究视野中。梓樵在其《漫议博、彩、赌（上）》一文中使用了彩民的提法。[①] 2000 年后，伴随彩票市场的快速发展，彩民群体不断壮大。在一些媒体报道中，例如《彩民应有知情权》、《中奖彩民成为“纳税主力军”》，“彩民”作为特定词汇开始呈现在公众面前。2001 年 10 月《公益时报·好彩一周》专刊（中华彩票专刊的前身）在北京试刊，在试刊词及几个月后正式创刊的发刊词中，“中国彩票好运，中国彩民好运”的祝福跃然纸上，版面设置上更是直接包括了“彩民”版面。在大众媒体传播的影响下，“彩民”一词逐渐进入政府话语体系，并被政府管理方所采用。[②]

2003 年出版的《中国彩票年鉴》，收录了北京市体育彩票管理中心的文章《对北京市体育彩票彩民心理与行为的调查（节选）》，文章使用了“彩民”一词。这是其首次出现在政府主导的文献中。2005 年出版的《现代汉语词典》（第五版）将“彩民”收录其中，并将其定义为“购买彩票或奖券的人（多指经常购买的）”。

在彩民的界定中，除了出资购买彩票这一定性特征之外，还应该对购买程度或者频度有一定要求。偶尔出资购买一次彩票的，难以将其视为“彩民”。基于此，彩民在出资购买这一定性特征之外，还应该包括定量特征，也就是购买行为活动的稳定性或者持续性，即彩民应是形成购买彩票稳定性及连续性行为的个体。因此，彩民应是经常出资购买彩票的人。

---

① 梓樵：《漫议博、彩、赌（上）》，《观察与思考》1999 年第 1 期。

② 《探寻彩民的前世今生（编辑稿）》，宫微博客，2008 年 4 月 25 日，http://blog.sina.com.cn/s/blog_5140c99b01009dcs.html。

2. 什么是问题彩民?

经常出资购买彩票或者参与博彩活动必然需要一定的经济条件或者经济收入为基础。如果购买彩票时将中奖作为一种追求，投入过多的金钱，而对个人、家庭生活或者职业生涯等带来过多负面影响时，就会发展为问题彩民。所谓“问题彩民”，是指因为不恰当的购彩或参与彩票活动而对个人、家庭或者职业等正常社会生产生活带来不良甚至破坏性影响的彩民。由于彩民的个体化差异以及自控能力的高低，问题彩民在社会生活中的表现有轻有重。一些问题彩民往往不能控制自己的心理与行为，在精神上呈现一种对购买彩票的成瘾症状，超出自身或家庭能力过度购买彩票，严重者会带来经济困难、影响正常的家庭生活或者个人职业发展，甚至有可能出现违法及犯罪行为，就会发展为病态彩民。

由一般彩民到问题彩民、再到病态彩民，是彩民从正常到出现问题，再到呈现严重问题的病态逐渐蜕变的一个连续体。问题彩民、病态彩民和问题博彩、病态博彩行为紧密联系在一起。李海、吴殷、李安民和陈敬将问题博彩界定为“对彩民本人或其社会关系以及社会产生不利结果的一种购彩行为”。[①] 叶林娟、王树明、白彩梅和李丽娜将病态博彩界定为“是在博彩中以赌博为主要目的，持续成瘾且具有复发性或不可控制性，而且为了能够继续博彩而采取不理性的手段的个体行为”。[②] “问题博彩”和“病态博彩”行为都会带来不良后果和影响，两者间的区别仅在于影响程度的高低，可统称为问题博彩。与此相联系，问题彩民、病态彩民也只是非理性行为发展程度差异，可将其统称为问题彩民。

---

① 李海、吴殷、李安民、陈敬：《我国体育彩票问题彩民现状调查——以上海、广州、郑州、沈阳、成都为例》，《成都体育学院学报》2011 年第 5 期。

② 叶林娟、王树明、白彩梅、李丽娜：《体育彩票消费中病态博彩研究的理论综述》，《首都体育学院学报》2009 年第 4 期。

以上述分析来看，问题彩民具有以下涵义及特征。

（1）问题彩民的购彩动机是中大奖，而非公益。彩票以极小概率给极少数彩民提供中大奖而一夜暴富的机会。问题彩民最初多是以中奖、中大奖的心理动机去购买彩票。这些彩民比较关心彩票号码的选取，并通过号码走势图、单双号、号码总和等多种方式来分析中奖号码的出现规律，努力猜测彩票中奖号码，并大多利用倍投、复式投注等方式来购买彩票，增加中奖概率和中奖数量。在购买彩票后，这类彩民会十分关注摇奖的过程，注意观看摇号直播，查看中奖号码以确定自己是否中奖，或者从中发现中奖号码线索再次购买。很多问题彩民沉溺于研究彩票中奖号码走势以及规律，甚至在学习和工作时间也不例外，以至于影响彩民的正常社会生活。存在较强的谋利动机的彩民，十分在意购彩赢利，用加大投入来博取大奖，因此更有可能发展成为问题彩民。

（2）问题彩民对购彩具有一定的心理和精神依赖。问题彩民的购彩行为在很大程度上也是一种“上瘾”或“成瘾”行为，问题彩民对购彩具有无法抑制的心理迷恋与渴望。这种购彩成瘾行为和彩民的心理、精神发生相互作用，在没有外界干预或者自我正确认知的情况下，很容易发展并出现各种心理、精神问题，在早期表现为紧张、焦虑、担忧等负性情绪，甚至出现失眠、心烦等有害于彩民身心健康的症状；如果加重则发展成为心理、精神疾病，例如焦虑症、忧郁症等心理疾病，以及躁狂症、恐惧症、自杀倾向、情感性精神障碍、反社会人格障碍等精神疾病。① 因购彩成瘾所带来的各种心理及行为问题都会给问题彩民的工作及家庭生活带来较大负面影响。

① 史文文、王斌、马红宇、罗小兵、蔡宇轩：《问题彩民的购彩心理与行为特征》，《心理科学进展》2012 年第 4 期。

（3）问题彩民的购彩支出超出其所承受限度。问题彩民在购彩行为上的突出表现是其购买彩票的支出过多，超出其个人、家庭所承受的合理范围。问题彩民大多具有较多的购彩量、较高的购彩频率，在购买彩票时会精心选号、购彩花费时间较多，在购彩品种上倾向于开奖频率高、奖金比较高的玩法。有的问题彩民把购买彩票作为一种投资方式，普遍抱着“一夜暴富”的心态购买彩票，有的会抛下大笔金钱来“赌一把”式地购买彩票，希望通过购彩投资来换取高额回报，却往往给个人及家庭生活带来重大的财务问题。一些问题彩民的购彩成瘾行为随着时间推移其成瘾的程度倾向于越来越深，在面对财务压力时，有的甚至有可能为解决购彩资金而表现出一些极端行为，例如偷窃、抢劫甚至挪用公款等。

二　问题彩民的概况及成瘾分析

国际社会大多将彩票视为国家和社会认可的博彩形式，并将问题彩民纳入赌博成瘾或者博彩成瘾的领域进行研究。从国内外问题彩民的出现来看，随着中国彩票业的发展，问题彩民开始出现并表现出极端的个案，因购彩成瘾而导致犯罪、自杀等恶性事件近年来屡见不鲜。这就不得不提示我们对问题彩民的重视。

1. 问题彩民的规模

由于种种原因，世界各个国家和地区大多没有对彩民进行统计。在中国，彩民购彩不记名，彩民购彩的实际支出、购买频次以及彩民总量等很难予以掌握。但是，根据国际社会对购彩成瘾的研究，一般说来，彩民总体的3%～4%会发展成为问题彩民，需要进行干预；而总体的1%～2%会成为病态彩民，需要进行矫治。[①] 目前，对中国

① 马福云：《善利兼求全社会共塑责任彩票（中篇）》《中国社会报》2013年4月17日第4版。

彩民的数量规模尚缺乏科学统计，对彩民数量、问题彩民数量的估计也存在很大差异。

河南财经学院彩票研究所所长冯百鸣以购买福利彩票双色球的彩民数量来推算全国彩民的规模。他认为中国彩民的数量在1.012亿~1.266亿之间。而根据中科院心理研究所与中国福利彩票发行管理中心在2007~2008年进行的中国彩民调研所得的数据推算，中国问题彩民的规模在400万~600万之间。①

2010年1月，上海体育学院通过对本市各区县57个电脑体育彩票销售网点的1191名彩民的调查，撰写了《上海市体育彩票问题博彩行为调研报告》。报告显示，正常彩民占86.5%，问题彩民占12%，病态彩民占1.4%。这一数据说明，虽然我国内地的彩票业其“赌性”远远不及博彩业发达国家和地区，但是彩民中的问题博彩、病态博彩行为并不乐观。②

2012年3月，北京师范大学的中国彩票事业研究中心公布了其“中国彩民行为网络调查”的结果。结果显示：我国彩民已经达到两亿多人，其中问题彩民大约为700万，而重度问题彩民（病态彩民）达到了43万人。③ 但是，由于网络调查的方式过滤掉了不上网的彩民，加之网络调查样本的代表性、真实性等难以控制，数据的信度和效度难以确认，造成其数据受到质疑。

综合以上不同侧面的数据，我们发现伴随彩票业的发展，彩民群体不断扩展，而问题彩民逐渐显现并发展成为一个不容忽视的社会群体。目前，其规模即便以最少彩民估值的最小比例计算来推算，也在

---

① 冯百鸣：《中国彩票业面临穷人购彩与问题彩民两大困境 贫困地区消费了更多的彩票》，《中国经济周刊》2010年第8期。

② 朱蒙雪：《“问题彩民”人数已破百万大关》，《解放日报》2010年1月8日第1版。

③ 《中国彩民行为网络调查发布 问题彩民成为关注焦点》，新华网，2012年3月26日，http://news.xinhuanet.com/sports/2012-03/26/c_122881784.htm。

500 万人左右。面对如此规模的“问题彩民”，这不能不引起我们的关注，问题彩民显然已成为彩票业所伴随的一个社会问题。

2. 问题彩民的概况

国内外对问题彩民群体特征所进行的研究显示出较大的相似性。国外学者对问题彩民的研究表明，在问题彩民的性别上，男性多于女性；种族分布上，白种人居多数；收入水平上，以中低收入者（年收入在2.5 万 ~5 万美元之间）为主，而高收入者偏少；婚姻状况中，单身人群占大多数，其次是已婚和离异人群。[①] 年龄以 29 岁以下的居多；教育程度中低学历者较多，职业则以失业或受保障人员为主体。[②] 在中国，王艳耘、李仁军、李海等学者研究发现，在问题彩民构成中，男性比例较高，占总体的 75% 左右；中青年为主，占 65% 左右；高中文化程度的较多，占 70% 左右；经济收入水平相对较低，月收入在 1500 元以下的占 50% 以上。[③] 问题彩民的职业大多属于低端就业或者失业、无业人员，以个体经营户、离退休职工或赋闲人员居多；彩民婚姻状况差异所带来的差别不大，但离异或丧偶者的比例稍高。[④]

综合以上研究可见，问题彩民的基本构成是以中青年男性为主，其文化教育水平较低，职业地位较低，收入较少。较低教育水平、较低职业地位的群体相对缺乏理性购彩意识，对彩票中奖的“小概率”

① Weinstock, J., & Armentano, C. J., Prevalence and Health Correlates of Gambling Problems in Substance Abuse Counselors. *The American Journal on Addictions*, 2006. 15 (2). p144 - 149.

② Dave, C., Samson, T., Max, A., Sonia, T., Pefi, K., &Wiremu, M., Religion, Spirituality and Associations with Problem Gambling. *New Zealand Journal of Psychology*, 2006. 35 (11), P 77 - 83.

③ 以上具体数据参见王艳耘：《体育彩票消费中病态赌博问题研究》，大连理工大学 2006 年硕士学位论文以及李仁军：《山东省彩民心理健康状况及病理性赌博问题的初步研究》，山东大学 2008 年硕士学位论文。

④ 李海、陶蕊、刘磊、陈敬：《体育彩票问题博彩概念研究述评》，《上海体育学院学报》2011 年第 3 期。

事件认知不充分；较低收入水平使其改变现有生活状况的愿望较为强烈，希望可以通过买彩票达到“一夜暴富”的目标。这种暴富购彩心理是引发问题博彩、造成问题彩民的重要因素。而问题购彩一旦发生，就对彩民的日常工作生活乃至整体社会秩序都会带来负面影响。近年来不断曝光的问题彩民及其所引发的各种违法犯罪事件都说明了这一点。

3. 问题彩民的成瘾因素分析

彩民发展成为问题彩民存在很多影响因素。当前很多对彩民购彩成瘾的分析大多侧重于彩民自身所具有的心理、人格及社会特征，例如购买彩票中奖动机和预期、对购彩的心理和精神依赖、较低的经济地位和收入水平等。这种心理及个人层次的分析带有循环论证的嫌疑，因此还需要从社会层面分析问题彩民的成瘾因素。

（1）彩票知识不普及，彩民对彩票中奖概率没有科学的观念。任何国家发行彩票都是基于公益筹资目标而推行的，彩票大多由政府指定机构垄断发行，彩票资金在扣除返还彩民、运行管理费用后用于社会公益，其游戏设计具有投入低、中奖金额高但概率低等特征，例如我国福彩双色球、体彩超级大乐透等虽然头等奖金高达百万元，但是中得头奖的概率为千万分之一，而且不同彩票、不同期别以及中奖号码基本是随机出现，其对中奖号码的预测几乎不可能，因此彩票游戏也被称之为“幸运游戏”。但是，这些科学的彩票知识在彩民中很不普及，很多彩民，尤其是较低文化教育水平的彩民大多凭借中大奖的动机，迷信诸如“奇偶数”、“大回小”、“小回中”、“大中小”等道听途说的技巧来买彩票，期望通过购买彩票来“一夜暴富”，结果往往是中大奖遥遥无期，却将自己陷进了问题购彩的迷局。

（2）某些彩票游戏设计存在欠缺，容易带来购彩成瘾。彩票游戏玩法有很多种类，除了全国游戏玩法统一的，例如福彩的双色球、体彩的超级大乐透等以外，不同的地方还有更多具有地区色彩的彩票游戏，尤其是即开型彩票多种多样。在这些彩票游戏中，不可避免存在着一些玩法设计不尽合理的问题。例如很多专家学者所提到的福彩3D和体彩排列3，这两种游戏都属于固定赔率的小盘数字型彩票，游戏风险较大，在国际上不太流行，一般占到彩票发行量的1%～2%，在我国却达到30%左右，在个别年份甚至达到50%左右。而这种游戏玩法过去就是在民间较为流行的赌博游戏，却恰恰卖得最好。又如中福在线的视频彩票，其游戏玩法和娱乐场内的游戏机十分类似，属于典型的快频游戏，如果控制失当很容易带来彩民的成瘾问题。

（3）彩票发行销售机构的限购措施难以落实。为了降低彩票所带来的负面影响，防止部分彩民过度购彩、非理性购彩带来危害，有关部门要求彩票发行销售机构、销售网点对未成年人购买彩票，彩民过度购买彩票等采取限制措施。但是，在彩票销售实际中，基于经济利益的考虑，这种限购措施却很难执行到位。回顾我国彩票亿元以上大奖的历史就可以看到，很多大奖是依靠“倍投”方式所得到的，即便是排列3、排列5等固定赔率的彩票游戏也出现了购买高达850注、220注的倍投现象。另外，为了扩大彩票发行及销量，一些彩票销售人员还经常为熟识的彩民垫资代为购买彩票，有的甚至将代购的中奖彩票给予彩民而成为诚信售彩的宣传对象，有的则因为追索购彩资金而对簿公堂。这种限购措施难以落实的现象在一定程度上助长了购彩成瘾的可能。

（4）彩票宣传更关注大奖，而非理性购买彩票。对彩民购彩成瘾影响最大的还在于大众媒体对亿万大奖的鼓吹和宣传。购买彩票只是一种慈善、公益及娱乐行为，但是，当前彩票宣传基本没有体现这一点。彩票宣传往往剑走偏锋，关注的是最能吸引人们眼球的大奖，以夸大其词的大奖宣传来掩盖中奖的低概率，以吸引彩民去买彩票，正如“盘点8个亿元大奖中奖方式教你如何买彩票”类似标题所体现出来的。更有甚者，很多彩民中奖新闻其实质并非新闻，而蜕变为购彩的变形广告，即便一些媒体披露彩民中奖故事也成为记者发挥其想象的地方。尤其是当超过亿元的巨额大奖开出时，媒体往往会追踪彩票中奖故事，向公众灌输“彩票改变命运”的观念，宣扬倍投中大奖的事迹。这种宣传使得彩票完全丧失了其公益、慈善主题，诱使彩民怀着一夜暴富的心理去碰运气，使得彩民的赌徒心态逐渐养成，陷入不能自拔的境地。

三　问题彩民的应对措施

问题彩民虽然已经出现在人们视野中，却未引起政府部门、彩票发行管理机构的关注。2009 年 7 月实施的《彩票管理条例》、2012 年 3 月实施的《彩票管理条例实施细则》中基本没有对问题彩民及其应对进行规范。中国彩票管理的法律规范都侧重于彩票发行、销售及其管理监督，对作为彩票购买者的彩民较少涉及，对彩民权利保护、问题彩民则很少涉及。对于问题彩民，社会各界需要从多个方面入手进行有效应对。

1. 普及彩票知识，引导彩民树立科学购彩理念

基于公益筹资目的而发行的彩票，其突出特征就是投入低、中奖概率低，远非流行的赌博游戏。这也是彩票被世界上大多数国家所接受的基本缘由所在。而且和其他博彩游戏相比较，彩票所带来的成瘾可能性要更低一些。当前，过度宣传彩票中奖、宣扬倍投中大奖，而忽视彩票中奖低概率，结果导致一些彩民非理性购彩。为了防止问题彩民的产生，彩票管理部门、行销机构，尤其是大众媒体需要宣传普及彩票知识，提醒彩民认知彩票游戏的随机性及风险，引导彩民知晓、理解彩票特征，引导彩民理性购买彩票。例如，要告知彩民中得头等奖的概率为千万分之一，要告知彩民彩票中奖号码随机产生，要

告知彩民预测中奖号码基本不可能，要告知彩民倍投百余注基本没有意义。大众媒体在宣传彩票时，应更多宣扬其公益性，应该注意防止新闻标题、内容的诱导性，防止过度追踪报道中奖的投注、倍投方法等；彩票行销机构要改变宣扬购彩中奖的做法，宣传彩票基本知识，引导彩民适度购彩，防止彩民过度投机购彩，并落实有关购彩限制措施。政府有关部门要对彩票宣传进行规范，防止彩票宣传成为购彩宣传，防止新闻宣传诱使彩民形成赌徒心态。

2. 推动建章立制，限制彩民的非理性购彩行为

彩票业的运行管理规范是在“摸石头过河”的过程中逐渐建立起来的，彩票业的建章立制大多是为预防和应对问题而进行的。2012年3月《彩票管理条例实施细则》发布实行以来，彩民过度购彩所导致的各种问题才引发有关彩票管理部门的重视。2012年12月颁发的《彩票发行销售管理办法》开始对购彩数量进行规范，在防治彩民非理性购彩行为方面有所涉及。例如，该管理办法规定：乐透型、数字型、竞猜型、基诺型彩票的单张彩票投注数不得超过10000注；多倍投注的，其投注倍数不得超过100倍；又如视频型彩票单次投注总金额不得超过10元，对专用投注卡单日充值金额实行额度控制，对销售厅的经营时间实行时段控制等。这些制度规范对彩票的倍投行为进行了限制性规定，限定了彩票投注的额度，限制了彩民在单票投注、倍投时的非理性行为，从制度上推动了彩民的理性投注。但是，这些限定单张投注不超10000注、多倍投注不超100倍的规定还是太过夸张了。对于诸如此类的限制性购买规范应该更加严格，并具有实际操作的可能。

3. 科学彩票游戏设计，落实有关限购限投措施

彩票发行销售机构是彩票市场运作的主体，彩票游戏设计是否科学、彩票限购限投的措施是否得以切实执行，对问题彩民的产生具有重要影响。由于彩票行销机构担负着一定销量目标，为追求市场销量

会忽略有关规则，也在一定程度上易于引发问题彩民的产生。彩票行销机构要切实承担对广大彩民应尽的社会责任，在开发彩票游戏、设计游戏规则时，要将游戏可能造成的成瘾因素考虑在内，通过科学设定游戏规则，将彩票游戏中所潜在的赌博因素限制在最小限度内，改变单纯追求销量的游戏设计。例如对固定赔率游戏、高频快开游戏要限制发展。同时，彩票行销机构应该定期对彩票市场上所销售彩票进行重新评估，对不同类型彩票可能带来的彩民成瘾问题进行评价，对于一些容易造成彩民购彩成瘾的彩票游戏进行及时调整，防止其不良影响的持续。彩票行销机构要督促各彩票行销网点落实有关彩票销售管理的规定，并进行经常性的监督检查，使其做到不为彩民赊销彩票，倡导网点不能仅仅追求彩票销量而向未成年人出售彩票，促使其不向彩民过多地销售彩票，倡导发现彩民有非理性购彩时及时提醒，对于一些有购彩成瘾倾向的彩民更要做到及时提示。

4. 倡导理性购彩，及时矫治问题彩民的成瘾问题

彩票行销机构、政府管理部门在发行销售的各个环节都要强调公益理念，避免彩票宣传所具有的诱导性，减弱彩民的投机和赌博心态，要引导彩民认识到彩票中奖是一种可能性极低的随机、概率性事件，预防彩民的“投机购彩”行为。而彩民对购买彩票要具有科学观念，将购彩视为消费，保持一颗平常心，通过小额投注给自己争取一份希望，而不是投资，更不能靠其投机，摒弃买彩票一夜致富的想法。彩票相关各方要对已经出现成瘾征兆的彩民提供必要帮助，倡导彩票管理部门、行销机构、教育研究机构开展彩票社会责任建设，开设电话服务热线为彩民提供有关非理性购彩的辅导及咨询服务；推动问题彩民干预矫治机构的建立，通过专门机构提供心理辅导，为问题彩民进行个案辅导及治疗，协助问题彩民及家人处理因非理性购彩衍生的情绪、精神、工作及家庭问题；推动心理干预、社会工作等机构对问题彩民进行危机干预，对出现过激行为

的彩民提供及时的介入服务，通过危机介入、小组辅导治疗等方式为问题彩民及其家庭提供专业服务，重建正常的家庭和社会生活。当然，对于处于较低经济地位、易成为问题彩民的群体而言，要依靠自己的劳动和智慧实现提升社会地位的预期，改变自己的命运和生活环境。

附　　录

Appendix

B.16

附录一：中国彩票政策法规的变迁

陈少强　杨巧赞*

摘　要：中国彩票业管理的制度法规体系，涵盖彩票发行与销售、市场监管、公益金使用与分配等各方面。彩票业政策法规为保障彩票业的持续发展发挥了积极作用，本文将回顾彩票政策法规的建构和形成过程，分析彩票管理的要点，并对政策法规制度建设中存在的问题及立法进行探讨。

关键词：彩票　彩票管理　政策法规

* 陈少强，财政部财政科学研究所国有经济研究室副主任，研究员；杨巧赞，《社会福利》杂志主编。

20 世纪 80 年代以来，中国彩票业迅猛发展，不仅体现在彩票销售收入持续攀升、彩民人数不断增加，筹集到的巨额公益金促进了各项社会福利事业的发展，而且表现在保障中国彩票业蓬勃发展的彩票业管理制度和法规体系从无到有，从零散走向体系化，逐步建立起涵盖彩票发行销售、市场监管、公益金使用与分配等各方面的法律制度体系。彩票业取得的成绩有目共睹，其管理和法规制度建设中存在的各种问题同样不容忽视。

一　中国彩票政策法规体系的演进

在中国经济飞速发展、经济体制改革不断深化、政府职能转变步伐加快的大背景下，1987 年 7 月第一张中国福利彩票试点发行。伴随彩票业的出现和成长，规范中国彩票业的政策法规制度也经历了不断摸索和完善的过程，中国彩票法律制度一直处于“先发行后立法”的摸索发展路径中。2009 年《彩票管理条例》公布施行，这是我国第一部全面、系统规范彩票管理的专门性行政法规，是我国彩票管理法制规范化的重要标志。[①]

1. 部门规章管理阶段（1987 ~2009年）

20 世纪 80 年代，我国处于从计划经济向社会主义市场经济过渡的转型时期，经济发展与社会进步存在诸多矛盾，社会分化加剧，贫富差距不断扩大。民政部门面临着社会福利资金短缺、财政拨款杯水车薪、筹资渠道单一的困难局面。

在这种情况下，1987 年 4 月 7 日，经国务院批准民政部发出《关于开展社会福利有奖募捐活动的通知》。通知提出：通过社会福

① 财政部、民政部、国家体育总局关于贯彻落实《彩票管理条例》的通知，财综〔2009〕39 号，2009 年 6 月 22 日。

利有奖募捐的形式筹集社会福利资金，是一项有意义的活动；但开展这类活动有其消极的一面，要从严控制。目前只批准社会福利有奖募捐一项。通知还确定，民政部根据国务院的指示精神正在筹建社会福利有奖募捐委员会，制定有关章程和办法。拟先在部分省市试点，然后视情况逐步推广。

1987 年 6 月 3 日，中国社会福利有奖募捐委员会在京成立，这是新中国建立后的首家彩票经营管理机构。中募委成立大会还通过了《中国社会福利有奖募捐委员会章程》和《发行社会福利有奖募捐券试行办法》。6 月，中募委制定了《中国社会福利有奖募捐券发行管理暂行办法》。7 月，民政部、财政部、国家计委、中国人民银行、工商银行、农业银行等部门联合发布了《关于做好社会福利有奖募捐工作的联合通知》。9 月，中共中央宣传部、民政部、广播电影电视部、文化部、新闻出版署五部门联合发布了《关于做好社会福利有奖募捐活动宣传工作的联合通知》。这都为有奖募捐券的发行销售奠定了规范管理的基础。

80 年代末，国家先后批准了“社会福利有奖募捐券”、“第十一届亚运会基金奖券”等的发行销售。这种做法在取得较好成效的同时，也导致一些社会问题。主要是一些地方、部门、企事业单位甚至个人私自发行彩票，致使彩票市场秩序出现较严重的混乱。这不仅给合法彩票的正常发行带来困难，也损害广大人民群众的利益，败坏了政府的形象声誉，造成很多不良社会影响。为加强彩票市场管理，1991 年 12 月，国务院下发《国务院关于加强彩票管理的通知》；1993 年 5 月 3 日下发了《关于进一步加强彩票市场管理的通知》，再次强调彩票市场的规范管理。1994 年 5 月，中共中央办公厅、国务院办公厅下发了《关于严格彩票市场管理禁止擅自批准发行彩票的通知》，再次重申“发行彩票的审批权集中在国务院，任何地方或部门均无权批准发行彩票；已批准发行的彩票必须按国务院批准的方案执行，不得擅自超规模或改变发行办法”。“凡由地方或部门自行搞的彩票，包括各种名目的‘自选数’形式的主动型彩票、自行与外商或中外合资企业合资（合作）或变相合资（合作）在境内发行的彩票，一律限期纠正，并认真做好善后工作。”这在明确有关彩票发行审批权力的同时，也在整顿混乱的彩票市场方面发挥了积极作用，有利于彩票市场秩序的稳定。

1994 年 3 月，国务院正式批准国家体委在全国范围内统一发行体育彩票。1994 年 4 月 5 日，国家体委体育彩票管理中心（简称国家体彩中心）正式成立。中国体育彩票业的发行销售开始走上“统一发行、统一印制、统一分配和集中管理”的规范管理道路。1994 年 7 月 18 日，经中国人民银行核准，国家体委发布《1994 ~ 1995 年度体育彩票发行管理办法》，这成为中国体育彩票早期的主要管理制度。该管理办法对管理机构、额度管理、体彩类型、体育彩票资金分配等问题进行了规范。民政部为使有奖募捐得到的社会福利资金管理使用更加科学化、规范化，充分发挥其经济和社会效益，1995 年 12 月发布了《有奖募捐社会福利资金管理使用办法》，该办法对社会福利资金的管理、使用，以及使用的审批与监督等进行了规范。

1995 年 12 月，一些地区出现未经国务院、中国人民银行批准，擅自发行彩票类有价凭证、溢价销售彩票、提高规定返奖比例等情况，局部地区还发生了因彩票销售导致群众大规模闹事的严重事态，中国人民银行针对这种情况发布了《关于加强彩票市场管理的紧急通知》，该通知指出，除中国福利彩票和体育彩票以外，未经国务院批准，任何地区、部门、机构、个人一律不得发行彩票。违者，将按全国人大常委会《关于惩治扰乱金融秩序犯罪的决定》有关非法集资罪的条款予以惩处。稍后，针对 1995 年以后一些地方发生的因发行彩票引发群体性事件以及影响社会稳定的情况，中央领导批示：有关彩票发行“不仅在额度上要控制，而且要加强管理，决不能再发生这类影响社会稳定的事件”。1996 年 4 月 8 日，中国人民银行发布了《关于进一步加强彩票市场管理的通知》，要求进一步强化彩票市场管理。

1998 年 9 月 1 日，为了强化体育彩票公益金的使用及管理，国家体育总局、财政部、中国人民银行发布了《体育彩票公益金管理暂行办法》，提出国家体育总局是公益金管理的行政职能部门，负责对全国公益金的管理和监督检查；公益金实行收支两条线管理办法，即收入全额缴入同级财政专户，支出由同级财政部门从财政专户中拨付。

1998 年 9 月 24 日，民政部印发《中国福利彩票发行与销售管理暂行办法》，提出了中国福利彩票在管理机构、发行、额度、印制、销售、资金、财务、审计、储运等方面的管理规范。1998 年 10 月，财政部、民政部联合发布《关于印发〈社会福利基金使用管理暂行办法〉的通知》，对社会福利基金的管理、使用、审批和监督管理进行了规范，并将社会福利基金定性为预算外资金，全额纳入预算外资金财政专户管理，实行收支两条线，收入过渡账户和支出账户归口民政财务部门管理。

2000 年 1 月 1 日，中国人民银行将彩票管理权正式移交给财政部。由财政部门担负彩票管理职责，统一监管彩票发行。这一时期，福利彩票和体育彩票的发行方式创新，开始从即开票转型发展电脑彩票，发行规模也不断扩展，极大地促进了社会福利及体育事业的发展。但是，彩票管理中依然存在一些不容忽视的问题，主要表现在：个别地方和部门未经批准擅自发行或变相发行彩票；一些彩票发行与销售机构擅自改变彩票发行方式和游戏规则，或在宣传中发布可能诱导公众的信息；个别地区存在民间私自发行彩票、代销境外“六合彩”等非法行为；彩票发行管理办法、资金和财务管理制度不尽完善，发行费用比例过高；彩票公益金使用范围过于狭窄等。这些问题严重影响了彩票市场的健康发展。为进一步加强彩票市场的监督管理，规范彩票发行销售行为，适当扩大彩票发行规模，支持社会保障事业，2001 年 10 月，国务院发布《国务院关于进一步规范彩票管理的通知》，同年 12 月，财政部颁布了《彩票发行与销售机构财务管理办法》，进一步解决彩票发行中存在的问题，规范彩票发行销售管理，强化彩票机构的财务监督。

2002 年 3 月，财政部颁布了《彩票发行与销售管理暂行规定》，明确了彩票由“特许专门机构垄断发行”；“彩票发行由隶属于民政部的中国福利彩票发行中心和隶属于国家体育总局的体育彩票管理中心承担，按省级行政区域组织实施”。为规范强化彩票公益金筹集、分配和使用管理，建立健全彩票公益金监督机制，2007 年 11 月 25 日，财政部印发了《彩票公益金管理办法》，规定“彩票公益金是从彩票发行收入中按规定比例提取的，专项用于社会福利、体育等社会公益事业的资金，按政府性基金管理办法纳入预算，实行‘收支两条线’管理，专款专用，结余结转下年继续使用，不得用于平衡一般预算。”“彩票公益金按 50∶50 的比例在中央与地方之间分配。”

伴随彩票业的发展，彩票管理的法规建设提到议事日程，“彩票管理条例”开始起草拟定。2008 年 3 月，为提高彩票管理规范的立法质量，国务院法制办公室对社会公布《彩票管理条例（征求意见稿）》，征求社会各界的意见建议。2009 年 4 月 22 日，国务院第 58 次常务会议审议并原则通过了修改后的《彩票管理条例（草案）》。2009 年 5 月，国务院总理温家宝签署公布《彩票管理条例》，自 2009 年 7 月 1 日起施行。《彩票管理条例》是我国 1987 年发行彩票以来第一部全面、系统规范彩票管理的专门性行政法规，既是我国彩票事业 22 年发展经验和成功做法制度化的重要成果，也是当前及今后一段时期我国彩票事业发展的法律保障。

从1987年民政部发布第一个关于社会福利有奖募捐活动的通知算起，彩票发行销售管理以及彩票公益金使用管理的相关规定大多为由民政部、国家体委（国家体育总局）、中国人民银行、财政部等行政部门制定的部门规章和通知，尚未形成规范性、制度性的规定。2009年，第一部行政法规《彩票管理条例》施行，这标志着中国彩票进入有法可依、规范管理的新阶段。①

2. 行政法规管理阶段（2009年至今）

从1993年民政部上报《彩票管理暂行条例（送审稿）》，到2009年《彩票管理条例》正式公布施行，彩票法规的制定历时16年。《彩票管理条例》是我国第一部彩票管理行政法规，它涵盖了彩票管理方面具有共性特点的管理规范，具有一定原则性和综合性。条例共六章，包括总则、彩票发行和销售管理、彩票开奖和兑奖管理、彩票资金管理、法律责任、附则等内容。

随着电话、互联网技术广泛应用于社会生活的方方面面，电话和互联网也被引入彩票销售领域。为了引导彩票机构按照规范的管理制度开展业务，规范电话、互联网销售彩票活动，促进彩票市场安全运行和健康发展，同时，为了有利于打击非法彩票行为，保护彩票参与者的合法权益，维护彩票市场秩序，根据《彩票管理条例》的规定，结合电话、互联网销售彩票的业务特征，财政部于2010年9月26日制定印发了《电话销售彩票管理暂行办法》和《互联网销售彩票管理暂行办法》，规范电话、互联网的售彩行为。② 针对互联网销售彩票的违规行为，2012年2月28日，国家体育总局发布《关于严格执

① 《丁学东要求贯彻落实〈彩票管理条例〉》，《中国财经报》2009年6月25日，http：//www.cfen.com.cn/web/meyw/2009-06/25/content_532337.htm。

② 《财政部综合司有关负责人就〈电话销售彩票管理暂行办法〉、〈互联网销售彩票管理暂行办法〉答记者问》，财政部网站，2010年9月26日，http：//www.mof.gov.cn/mofhome/zonghesi/zhengwuxinxi/gongzuodongtai/201011/t20101104_345902.html。

行〈彩票管理条例实施细则〉有关规定的紧急通知》，通知强调“未经财政部批准，任何体育彩票品种和游戏不得利用电话、互联网销售。”

为了进一步强化《彩票管理条例》对实际工作的指导作用，2012年1月18日，财政部、民政部、国家体育总局联合发布《彩票管理条例实施细则》，从2012年3月1日起开始施行。该实施细则充分吸收我国彩票发展和管理的成功做法，合理借鉴国际彩票管理的成熟经验，进一步细化了《彩票管理条例》的内容，对彩票监督管理职责、彩票发行销售、彩票开奖兑奖、彩票资金管理等做出了明确规定。这对进一步加强彩票监督管理、规范彩票市场运行、保障彩票参与者合法权益、维护彩票市场秩序、支持社会公益事业协调发展和提升国家彩票公信力具有非常重要的意义。[①]

为了规范和加强彩票公益金筹集、分配和使用管理，健全彩票公益金监督机制，提高资金使用效益，2012年3月2日，财政部印发了《彩票公益金管理办法》，规定“彩票公益金纳入政府性基金预算管理，专款专用，结余结转下年继续使用”。2012年11月6日，财政部颁布了《彩票机构财务管理办法》，以规范彩票机构的财务行为，加强对彩票机构的财务管理监督，提高资金使用效益，保障彩票事业健康发展。

为加强彩票管理，规范彩票发行销售行为，保护彩票参与者的合法权益，促进彩票事业健康发展，财政部在2012年12月28日发布了《彩票发行销售管理办法》，自2013年1月1日起施行。该管理办法明确了实体店销售、电话销售、互联网销售、自助终端销售等多种彩票发行方式，确认了传统型、即开型、乐透型、数字型、竞猜型、视频型、基诺型等多个彩票品种，对彩票设施设备和技术服务做出了

① 财政部关于贯彻落实《彩票管理条例实施细则》的通知（财综〔2012〕6号）

比较详细的规定。此后，陆续修订、发布了《彩票机构会计制度》、《电话销售彩票管理暂行办法》。

二　中国彩票政策法律体系的问题

《彩票管理条例》与作为配套的法律规定《彩票管理条例实施细则》等有关部门规章一起，构成了相对完备的彩票管理法规制度体系，对彩票发行销售、开兑奖，彩票市场监管，彩票资金管理尤其是公益金的分配和使用等进行规范，为彩票规范化、法制化管理奠定了基础。但是，随着彩票业的发展，彩票法规的制定滞后于彩票行业发展的矛盾日益突出，主要表现在以下方面。

1. 彩票的立法滞后

纵观我国彩票业发展历史，“先发行后立法”的特点十分明显，行为在先，然后才意识到规章制度的必要性，再进行规范显然滞后。一些影响十分恶劣的重大彩票相关案件，例如西安宝马彩票案、“彩世塔”彩票作假案等之所以发生，固然有其具体管理方面的纰漏，也与存在法律空白紧密相关。

目前世界上有150多个国家和地区发行彩票，其中很多国家采用的是“先立法后发行”道路。各国为发行彩票制定专门的彩票法，由于有完整的法律保障，彩票业才得以有序发展。目前我国彩票业相关法律法规正在逐步健全，但是，大多是为了解决眼前的具体管理问题，具有长远发展规划的制度性规范比较少。并且随着彩票市场的不断发展，现有法律法规是否能够适应这一发展趋势尚不得而知。无论如何，法律法规都应当与时俱进，不应成为彩票市场进一步发展的瓶颈。

2. 法律的层级层次较低

2009年7月1日正式实施的《彩票管理条例》属于行政法规，

其立法层级层次偏低。根据《中华人民共和国立法法》，法律效力依次为法律、行政法规、地方性法规、自治条例和单行条例，下位法不得违反上位法的规定，其属于行政法规，而非法律。另外，目前规范彩票管理的具体法律规章多是由财政部门、民政部门和体育行政部门下发的部门规章、通知、管理办法等，其法律效力有限，规范层级更低下。

根据《中华人民共和国立法法》第八条的规定，犯罪和刑罚以及对公民政治权利的剥夺、限制人身自由的强制措施和处罚只能通过制定法律实行，我国关于彩票的行政法规和规章很显然无法解决现阶段彩票市场出现的违法犯罪现象。其包含较少的强制性和制裁性条款，使其不能完全发挥规范社会行为的作用。

3. 配套法律法规不健全

在配套立法方面，欠缺责任追究机制。就《刑法》来看，我国刑法中有关于金融诈骗的罪名，却没有奖券诈骗的罪名，对于未经批准擅自发行、销售彩票是按照刑法中的“口袋罪”非法经营罪处罚，伪造、变造彩票领取奖金又是按照“诈骗罪”处罚，对于故意破坏彩票摇奖设备、操纵摇奖结果、利用彩票进行欺诈、彩票发行徇私舞弊等行为要负刑事责任，但没有在刑法中设置相应的罪名，而是被定性为“破坏生产经营罪”、“诈骗罪”、“贪污行贿罪”等罪名进行处罚，严格来说如此定性并不十分准确，也和刑法罪行法定的基本原则相违背。[①] 相关配套法律规制的不足在一定程度上造成了彩票管理有法难依、无法可依的窘境。

4. 现有法规政策间衔接不够，规定较笼统

从现有彩票管理的规章制度来看，各部门大多从自己部门的角度出发制定管理办法和规定，很多规定比较片面，并且已经出台的规定

---

① 柴榕：《我国彩票业监管法律制度研究》，山西财经大学硕士学位论文，2010。

在内容、细节上也存在不完全一致、相互矛盾的现象。现行彩票法律法规需要在内容完备、条文细化和加强操作性等方面进行完善，并需要解决与规定内容相抵触的问题。

例如，对于彩票设备和技术服务的采购，《彩票管理条例》的规定非常笼统，《彩票管理条例实施细则》对此有所细化，但依然存在着对彩票设备和技术服务的划分不够细致，采购时是依照《政府采购法》还是依照《招投标法》不能确定。又如，《彩票管理条例》和《彩票管理条例实施细则》中没有对“未成年人”做出更进一步的规定。而在2002年做出的《彩票发行和销售管理暂行规定》中，将“未成年人”限定为“未满18周岁者”。“未成年人”的概念在此规范中之所以重要，是因为我国《刑法》和《未成年人保护法》在对待18周岁以下的未成年人（包括不满14周年、16周岁和18周岁等）有着不同的规定。另外，有关彩票发行、财务管理公开、信息披露、从业人员要求等诸多具体问题也不明确。

三　彩票立法及其展望

为了彩票业的健康、持续发展，有必要推进彩票的法治化建设。逐步完善现行的彩票法律制度，对其进行修改、细化和补充，推动彩票立法的进程，最终制定《彩票法》。

1. 彩票立法的目标

彩票立法目标可划分为近期目标和中长期目标。近期目标为中长期目标的实现奠定必要的基础，最终为其创造条件。

（1）彩票立法的近期目标

彩票立法的近期目标是完善《彩票管理条例》及其配套政策。《彩票管理条例》作为当前彩票立法中层级最高的法律文件，对规范彩票业具有基础性作用。实施细则及其他配套政策对其规定进行了细化。这些规定中不完善的地方需要加以修改或补充。

①针对彩票运行中的问题做出新规定。例如，现有彩票管理规范中都没有涉及“问题彩民”，需要出台针对“问题彩民”的新政策，建立制度性的彩民利益保护机制，以及“问题彩民”的预防机制，心理干预、救治机制。随着彩票业的发展，“问题彩民”的总人数会越来越多。对于这些问题彩民，国家有责任通过救济救助制度进行救助与干预，避免悲剧性事件发生。

②对现有政策中的缺失内容进行补充。例如，现行的公益金分配使用的相关规定需要予以完善。正如前文所述，虽然针对公益金已做出一系列规定，但是，尚缺少对公益金使用分配原则、分配办法、听证制度、绩效评价、使用责任制度和信息公开等的详细规定。在保证公益金使用分配程序合理的前提下，还应当保证公益金使用和分配用途上的公益性。

③规范政策法律术语的表达，细化现有政策中规定不细致的内容。例如前文提到的，对“未成年人”和“年满18周岁”等的说法应当统一，并给出相关的界定。又如对已有彩票资金的审计、监督内容进行补充和细化。以公益金使用的监督为例，《彩票管理条例实施细则》和《彩票公益金管理办法》中，都只是简单规定了“彩票公益金的管理、使用单位，应当及时向社会进行公告或者发布消息，依法接受财政部门、审计部门和社会公众的监督”，以及“省级以上财政部门应当加强对彩票公益金筹集、分配、使用的监督检查，保证彩票公益金及时、足额上缴财政和专款专用”。但是，对于财政部门、审计部门和社会公众如何进行监督，并没有更细致的规定。

（2）彩票立法的中长期目标

彩票立法的中长期目标是站在更宏观、更长远发展的角度上，以彩票管理的基本法——《彩票法》为出发点，先制定出台《彩票法》，然后围绕《彩票法》对现有彩票法律政策进行完善，使之与

《彩票法》相配套，接下来要对如刑法、经济法、行政法之类的其他法律进行修改或补充，使之相匹配。

①加快推进《彩票法》的立法进程，出台彩票管理的基本法律——《彩票法》。《彩票法》要明确彩票的法律地位。以《彩票法》进行彩票管理制度的顶层设计，例如应该包括建立彩票管理制度规范，制定彩票业的发展规划，确定彩票发行机构的运行原则、管理程序等，确立彩票市场准入或许可制度，拟定彩票公益金的分配和使用制度，建构彩票业的监管制度等。

②对现行的彩票运营及管理的行政法规、行政规章等与《彩票法》相冲突的内容进行修改、整理或废止。与彩票立法近期目标不同的是，这些修改、整理或废止的目的是使这些行政法规、行政规章等规范不与《彩票法》相抵触，做到下位法服从上位法，对《彩票法》进行细化和补充，使其更加具有可操作性。

③对现有相关法律法规的相关条款进行修订或补充。需要对与《彩票法》处于相同或较低法律位阶的法律条款进行修改完善，从而构成完备的彩票管理法律法规。

2. 彩票立法的原则

彩票立法应该遵循如下基本原则。

（1）政府特许发行原则

必须坚持政府特许发行原则，从而保证国家对彩票有足够的主导权和控制权。行政许可的功能在于配置市场资源和控制危险因素，是一种事前监督的方式。对彩票业而言，一方面，为了发展公益事业，不仅彩票的市场化运营在所难免，而且彩票市场的资源配置也需要行政许可制度予以监督。政府需要通过行政许可制度建构起严格的市场准入程序，保障彩票市场参与者的公平竞争，最大限度保证彩票市场的竞争秩序，维护彩票在公众心目中的公信力和公益形象。另一方面，彩票虽然以公益性为运营取向，但仍然属于博彩的一种形式，其对社会所带来的负面影响也不可忽视。彩票在为人们带来巨大经济利益的同时，人们对彩票所带来的道德问题和负面社会效应的质疑一直从未间断过。[①] 因此，行政许可是发挥其积极作用、抑制其消极因素的必要政策选择。

（2）公益性原则。我国彩票发行的基本目标是筹集发展社会公益事业所需资金，推动社会公益事业的发展。彩票之所以存在就是因为其资金筹集使用的公益属性，公益性是彩票的最根本属性，使其区别于其他形式的博彩。

彩票筹集的公益金具有公共性的特点，与税收类似。彩票资金“取之于民，用之于民”，公共性也是彩票存在合法性的基础。与税收不同的是，彩票资金还具有公益性，这体现在彩票筹集资金不能用于一般的经济建设，也不能用于平衡财政的一般预算。政府只能把彩票公益金用到那些单纯依靠市场机制无法保证获得足够资源配置、具有公共产品或“准公共产品”性质的社会公益领域。[②] 上文提到的彩票的政府特许发行原则能够保证政府授权的发行机构以为社会公益事业筹集资金为目标而运行，是保证彩票公益性的制度设计。

（3）公开、公平、公正原则。公开、公平、公正原则既是行政法的程序性原则，也是彩票生存发展的价值基础，是保证彩票市场规范化、法制化的基本准则。“公开、公平、公正”三原则是一个相互联系、不可分割的整体。“公开”是对政府的基本要求，其最重要的价值取向是建立透明政府、廉洁政府，通过信息公开来保障社会公众的知情权，防止内部交易的发生。“公平”是对行政相对而言的，公平最重要的价值取向是保障法律面前人人平等、经济社会机会均等，避免受到歧视性对待。“公正”是相对于行政机关而言的，它可以维

① 祖博媛：《我国彩票发行的行政许可制度初探》，中国政法大学硕士学位论文，2011。

② 天宇：《国务院发展中心人士：彩票不是产业只是游戏》，《解放日报》2001 年 7 月 19 日，http：//news. sohu. com/32/66/news145926632. shtml。

护正义和中立，防止徇私舞弊行为发生。彩票发行、销售、开奖、兑奖和资金管理等运营环节涉及公众利益和重大关切，除涉及国家机密和依法受到保护的商业秘密、个人隐私以外，应当公开进行，并遵守公平、公正的基本准则。

行政法规、规章等政策措施以及彩票发行、销售、监管机构制定的影响相对人权利、义务的行为标准、条件、程序应当依法公开公布，允许依法查询查阅；彩票的发行、销售、开奖、兑奖和资金管理的程序、手续要予以公开，应该通过公告或其他途径向社会公开发布；某些涉及相对人重大权益的事项，应当以公开的形式进行，例如召开听证会、新闻发布会等，允许公众旁听。公开原则，对改进彩票发行、销售、监督机关及其工作人员的工作作风，加强勤政廉政建设，防止权力滥用和腐败现象滋生，保护行政相对人的合法权益都具有十分重要的意义。

为了保证公平、公正原则的落实，在彩票运营监管中需要做到：第一，应该建立利害关系人回避制度。彩票运营及其管理工作人员在处理涉及与自己有利害关系的相关事务时，应该主动提出回避或者应当事人的申请而回避。第二，在处理各种实务时不能偏听偏信。应当给予当事人或者相关利益各方以同等的陈述和申辩的机会、同等的示证和质证的机会，保证各方具有同等机会，不同的观点、意见可以得到公平的表达和表述。第三，当决定对当事人不利的事务时，应预先通知当事人并给予其发表意见的机会，这是防止权力滥用以及独断专行的有效手段之一。①

3. 彩票立法应重点解决的问题

通过彩票立法，理顺发行、销售和监管等各方之间的关系，规范彩票运营及监督行为，为推动彩票业的健康发展创造条件。

---

① 丁锋、王薛红：《彩票管理条例释义及实用指南》，中国法制出版社，2009，第39页。

（1）明确我国的彩票管理体制。通过立法对彩票管理体制进行顶层设计，引领彩票管理体制的改革进程。明确我国彩票管理体制，在政府机构改革、政府职能转变的宏观背景下，通过政府职能的转变实现彩票管理体制的完善。

明确管理部门、发行部门和销售部门各自的机构设置、职权分配以及各部门之间的相互协调，从而实现专业化的管理机构、市场化的发行销售机构和独立的监督机构。

理顺各方之间的关系和利益分配制度。理顺中央与地方的关系，理顺管理部门的内部关系、管理部门与发行机构的关系、管理部门与销售机构的关系、主管部门与协管部门（例如城市管理、税收、公安等相关部门）之间的关系。

（2）对彩票及彩票业进行清晰定位。明确彩票的性质，认清彩票所具有的“公益性”和“投机性”的二元特征。通过立法对彩票的法律地位进行规范，明确国家特许发行的彩票的唯一性和合法性，使得打击非法彩票及博彩活动有法可依。彩票立法既为执法者提供执法依据，又对违法者明示应有的惩罚，从而可以加大打击非法彩票及博彩的力度。

其中，彩票的公益属性定位要求彩票业必须实施并强化政府管制，彩票资金的筹集应考虑到相关各方利益的平衡及良好的社会效果，彩票资金的用途、游戏规则的制定等必须体现出公益的特性。对于彩票的投机性，应当避免彩票游戏规则出现赌博化方式。[①] 尤其需要在宣传上注意不能过度宣传彩票的“以小搏大”，也不应回避彩票作为一种随机性游戏的本质，必须保证彩民根据充分信息做出理性的判断决策。

（3）明确彩票的发行销售部门与彩民间的关系。确定彩票的发行销售部门以及彩民的权利和义务，确保双方的权益不受忽视和侵

① 朱新力、宋华琳等：《彩票业的政府管制与立法研究》，浙江大学出版社，2007，第144页。

害。一方面，彩票立法应该规范彩票市场上各类不同主体的权利与义务，对于代表国家对彩票行使监管权的主管部门、彩票发行主体、彩票代理销售机构和彩票购买者等，彩票法中要明确其相互之间的关系、应享受的权利和应履行的义务，真正做到权力与职责、权利与义务对等。另一方面，彩票立法要保护彩民所应享有的知情权、受益权等，在彩票游戏规则的设计、彩民中奖与兑奖等环节体现彩民的权利、利益保护。另外，还应当强化对彩民个人隐私权的保护。

4. 解决彩票立法与其他法律的协调问题

在彩票立法过程中，应当注意彩票法与其他法律法规的衔接与协调问题，彩票法律规范的制定会涉及与刑法、民法、行政法等三方面的法律问题，需要处理好相互之间的衔接。世界许多国家和地区的法律体系，对彩票活动中的禁止行为和犯罪行为都进行了明确而详细的规范，对禁止行为设定了行政处罚，对犯罪行为则设定刑事制裁。彩票法律的制定，在违规处罚上要与刑法、民法、行政法等基本法律的立法取向保持一致，要做到既能够补缺补漏，又不会与现有法律法规相冲突，保证整个法律体系的和谐统一。

彩票立法需要递进式地推进，建立健全配套的相关法律规范。在经济立法上，规定彩票法的具体实施细则，以有效规范彩票的筹办、发行、销售与购买等；在行政立法上，以行政法规的形式规定国家对彩票行为的引导与监督，对非法发行彩票、违规发行彩票等行为予以行政处罚，以保障《彩票法》的实施；在刑事立法上，以《刑法》作为经济和行政立法的保障法，将两者无法有效规范的、社会危险性较大的非法彩票行为规定为犯罪，予以刑事惩处，为彩票事业的健康发展提供最后一道法律保障。①

① 李园辉：《我国彩票业可持续发展的监管机制构建研究》，《中国证券期货》2013 年第 4 期。

（1）与行政法规的协调问题

在彩票发行管理机构与彩票销售机构确定代销关系之后，彩票管理机构与承销人之间即表现为“管制与被管制”的关系，双方之间的法律关系大致可以按照一般行政法律关系进行处理。[①]

（2）与刑法的协调问题

我国现行《刑法》中规定了倒卖车船票罪、伪造变造有价证券罪等，有关彩票类的罪名尚属于空白，因而有必要针对刑事立法予以完善。例如，针对“地下”私彩等非法彩票行为，可以在刑法典破坏金融管理秩序罪一节中增加“非法筹办、发行、销售、持有彩票罪”、“伪造、变造彩票罪”等。在刑法第三章第五节金融诈骗罪中比照票据诈骗罪、信用卡诈骗罪、信用证诈骗罪、有价证券诈骗罪等诈骗罪特殊形态的犯罪，增加“彩票诈骗罪”等。

针对彩票资金以及公益金管理使用过程中，负责审批、监管的公证人员和其他工作人员以及国家机关工作人员的贪污受贿、彩票贪污行为，可以补充完善有关司法解释，作为《刑法》第八章“贪污贿赂罪”的补充条款；对玩忽职守、徇私舞弊等情况，可以在第九章渎职罪中增加“彩票监督失职、舞弊罪”、“彩票徇私舞弊罪”、“彩票玩忽职守罪”。[②] 通过拓展司法解释，拓展原有法律法规的适用范围，将其延伸到彩票管理领域。

（3）与民商法的协调问题

在彩票发行销售、中奖兑奖等过程中，彩票销售机构与彩民构成民事法律关系，对这两者关系应当以民法、商法进行协调。在我国，民法的成文法规范主要包括民法通则、婚姻法、继承法、收养法、物

---

① 朱新力、宋华琳等：《彩票业的政府管制与立法研究》，浙江大学出版社，2007，第135页。

② 李园辉：《我国彩票业可持续发展的监管机制构建研究》，《中国证券期货》2013年第4期。

权法、合同法、担保法、侵权责任法等；商法的成文法规范主要包括公司法、合伙企业法、个人独资企业法、企业破产法、保险法、票据法、证券法等。

以彩票销售为例，彩民从彩票销售商处购买了彩票，二者之间就构成了合同关系。虽然现行法规禁止赊销、信用销售行为，但一旦销售商以赊销、信用销售的方式将彩票卖给不知情的彩民，也就是常说的善意第三人，结果彩民中奖了，此时彩民与彩票销售商之间的合同是否有效，现行法规还没有做出规定。类似情况还有未成年人在不知情的情况下购买彩票的处理等。这些都适用于民商法，但还需要在现有民法、商法的法条中再加以明确化。

B.17
附录二：中国彩票业发展大事记

马福云　李 宇*

1984年

10 月 10 日　中国田径协会和中国体育服务公司在北京市销售“体育发展奖——一九八四年北京国际马拉松赛”奖券，这是新中国彩票的雏形。

1986年

8 月 18 日　民政部正式向国务院报送《关于开展社会福利有奖募捐活动的请示》（民〔1986〕版报第 53 号）。

12 月 30 日　国务院召开第 128 次常务会议讨论民政部请示，原则上同意此请示。

1987年

2 月 5 日　经中共中央书记处会议讨论，原则同意《民政部关于开展社会福利有奖募捐活动的请示》，并强调“除民政部开展社会福利有奖募捐活动以外，其他部门、单位和个人一律不准搞类似的彩票活动。”

3 月 13 日　中共中央统战部、全国政协联合召开了有 27 个民主党派和群众团体负责人出席的座谈会，讨论关于开展社会福利有奖募

* 马福云，国家行政学院研究中心副主任、社会和文化教研部副教授；李宇，国家行政学院社会和文化教研部副教授。

捐活动问题，均表示赞同。

4月7日 民政部受国务院委托向全国发出《关于开展社会福利有奖募捐活动的通知》。

5月18日 民政部批复成立中国社会福利有奖募捐券发行中心，中心为事业单位，实行企业化管理，受中国社会福利有奖募捐委员会领导。

6月3日 民政部在人民大会堂召开中国社会福利有奖募捐委员会（以下简称中募委）成立大会，通过《中国社会福利有奖募捐委员会章程》、《发行社会福利有奖募捐券试行办法》，以及中国社会福利有奖募捐委员会相关人员名单。

7月27日 中募委发行中心首次在河北省石家庄市试点发行销售面值1元的传统型中国社会福利有奖募捐券。全国首批试点发行的还有江苏、浙江、福建、山东、湖北、黑龙江、上海、天津、洛阳等省市。

1988年

1月17日 中募委发行中心在北京市东城区首次销售面值1元的即开型中国社会福利奖券。

2月10日 中国邮局总公司在全国各地集邮公司正式发行首期龙年奖券纪念封。

4月19日 中募委向各地募委会发出《关于调整社会福利资金分成比例的通知》，指出凡1988年发行的龙年奖券（包括即开型）所得的福利资金，中国募委会与地方募委会改按二八分成。

5月4日 广州市首批发行新型六数三同式刮开型福利奖券。此刮开式的奖券面值1元，中奖面为20%。这张“会徽”彩票是我国第一张即开型刮开式彩票。

9月15日 中募委发出《关于加强即开型奖券销售管理的通知》。

1989年

2 月 17 日　中募委发出《有奖募捐社会福利资金使用试行办法》。这是中募委第一个关于福利基金使用的专门文件。

8 月 8 日　中募委在全国范围内发行亚运会基金奖券。

是年　发行的“双重大奖”是第一张即开传统结合型福利彩票，这也是我国发行的第一张 2 元面值的福利彩票。

1990年

3 月 23 日　中募委首次召开全国有奖募捐社会福利资金使用经验交流会。提出要有计划、有步骤、有重点地用好福利基金，确定制定规划和确定项目的重点为中小项目，尤其是“雪中送炭”型的中小项目。

3 月 28 日　中募委下发《关于调整即开型社会福利奖券资金分配比例，统一全国结算办法的通知》，调整奖券资金的构成比例。

8 月 9 日　中募委发出《关于印发〈社会福利奖券实物兑奖奖品管理办法〉的通知》，对实物兑奖进行规范管理。

1991年

1 月 9 日　中募委颁布《中国社会福利有奖募捐发行财务管理试行规定》，使中募委和省级（含计划单列市）募委会发行机构的财务管理有章可循。

9 月 6 日　中募委正式发出《关于印发〈有奖募捐社会福利资金管理使用办法〉的通知》。这是在 1989 年“试行办法”基础上修订的正式管理办法。

1992年

6 月　国家体育运动委员会起草《关于建立全国统一的体育彩票

发行制度的请示》，并呈报国务院批准。

是年　中募委发行的“阿福06”，是第一张即开型袋装式福利彩票，这也是我国发行的第一张5元面值的福利彩票。

是年　中募委发行中心从下半年开始探索即开票大奖组的销售办法，当年全国年销彩票13.28亿元，首次突破10亿元大关，是发行6年来最多的一年。

1993年

2月25日　根据民政部《关于中国社会福利有奖募捐券发行中心更名和更换法人代表的批复》，中国社会福利有奖募捐券发行中心更名为中国社会福利奖券发行中心。

3月23日　中募委发出《关于成立中募委项目资助评审委员会的通知》，提出建立福利金资助项目评审制度，使福利基金的使用更加科学化和程序化。

4月6日　首批100万元“双开式”社会福利奖券运抵西藏拉萨。至此，西藏结束了从未发行福利奖券的历史，全国44个省、自治区、直辖市和计划单列市全部发行社会福利奖券。

5月5日　国务院发出《关于进一步加强彩票市场管理的通知》，重申任何地方或部门均无权批准发行彩票，规定由认购人自主选择号码的主动型彩票（包括六合彩彩票、万字彩票等），未经国务院批准，一律不得发行。

10月15日　在国际彩票组织（INTERTOTO）第12届大会上，中国社会福利奖券发行中心被正式接纳为该组织会员，这标志着中国福利彩票步入国际舞台。

1994年

3月11日　国务院办公厅发布《关于体育彩票等问题的复函》，

批复同意国家体委在全国范围内发行体育彩票。

4月5日 国家体委体育彩票管理中心成立。稍后全国31个省（区、市）陆续成立体育彩票管理中心。

5月 中国社会福利奖券发行中心被国家彩票国际协会（ALE）接纳为临时会员，1995年1月1日转为正式会员。

7月18日 《1994～1995年度体育彩票发行管理办法》开始施行。

12月2日 民政部发出《关于印发〈中国福利彩票管理办法〉的通知》、《关于印发〈有奖募捐社会福利资金管理使用办法〉的通知》、《关于加强社会福利有奖募捐工作领导的通知》。将中国社会福利奖券更名为中国福利彩票，福利资金资助立项职能交由民政部有关职能司行使。这标志着福利彩票事业向规范化管理目标迈进。

1995年

1月16日 民政部发布《关于中国社会福利奖券发行中心更名的批复》，中国社会福利奖券发行中心更名为中国福利彩票发行中心。

4月28日 深圳市作为试点单位率先推出传统型电脑福利彩票，随后在广州、沈阳、广东、湖南、浙江陆续发行并向全国铺开。

8月24日 中国福利彩票发行中心在黄山召开全国福利彩票业务研讨会，总结并在全国推广新疆的“大兵团、闪电战”大奖组销售法，对彩票销售的突破性发展起到了重要作用。

12月20日 中国人民银行印发《关于加强彩票市场管理的紧急通知》，规范了彩票的定义，明确了彩票发行机构，确定了人民银行、彩票机构的职责分工，建立了现行彩票管理体制的基本框架。

1996年

8 月 电脑销售传统型体育彩票现场会在福州市举办，福建省电脑体育彩票开始试发行。

11 月 8 日 深圳市开通了电话投注服务，投注者用电话投注卡拨通 16898000，依照语音提示就可以投注，成为全国首创。

1997年

11 月 12 日 中募委向各地发出通知，正式起用福利彩票标识系统，并在通知中对标识的使用做了详细规定。

是年 国家体委发布《1997 年中国体育彩票收益金管理暂行规定》，提出收益金用于补充大型运动会举办经费不足和实施全民健身计划，提高了体彩的规范化管理水平。

1998年

4 月 4 日 由中国福利彩票发行中心发行，上海市福利彩票发行中心承销的“上海风采”传统型福利彩票正式在上海销售。

9 月 1 日 国家体育总局、财政部、中国人民银行联合发布《体育彩票公益金管理暂行办法》。

9 月 24 日 民政部发布《中国福利彩票发行与销售管理暂行规定》。进一步明确和规范了中国福利彩票的发行销售，完善了公民参与福利彩票活动的合法权益保障。

10 月 30 日 国务院正式批准了民政部提出的彩票赈灾募集资金方案。稍后民政部全面启动福利彩票赈灾专项募集活动，为 1998 年的救灾救济筹集资金。

11 月 15 日 财政部、民政部联合发出《关于印发〈社会福利基金使用管理办法〉的通知》，将原来所称的社会福利资金改称为社会福利基金，并将社会福利基金定为预算外资金，全额纳入预算外资金财政专户管理，实行收支两条线，收入过渡账户和支出账户归口民政财务部门管理。此后，中国福利彩票发行中心不再担负福利基金使用职能。

1999年

1月25日 中国人民银行印发《关于加强彩票市场管理的通知》，提出彩票机构要按照“统一软件、统一标准、统一游戏规则、统一组织管理”的要求，逐步推广电脑彩票。

4月1日 通过发行福利彩票募集的15亿元赈灾资金全部上缴国库。通过发行福利彩票募集赈灾资金，在我国尚属首次，这开辟了一条向社会筹集救助性资金的有效途径。

10月1日 上海市发行了“上海风采”电脑彩票，这是第一张计算机网络管理发行的乐透型福利彩票（电脑型彩票）。

10月15日 民政部发出《关于中国福利彩票管理工作有关问题的通知》。决定不再保留中国社会福利有奖募捐委员会及其办事机构，同时明确中国福利彩票发行工作在国务院领导下，由民政部主管，中国福利彩票发行中心具体实施。

12月23日 中国人民银行、财政部联合发出《关于移交彩票监管工作的通知》，将中国人民银行对彩票发行机构的监管职能移交财政部。

2000年

3月1日 财政部发出《关于认真做好彩票发行和管理工作的通知》，规定从2000年4月1日起取消实物兑奖，一律以人民币现金形式兑付奖金。

9月1日 由中国福利彩票发行中心统一发行、统一电视开奖的“中华风采”福利彩票正式在全国发行销售。

12月26日 财政部印发《关于同意国家体育总局发行足球彩票的批复》，足球彩票正式出台。

是年 随着中国彩票市场的迅速发展，一批为彩民服务的博彩网站如“博彩世界”、“中国彩票”等应运而生。

2001年

7月15日 根据中央机构编制委员会办公室《关于社会福利有奖募捐委员会更名为中国福利彩票发行管理中心的批复》，中国社会福利有奖募捐委员会更名为中国福利彩票发行管理中心。

10月19日 西藏电脑彩票销售系统正式开通。至此，除港澳台外，全国均已发行销售“风采系列”电脑福利彩票。

10月22日 中国足球彩票在北京、天津、辽宁等12省市正式发行，我国竞猜型体育彩票游戏出台。

10月30日 国务院办公厅印发《国务院关于进一步规范彩票管理的通知》，明确收支两条线管理原则，将彩票公益金、发行费纳入财政专户管理。

11月28日 中国福利彩票发行管理中心在国家事业单位登记管理局登记，从企业法人转换为事业法人。

12月 500WAN彩票网、中国足彩网率先开通网络代购，首开国内彩票互联网销售先河。

2002年

3月1日 财政部颁发了《彩票发行与销售管理暂行规定》，这是首次由国务院监管部门制定、全国统一的彩票发行销售管理规定。

7月10日 中国福利彩票发行管理中心向各省、自治区、直辖市福彩中心发出《关于严格彩票发行管理的紧急通知》，要求确实加强管理，杜绝违规操作，保证福利彩票事业的健康发展。

9 月 西藏自治区体育彩票电脑销售系统正式开通。至此，全国（除港澳台外）所有省份都建成开通了体育彩票电脑销售系统。

2003年

2 月 16 日 第一个统一游戏规则、统一开奖、共享奖池、全国联合销售的电脑彩票游戏——“双色球”乐透型福利彩票在全国 22 个省区市发行。这标志着电脑福利彩票品牌时代的到来。

6 月 28 日 福彩中心在广东省广州市举行“中福在线即开型彩票试销售”首卖仪式。这标志国际先进水平的无纸化彩票——“中福在线”正式进入试点发行阶段。

10 月 15 日 中国福利彩票发行管理中心、上海市民政局、上海市福彩中心在上海锦绣大厦举行了“中国福利彩票网点即开票——呱呱彩”首发仪式。

2004年

5 月 18 日 财政部发出《财政部关于暂停集中销售即开型彩票的通知》，福利彩票和体育彩票即开型彩票大奖组销售全部停止。

10 月 18 日 中国福利彩票 3D 游戏以“统一名称标识、统一游戏规则、统一开奖号码”的形式出现，这是中国福利彩票又一个全国性品牌。

11 月 12 日 体育彩票“排列 3”、“排列 5”作为全国联网“7 星彩”的附加玩法上市。

12 月 8 日 体育彩票“排列 3”、“排列 5”从“7 星彩”主玩法中分离出来，单独摇奖，每日开奖。

2005年

1 月 1 日 天津市等 17 个省区市陆续上市销售 3D 游戏。至此，中国福利彩票3D游戏在全国范围内发行。

1月3日 中国福利彩票“双色球”开奖信息登陆中央电视台，每周一、三、五在CCTV－5的《早安中国》节目中播出。

9月1日 根据财政部发布的《关于调整足球彩票和网点即开型彩票资金构成比例的通知》，足球彩票和网点即开型彩票执行新的返奖比例政策。

2006年

2月 500WAN彩票网网友“林美眉”发起的合买中得足彩胜负彩06009期500万大奖，掀起网络合买代购高潮。

3月 在新浪网推出的“最喜欢并且购买频率最高的彩票”调查中，双色球以45.75%的投票率占据第一的位置。

2007年

1月1日 全国联销的电脑福利彩票“七乐彩”上市发行。

4月2日 民政部转发中国福利彩票发行管理中心印发的《中福在线即开型彩票销售厅管理暂行办法》、《电脑福利彩票投注站管理办法（试行）》，规范彩票销售厅、投注站的管理。

4月18日 体育彩票的高频游戏“快乐扑克”在黑龙江省上市销售。

5月28日 体育彩票“超级大乐透”玩法正式在全国上市销售。

7月27日 民政部在人民大会堂举行中国福利彩票发行20周年纪念会。中共中央政治局委员、国务院副总理回良玉指出，福利彩票的发展，为我国社会福利事业和公益事业做出了重要贡献。

8月15日 国家体育总局向各省、区、市体育局下发了《2007～2009年体育彩票发展实施纲要》。

9月16日 F1中国站即开型体育彩票首发成功，为我国体育赛事彩票鸣响前奏。

9 月 29 日 财政部下发《关于加强彩票发行销售管理促进彩票市场健康发展的通知》，要求加大查处力度，取缔利用互联网等方式销售彩票的行为。

2008年

1 月 2 日 中国财政部、民政部、国家体育总局发出通知，要求停止利用互联网销售彩票。

3 月 11 日 国务院法制办公室公布《彩票管理条例（征求意见稿）》，征求社会各界意见。

3 月 24 日 奥运主题即开型体育彩票“顶呱刮”正式面世，随后体彩中心又陆续推出“奖牌连连猜”、“赛事天天彩”等与奥运相结合的彩票玩法。

11 月 29 日 新中国成立后内地首次商业赛马率先在武汉破冰。主办方推出了“有奖竞猜券”，这被认为是赛马彩票的“试水”。

2009年

4 月 22 日 国务院第 58 次常务会议审议通过了《彩票管理条例（草案）》，这是新中国立法史上第一部系统规范彩票管理工作的行政法规。

4 月 中国福利彩票发行管理中心开始执行福利彩票销售和筹集公益金信息通报制度，信息通报制度初步定为每年四次，每季度发布一次。

5 月 1 日 中国体育彩票推出新单场竞猜游戏“竞彩”，并在沈阳、大连两地试销。“竞彩”是在原有中国足球彩票、中国篮球彩票单场竞猜游戏的基础上，对规则进行调整后推出的新单场竞猜游戏。

5 月 4 日 温家宝总理签署第 554 号国务院令，公布了《彩票管理条例》，自2009年7月1日施行。

6月26日 财政部、民政部、体育总局联合下发关于贯彻落实《彩票管理条例》的通知，通知强调贯彻落实条例，规范彩票市场发展，维护彩票市场秩序，促进社会公益事业发展。

2010年

8月16日 财政部下发《电话销售彩票暂行办法（征求意见稿)》以及《互联网销售彩票暂行办法（征求意见稿)》。

9月26日 财政部发布了《电话销售彩票管理暂行办法》（财综〔2010〕82号）和《互联网销售彩票管理暂行办法》（财综〔2010〕83号)，对电话售彩、互联网售彩进行规范。

2011年

3月17日 财政部公布废止和失效的财政规章和规范性文件目录（第11批)，其中，涉及彩票的文件11份。尤其引人注目的是有关禁止互联网销售彩票文件、公告宣告失效。

4月 中国体育彩票率先实现开奖网络直播。

10月26日 民政部召开“中国福利彩票发行和福利彩票公益金使用情况新闻通报会”。相关人士分别就截至2011年10月23日中国福利彩票的发行情况和1987～2010年中国福利彩票公益金的使用情况进行通报说明。

2012年

1月18日 财政部、民政部、国家体育总局联合发布《彩票管理条例实施细则》，自2012年3月1日起施行。

2月 中国福利彩票发行管理中心、国家体育总局分别发文要求开展对未经财政部批准开展电话、互联网销售彩票业务的进行清查，重申未经批准任何彩票品种和游戏不得利用电话、互联网销售。

3 月 21 日 财政部公布了最新修订的《彩票公益金管理办法》。

6 月 12 日 中国福利彩票“双色球”第 2012068 期开奖，爆出 117 注 518 万元头奖，北京彩民狂揽 111 注，有 110 注为一人独中，揽获奖金 5.7 亿元，成为迄今为止的中国彩市第一大奖。

11 月 6 日 财政部公布了《彩票机构财务管理办法》，该办法于 2013 年 1 月 1 日起执行。

2013年

3 月 1 日 2013 年体育彩票的“竞彩普及日”开启。2 个月期间，竞彩“足球胜平负游戏”取消大部分比赛让球，降低玩法难度，提高返奖奖金，增加竞彩的吸引力。

5 月 27 日 双色球奖池达到 10.21 亿元，首次破 10 亿元，其单期销量 4.514 亿元破纪录。

9 月 5 日 财政部网站公告 2012 年全国彩票公益金筹集分配情况和中央专项彩票公益金使用情况。数据显示，2012 年全国彩票销量达 2615.24 亿元，共筹集彩票公益金 753.5234 亿元，2012 年逾期未兑奖奖金 137069 万元。

11 月 22 日 500 彩票网正式在美国纽约交易所纳斯达克（NYSE）挂牌交易。

B.18

附录三：中国彩票历年销售数据

1987～2013 年中国彩票销售统计表

单位：万元

年份	福利彩票	体育彩票	合计	增长率(%)
1987	1739.5			
1988	37627.76			2063.1
1989	38315.65			1.8
1990	64731.22			68.9
1991	77388.04			19.6
1992	137550.03			77.7
1993	184288.52			34.0
1994	179823.77			-2.4
1995	573023.46	100000.00	673023.46	274.3
1996	647521.5	120000.00	767521.5	14.0
1997	363751.4	150000.00	513751.4	-33.1
1998	631990.4	250000.00	881990.4	71.7
1999	1044448.5	403551.00	1447999.5	64.2
2000	898847.26	911400.40	1810247.66	25.0
2001	1395735.16	1492928.39	2888663.55	59.6
2002	1679925.25	2177313.99	3857239.24	33.5
2003	2000569.58	2013453.28	4014022.86	4.1
2004	2263753.3	1541963.48	3805716.78	-5.2
2005	4112077.66	3026557.94	7138635.60	87.6
2006	4956759.24	3236292.9	8193052.14	14.8

续表

年份	福利彩票	体育彩票	合计	增长率(%)
2007	6315902. 51	3851370. 97	10167273. 49	24. 1
2008	6039795	4561530	10601325	4. 3
2009	7560580	5687307	13247887	25. 0
2010	9680239	6944604	16624843	25. 5
2011	12779720	9378464	22158184	33. 3
2012	15103223	11049196	26152419	18. 0
2013	17652846	13279658	30932504	18. 3

B.19

参考书目

著作

程惕洁：《博彩社会学概论》，社会科学文献出版社，2005。

戴维温伯格：《新数字秩序的革命》，中信出版社，2002。

邓迺镛、横江政：《马界人士对台湾发展赛马博彩之态度调查研究》，朝阳科技大学休闲事业管理系硕士论文，2009。

崔振南：《我国彩票管理与博彩探索研究》，天津大学博士论文，2003。

戈春源：《赌博史》，上海文艺出版社，1995。

黄平主：《挑战博彩　澳门博彩业开放及其影响》，社会科学文献出版社，2008。

简而清：《赛马掌故》，香港聚贤馆文化，1991。

蒋俊锋：《中国彩票市场发展研究》，中国财政经济出版社，2009。

克里斯·安德森：《免费》，中信出版社，2008。

鲁言：《香港赌博史》，香港广角镜出版社，1978。

鲁言：《赌在香港》，香港海天出版社，1996。

沈明明：《中国公民意识调查数据报告》，社会科学文献出版社，2009。

希尔琼斯：《战略管理》，中国市场出版社，2004。

谢识予：《经济博弈论》，复旦大学出版社，2002。

王晓玫：《中国彩票工作概论》，北京大学出版社，2008。

王薛红：《博彩业发展与中国政府政策选择》，中国财政经济出版社，2008。

王五一：《世界赌博爆炸与中国的经济利益》，经济科学出版社，2005。

吴昊：《回到旧香港》，香港一本堂丛书，1996。

赵瑾：《我国彩票业管理体制的研究》，北京交通大学硕士论文，2009。

张亚维：《博彩行为——一个理论框架及中国实证分析》，经济科学出版社，2003。

张占斌：《博彩业与政府选择》，中国商业出版社，2001。

中国彩票年鉴编委会：《中国彩票年鉴2013》，中国财政经济出版社，2013。

朱玲、柳伯力、谢晋达、赵宁：《体育博彩论》，四川科学技术出版社，2008。

朱新力、宋华琳等：《彩票业的政府管制与立法研究》，浙江大学出版社，2007。

研究报告

香港理工大学应用社会科学系、社会政策研究中心及通识教育中心：《香港人参与赌博活动情况》，香港，2001。

香港理工大学应用社会科学系：《邻近地区博彩业迅速扩张下香港人参与赌博活动最新形貌与防治问题赌博服务发展评估研究报告》，香港，2008。

香港理工大学应用社会科学系：《香港人参与赌博活动情况》，香港，2008。

刘代洋、林孟彦、张琬喻、赖建华：《公益彩票品牌形象及奖金课税问题之研究》，《公益彩票回馈金补助计划》，台北，2008。

刘代洋：《公益彩票发行及管理制度变革之研究》，《公益彩票回馈金补助计划》，台北，2009。

刘代洋：《彩票发行机构对经销商与消费者权益保障之责任分析》，《公益彩票回馈金补助计划》，台北，2012。

文章

艾郁：《我国体育彩票资金的构成变化及对策分析》，《体育文化导刊》2013 年第 9 期。

白宇飞：《刍议彩票公益金管理》，《中国经贸导刊》2010 年第 20 期。

曹晓龙：《互联网彩票的现实难题》，《新金融观察报》2013 年 11 月 25 日第 164 期。

董玉飞、孙健：《彩票的经济效应》，《经济与管理》2003 年第 1 期。

陈烨远：《彩票行业前景广阔的朝阳产业》，《证券导刊》2013 年第 42 期。

郭一娟：《中国福利彩票的社会福利效果研究》，《学习与实践》2009 年第 10 期。

陆妍思：《中国彩票年销量突破 3000 亿》，《新快报》2014 年 1 月15 日 B16 版。

陈永谦：《互联网彩票的生意经》，《新财富杂志》2013 年 12 月 17 日总第 151 期。

窦玉沛：《充分履行社会责任　再创福利彩票新辉煌》，《社会福利》2012 年第 2 期。

方仁祥：《法国彩票业考察及几点思考》，《浙江财税与会计》2003 年第 3 期。

李立国：《发挥市场和政府的作用　力促福利彩票事业健康发

展》，《社会福利》2014年第2期。

梁佩芬：《旧时话：发达靠马票》，《苹果日报》2009年11月13日。

马福云：《如何保障彩票发行的正当性》，《中国社会报》2013年5月27日。

马福云：《中国彩票业发展及其政府规制》，《北京科技大学学报（社科版）》2014年第5期。

马黎明：《日本的彩票集资》，《现代日本经济》1987年第3期。

焦佳凌：《福利彩票公益金管理之策》，《社会福利》2010年第12期。

金世斌：《中国彩票20年的政策演变与路径》，《体育与科学》2008年第1期。

刘寒波、苏知立：《彩票公益金管理的国际比较》，《湖南财经高等专科学校学报》2003年第4期。

蒲俊利：《我国彩票公益金使用法律制度研究》，《西南财经大学学报（社会科学版）》2013年第11期。

许力攀、刘文涛：《彩票监管机制研究》，《中国行政管理》2004年第12期。

徐再荣：《美国彩票业的发展及其对公益事业的作用》，《史学集刊》2014年第6期。

杨晓东：《中国福利彩票管理体制的历史变迁》，《长沙民政职业技术学院学报》2008年第3期。

严立新：《世界经济情况欧美各国彩票业发展历程、现状与趋势以及对我国的启示》，《世界经济情况》2006年第18期。

郁菁：《美英法三国彩票管理体制比较与启示》，《社会福利》2012年第10期。

易继元：《从国际经验看我国彩票资金的分配比例》，《时代财会》2002 年第 8 期。

岳俊茹:《试论体育彩票公益金的使用与核算》,《内蒙古科技与经济》2013 年第 18 期。

王岩:《中国彩票要上高速路》,《北京青年报》2001 年 2 月 5 日。

王薛红:《中国彩票业的发展与政策研究》,《财政研究》2006 年第 9 期。

王薛红:《制定我国彩票业发展战略规划必须解决的十个问题》,《财政研究》2011 年第 10 期。

王薛红:《我国彩票业发展趋势及对策研究》,《中国财政》2014 年第 1 期。

张超:《有法可依的日本彩票市场》,《法制日报》2009 年 10 月 27 日第 9 版。

赵建成:《彩票的经济贡献及市场管理》,《统计与管理》2009 年第 4 期。

章新蓉、刘小芳:《彩票行业的资金分配与福利效应》,《开发研究》2011 年第 5 期。

甄光皓、陈欢:《英国国家彩票如何在法案框架下实现监管》,《中国社会报》2013 年 12 月 9 日第 B03 版。

邹小山:《国际博彩业发展的新趋势及其监管》,《国际经贸探索》2004 年第 3 期。

钟哲平:《中国彩市进入第一个黄金十年》,《羊城晚报》2014 年 4 月 10 日 B8 版。

朱新力、唐明良:《政府对彩票业的法律规制——问题、成因及和谐社会理念下的制度面应对》,《浙江大学学报(人文社科版)》2006 年第 2 期。

Fisher S., "Developing the DSM – IV Criteria to Identify Adolescent

Problem Gambling in Non – clinical Populations". *Journal of Gambling Studies*, 16 (2000).

The Hong Kong Polytechnic University, "Study on the Impacts of Gambling Liberalization in Nearby Cities on Hong Kong Peoples' Participation in Gambling Activities", China Hong Kong: The Hong Kong Polytechnic University, *Department of Applied Social Sciences*, 5 – 6 (2010).

The University of Hong Kong, "A Study on Hong Kong Peoples' Participation in Gambling Activities", China Hong Kong: The University of Hong Kong, *Social Sciences Research Centre*, 21 (2005).

B.20

后　记

基于“源于社会、奉献社会”的公益理念，益彩基金是为数不多的致力于推动公益彩票、责任博彩理念及其相关活动的社会组织。自成立以来，益彩基金利用国内外雄厚的专家顾问团队及其与国外政府部门、科研机构、彩票企业的良好关系，意欲全面分析彩票历史和各国状况，客观、科学、前瞻性地系统梳理中国彩票发展情况，推动社会各界了解中国彩票发展的总体情况及其政策发展基本走向。

在彩票发展报告策划过程中，以大中华区全面的彩票业定位，将彩票研究分析的重点放在福利彩票、体育彩票的同时，我们也关注香港、澳门和台湾的彩票业。中国大陆与香港、澳门、台湾三个地区的彩票发行管理体制各不相同，政府管理部门机制各有特色，彩票行业主管机关也没有直接交流沟通平台，但是，在行业发展中大陆和三地区的彩票发展有着诸多内在关联，尤其是在责任彩票领域更需要相互协作、共同推进。因此，本书特别邀请港澳台彩票专业人士对各自地区的彩票发展概况进行简介，以推进对港澳台地区彩票发展、监管体制、公益金使用等的了解。需要说明的是，除了港澳台篇之外，其他各篇依然将关注点放在中国大陆，总报告也是如此。另外，中国大陆与港澳台三地所使用的货币不同，其中有些数量关系的对比，还请读者留意。

在撰稿过程中，益彩基金多次就其中的重要问题邀请专家学者进行深入研讨，以澄清不同的主题以及应该把握的基本政策取向。例如，在责任彩票评估体系等文章的撰稿中就是如此。这对提升文章的质量和水平发挥了积极作用，也体现了益彩基金以独立、公正、科学的第三方视角对中国彩票领域进行全面、客观、系统地分析研究，剖析展现中国彩票业历史及发展全景的初衷。

当然，本书所收录的绝大部分文章还是各位彩票领域专家自己努力研究的结果。基于对学术研究自由的尊重，益彩基金不对作者的理念、观点等进行干预。我们请某位作者就某一主题为本书撰稿意味着对作者的尊重，但并不意味着我们完全同意其所提出来的所有主张。只有百家争鸣，才能将真理辨明。因此，如果读者在本书中发现不同观点的争鸣、不同主张的交织，也请予以明辨。如果读者有任何建议或意见，也热忱欢迎与益彩基金联系，以有助于我们改进日后的编辑出版工作。

本书在撰稿和编辑过程中，得到了财政部、民政部、体育总局、中国福利彩票发行管理中心、中国体育彩票管理中心、澳门特别行政区博彩监察协调局等彩票主管机关和彩票发行管理机构的大力支持，在此对其表示感谢！得到了众多科研教育机构的大力支持，在此对财政部财政科学研究所、国家行政学院、北京社会管理职业学院、香港理工大学、澳门大学博彩研究所、澳门理工大学、台湾科技大学台湾彩券与博彩研究所等机构表示感谢！得到了撰稿专家和参与研究的益彩基金专家的支持，他们参与了发展报告的申报论证、参与了报告框架的讨论，帮助收集资料或者提供实地调研的方便，在此对他们表示感谢！最后，对社会科学文献出版社皮书出版分社社长邓泳红女士、责任编辑陈颖女士表示特别感谢！

✤ 皮书起源 ✤

“皮书”起源于十七、十八世纪的英国，主要指官方或社会组织正式发表的重要文件或报告，多以“白皮书”命名。在中国，“皮书”这一概念被社会广泛接受，并被成功运作、发展成为一种全新的出版型态，则源于中国社会科学院社会科学文献出版社。

✤ 皮书定义 ✤

皮书是对中国与世界发展状况和热点问题进行年度监测，以专业的角度、专家的视野和实证研究方法，针对某一领域或区域现状与发展态势展开分析和预测，具备权威性、前沿性、原创性、实证性、时效性等特点的连续性公开出版物，由一系列权威研究报告组成。皮书系列是社会科学文献出版社编辑出版的蓝皮书、绿皮书、黄皮书等的统称。

✤ 皮书作者 ✤

皮书系列的作者以中国社会科学院、著名高校、地方社会科学院的研究人员为主，多为国内一流研究机构的权威专家学者，他们的看法和观点代表了学界对中国与世界的现实和未来最高水平的解读与分析。

✤ 皮书荣誉 ✤

皮书系列已成为社会科学文献出版社的著名图书品牌和中国社会科学院的知名学术品牌。2011 年，皮书系列正式列入“十二五”国家重点图书出版规划项目；2012~2014 年，重点皮书列入中国社会科学院承担的国家哲学社会科学创新工程项目；2015 年，41 种院外皮书使用“中国社会科学院创新工程学术出版项目”标识。

中国皮书网

www.pishu.cn

发布皮书研创资讯，传播皮书精彩内容

引领皮书出版潮流，打造皮书服务平台

栏目设置：

- □ 资讯：皮书动态、皮书观点、皮书数据、皮书报道、皮书发布、电子期刊
- □ 标准：皮书评价、皮书研究、皮书规范
- □ 服务：最新皮书、皮书书目、重点推荐、在线购书
- □ 链接：皮书数据库、皮书博客、皮书微博、在线书城
- □ 搜索：资讯、图书、研究动态、皮书专家、研创团队

中国皮书网依托皮书系列“权威、前沿、原创”的优质内容资源，通过文字、图片、音频、视频等多种元素，在皮书研创者、使用者之间搭建了一个成果展示、资源共享的互动平台。

自2005年12月正式上线以来，中国皮书网的IP访问量、PV浏览量与日俱增，受到海内外研究者、公务人员、商务人士以及专业读者的广泛关注。

2008年、2011年中国皮书网均在全国新闻出版业网站荣誉评选中获得“最具商业价值网站”称号；2012年，获得“出版业网站百强”称号。

2014年，中国皮书网与皮书数据库实现资源共享，端口合一，将提供更丰富的内容，更全面的服务。

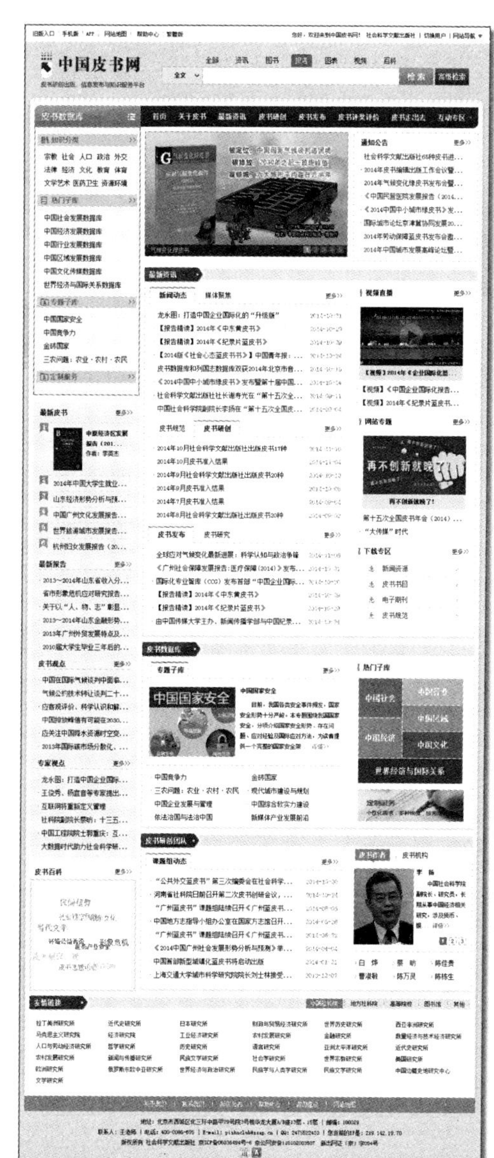

法律声明

权威报告·热点资讯·特色资源

皮书数据库

ANNUAL REPORT(YEARBOOK) DATABASE

当代中国与世界发展高端智库平台

WWW.PISHU.COM.CN

皮书俱乐部会员服务指南

1. 谁能成为皮书俱乐部成员?

● 皮书作者自动成为俱乐部会员

● 购买了皮书产品（纸质书/电子书）的个人用户

2. 会员可以享受的增值服务

● 免费获赠皮书数据库100元充值卡

● 加入皮书俱乐部，免费获赠该纸质图书的电子书

● 免费定期获赠皮书电子期刊

● 优先参与各类皮书学术活动

● 优先享受皮书产品的最新优惠

3. 如何享受增值服务?

（1）免费获赠100元皮书数据库体验卡

第1步 刮开附赠充值的涂层（右下）；

第2步 登录皮书数据库网站（www.pishu.com.cn），注册账号；

第3步 登录并进入"会员中心"—"在线充值"—"充值卡充值"，充值成功后即可使用。

（2）加入皮书俱乐部，凭数据库体验卡获赠该书的电子书

第1步 登录社会科学文献出版社官网（www.ssap.com.cn），注册账号；

第2步 登录并进入"会员中心"—"皮书俱乐部"，提交加入皮书俱乐部申请；

第3步 审核通过后，再次进入皮书俱乐部，填写页面所需图书、体验卡信息即可自动兑换相应电子书。

4. 声明

解释权归社会科学文献出版社所有

皮书俱乐部会员可享受社会科学文献出版社其他相关免费增值服务，有任何疑问，均可与我们联系。

图书销售热线：010-59367070/7028
图书服务QQ：800045692
图书服务邮箱：duzhe@ssap.cn

数据库服务热线：400-008-6695
数据库服务QQ：2475522410
数据库服务邮箱：database@ssap.cn

欢迎登录社会科学文献出版社官网（www.ssap.com.cn）和中国皮书网（www.pishu.cn）了解更多信息

社会科学文献出版社 SOCIAL SCIENCES ACADEMIC PRESS (CHINA) 皮书系列
卡号：442000396649
密码：

S 子库介绍
Sub-Database Introduction

中国经济发展数据库

涵盖宏观经济、农业经济、工业经济、产业经济、财政金融、交通旅游、商业贸易、劳动经济、企业经济、房地产经济、城市经济、区域经济等领域，为用户实时了解经济运行态势、把握经济发展规律、洞察经济形势、做出经济决策提供参考和依据。

中国社会发展数据库

全面整合国内外有关中国社会发展的统计数据、深度分析报告、专家解读和热点资讯构建而成的专业学术数据库。涉及宗教、社会、人口、政治、外交、法律、文化、教育、体育、文学艺术、医药卫生、资源环境等多个领域。

中国行业发展数据库

以中国国民经济行业分类为依据，跟踪分析国民经济各行业市场运行状况和政策导向，提供行业发展最前沿的资讯，为用户投资、从业及各种经济决策提供理论基础和实践指导。内容涵盖农业，能源与矿产业，交通运输业，制造业，金融业，房地产业，租赁和商务服务业，科学研究环境和公共设施管理，居民服务业，教育，卫生和社会保障，文化、体育和娱乐业等 100 余个行业。

中国区域发展数据库

以特定区域内的经济、社会、文化、法治、资源环境等领域的现状与发展情况进行分析和预测。涵盖中部、西部、东北、西北等地区，长三角、珠三角、黄三角、京津冀、环渤海、合肥经济圈、长株潭城市群、关中—天水经济区、海峡经济区等区域经济体和城市圈，北京、上海、浙江、河南、陕西等 34 个省份及中国台湾地区。

中国文化传媒数据库

包括文化事业、文化产业、宗教、群众文化、图书馆事业、博物馆事业、档案事业、语言文字、文学、历史地理、新闻传播、广播电视、出版事业、艺术、电影、娱乐等多个子库。

世界经济与国际政治数据库

以皮书系列中涉及世界经济与国际政治的研究成果为基础，全面整合国内外有关世界经济与国际政治的统计数据、深度分析报告、专家解读和热点资讯构建而成的专业学术数据库。包括世界经济、世界政治、世界文化、国际社会、国际关系、国际组织、区域发展、国别发展等多个子库。